Economic liberalisation in India

Economische liberalisering in India

Economic liberalisation in India
Economische liberalisering in India
Views of Dutch and Indian journalists
Visies van Nederlandse en Indiase journalisten

Editor Marieke Sjerps

redactie Marieke Sjerps

AMSTERDAM UNIVERSITY PRESS

CIP-GEGEVENS KONINKLIJKE BIBLIOTHEEK, DEN HAAG

Economische

Economische liberalisering in India : visies van Nederlandse en Indiase journalisten = Economic liberalisation in India : views of Dutch and Indian journalists / red., ed. Marieke Sjerps ; [vert. Suzan de Wilde ... et al.]. - Amsterdam : Amsterdam University Press
Tekst in het Nederlands en Engels. - Gedeeltelijke weergave van het symposium 'Met andere woorden' gehouden op 2 december 1992 in de Aula van de Universiteit van Amsterdam.

ISBN 90-5356 062 9
NUGI 656/672

Trefw.: India ; economische politiek / ontwikkelingsjournalistiek.

ISBN 90-5356 062 9

Contributors to 'In other words'

- *Sidharth Bhatia*, journalist of the national daily
  The Observer of Business and Politics
  (Bombay - India)
- *Sukumar Muralidharan*, journalist of the bi-weekly
  Frontline (Madras -India)
- *Subir Roy* of the national daily
  The Times of India (New Delhi - India)
  Ed Groot, of the Dutch national daily
  het Financieele Dagblad
- *Anil Ramdas*, journalist of the newsmagazine
  de Groene Amsterdammer
- *Rita van Veen*, foreign editor of the Dutch
  national daily Trouw

- Jan Pronk, Netherlands Minister for Development
  Cooperation

- *Kristoffel Lieten*, Lecturer at the Centre for
  Anthropology and Sociology/University of
  Amsterdam and radio journalist
- *Malcolm Subhan*, correspondent of The Economic
  Times (India) in Brussels

- *James Manor*, Professor at the Institute of
  Development Studies/ University of Sussex,
  Brighton, Great Britain

In dit boek staan bijdragen van

- *Sidharth Bhatia*, journalist van het landelijke
  dagblad The Observer of Business and Politics
  (Bombay - India)
- *Sukumar Muralidharan*, journalist van het
  twee-wekelijkse Frontline (Madras - India)
- *Subir Roy*, redacteur van het landelijke dagblad
  The Times of India (New Delhi)
- *Ed Groot*, redacteur van het Financieele Dagblad
- *Anil Ramdas*, journalist van het opinieweekblad
  de Groene Amsterdammer
- *Rita van Veen*, redacteur buitenland van het
  landelijke dagblad Trouw

- *Jan Pronk*, minister voor
  Ontwikkelingssamenwerking

- *Kristoffel Lieten*, wetenschappelijk medewerker van
  het Antropologisch Sociologisch Centrum van de
  Universiteit van Amsterdam, radiojournalist
- *Malcolm Subhan*, journalist te Brussel van
  The Economic Times (India)

- *James Manor*, professor aan The Institute of
  Development Studies aan de Universiteit van
  Sussex, Brighton, Engeland

Several of the texts in this book were addresses at the
symposium 'In other words', held in the Auditorium
of the University of Amsterdam on December 2, 1992.
Chairperson of the symposium was
Geertje Lycklama à Nijeholt,
rector of the Institute of Social Studies, The Hague.

Een aantal teksten in dit boek werd uitgesproken tijdens het symposium 'Met andere woorden' op 2 december 1992 in de Aula van de Universiteit van Amsterdam.
Dagvoorzitter van het symposium was
Geertje Lycklama à Nijeholt,
rector van het Institute of Social Studies.

The study group 'In other words':

- *Wim Klinkenberg*, NVJ
- *Huub Mudde*, SNV
    Netherlands development organisation
- *Annie van Wezel*, FNV
- *Rieks Holtkamp*, IPS
    Third World News Agency
- *Nico Kussendrager*,
    School of Journalism and Communication,
    Utrecht; Dick Scherpenzeel Foundation
- *Wouter van der Schaaf*
- *Marieke Sjerps*, co-ordinator

This publication was made possible by:

- Dick Scherpenzeel Foundation
- NCO Netherlands Committee for Information on
    Development Cooperation
- FNV Netherlands Trade Union Confederation
- SvJV School of Journalism and Communication,
    Utrecht
- SNV Netherlands development organisation
- NVJ Netherlands Union of Journalists
- HICO College for Higher Information and
    Communication, Zwolle
- AJV Academy of Journalism and Information,
    Tilburg
- Haskoning Consultants
- DHV Consultants BV

De werkgroep 'Met andere woorden':

- *Wim Klinkenberg*, NVJ
- *Huub Mudde*, SNV
    Nederlandse ontwikkelingsorganisatie
- *Annie van Wezel*, FNV
- *Rieks Holtkamp*, IPS
    Third World News Agency
- *Nico Kussendrager*,
    School voor Journalistiek en Voorlichting,
    Utrecht en Dick Scherpenzeelstichting
- *Wouter van der Schaaf*
- *Marieke Sjerps*, projectcoördinator

*Deze uitgave is mogelijk gemaakt door
subsidiebijdragen van:*
- Dick Scherpenzeelstichting
- NCO Nederlandse Commissie voorlichting en
    bewustwording Ontwikkelingssamenwerking
- FNV, Federatie Nederlandse Vakbeweging
- SvJV, School voor Journalistiek en Voorlichting,
    Utrecht
- SNV, Nederlandse ontwikkelingsorganisatie
- NVJ, Nederlandse Vereniging van Journalisten
- HICO, Hoger Informatie en Communicatie Onderwijs,
    Zwolle
- AJV, Academie voor Journalistiek en Voorlichting,
    Tilburg
- Haskoning Koninklijk ingenieurs- en
    architectenbureau
- DHV Consultants BV

Contents   Inhoud

Foreword

On almost all continents there is a 'confusion of tongues' among peoples or nations going on, which few would have imagined possible at the end of the second millennium. In other words, more than ever before there is a need, a stark necessity even, to bring about a better mutual understanding and thus a better co-existence through an exchange of people and ideas. In this effort journalists play a leading role, sometimes even to their cost. Reason enough for the study group 'Met andere woorden/In other words' to start projects stimulating the exchange of ideas and experiences between journalists. In early 1991 a symposium on 'Western' and 'African' journalism was held in the Kurhaus in Scheveningen. Here Dutch journalists as well as their colleagues from Africa exchanged experiences based on concrete assignments in the field.

'Met andere woorden/In other words' is a timeless name, but it is also an equally timeless objective. Thus another symposium under the same name was held in the Auditorium of the University of Amsterdam on December 2, 1992. The topic was the news coverage of economic developments in India.

Three Dutch and three Indian journalists were requested to write about this. The three Dutch journalists travelled to India, their Indian colleagues sent in their contributions and later travelled to Amsterdam to discuss their work and journalism in India at the symposium, with all the journalists concerned as well as with many interested participants from media and development cooperation circles.

The symposium was organized by MAW/IOW at the request of a new branch on the tree of 'development journalism': the Dick Scherpenzeel Foundation. Under the name of this pioneer in this particular field of journalism, who died too young, the Foundation aims to stimulate and analyse news coverage of the Third World.

The MAW/IOW study group is composed of representatives of the following organisations: NVJ, IPS-Third World News Agency, SvVJ (Utrecht), SNV Netherlands development organisation, FNV, as well as of two members in a private capacity.

Without the support of the University of Amsterdam, the symposium would never have been the success it was. We greatly appreciate this support. We would also like to acknowledge the contribution of Mr. Jan Pronk, the Netherlands Minister for Development Cooperation, whose closing address was gratefully included in this book. It goes without saying that we are very grateful to the many people who either through their contributions, or in other ways, have made the symposium and the publication of this book possible, but we do want to say it here, anyway.

Wim Klinkenberg
Chairman MAW/IOW

Voorwoord

In praktisch alle werelddelen doet zich een 'spraakverwarring' onder en tussen volken voor, die weinigen aan het einde van het tweede millennium voor mogelijk hadden gehouden. Met andere woorden: méér dan ooit tevoren is er de behoefte, de noodzaak om door middel van 'uitwisseling van mensen en ideeën' tot een beter verstaan èn bestaan te komen. Journalisten staan bij deze worsteling in de frontlinie. Soms ook letterlijk, met alle consequenties van dien.

Redenen genoeg voor de werkgroep 'Met andere woorden / In other words' om de uitwisseling van ideeën en ervaringen tussen journalisten te willen bevorderen. Daarom organiseerde ze begin 1991 in het Scheveningse Kurhaus een symposium over 'westerse' en 'Afrikaanse' journalistiek, waarop Nederlandse journalisten en collega's uit Afrika concrete werkervaringen uitgewisselden.

'Met andere woorden / In other words' is een naam èn is een doelstelling die met alle tijden mee kan. Vandaar dat op 2 december 1992 in de Aula van de Universiteit van Amsterdam een tweede symposium werd gehouden. Dit keer was het onderwerp de berichtgeving over economische ontwikkelingen in India.

Drie Nederlandse en drie Indiase journalisten konden daarover hun licht opdoen of versterken. De drie uit Nederland reisden naar India, hun collega's uit dat land zonden hun bijdragen in en kwamen vervolgens naar Amsterdam om met elkaar, en met belangstellenden uit de wijde kring van media en ontwikkelingssamenwerking, over hun werk en over journalistiek in India te discussiëren.

Dit keer organiseerde MAW / IOW de bijeenkomst op verzoek van een nieuwe loot aan de stam der 'ontwikkelingsjournalistiek': de Dick Scherpenzeelstichting. Met de naam van deze helaas vroeg gestorven pionier in de ontwikkelingsjournalistiek, wil de stichting berichtgeving over de derde wereld analyseren en stimuleren.

MAW / IOW is samengesteld uit vertegenwoordigers van de volgende organisaties: NVJ, IPS - Third World News Agency, SvJV (Utrecht), SNV Nederlandse ontwikkelingsorganisatie, FNV, alsmede twee leden op persoonlijke titel.

Zonder de goede samenwerking met de Universiteit van Amsterdam, zou het symposium niet zijn geworden wat ons voor ogen stond. Daarvoor past onze dank. Die dank gaat ook uit naar de minister voor Ontwikkelingssamenwerking Jan Pronk, wiens rede, naast alle ander bijdragen van sprekers en discussianten, graag in dit boek is opgenomen. De dank aan de velen die door hun bijdragen, op welke wijze dan ook, het symposium en het boek mogelijk hebben gemaakt, spreekt zo vanzelf dat ze hier nadrukkelijk wordt uitgesproken.

Wim Klinkenberg,
Voorzitter MAW / IOW

Introduction

Journalism is subject to some 'hard and fast rules'. They determine which events are news and which are not. News should deal with conflicts and with the deviant, it should offer possibilities for identification as well as emotions and it should be relevant to large sections of society. News events usually take place close to home. Thus it is not surprising that most Western media focus on Western society. Developing countries are only occasionally considered news.

However, an exception seems to be the coverage of economic news. The Third World figures extensively in the media when global economic developments are discussed: the debt crisis, the World Bank and the Interna-tional Monetary Fund (IMF). If Western interests are at stake, attention is paid to changes in the economic policy of a developing country.

India is a good example. Until recently this country had a closed economy in order to protect its industry and agriculture. Indian production was for the domestic market and it was virtually impossible for foreign companies to get a foothold in India.

This policy of import substitution was slowly but surely dismantled by the governments of both Indira and Rajiv Gandhi. They were encouraged by the economic successes of Asian countries, such as Thailand and Indonesia, which had established themselves on the 'free' world market.

The Narasimha Rao government continued this liberalisation policy. Political developments in the rest of the world - the disintegration of the Soviet Union for one thing - and the darkening financial skies over India, left the country little choice. By now economic liberalisation has reached the point of no return. The West has its eye on the enormous market of Indian consumers and India flirts with the capitalist West. Bringing down its trade barriers will have tremendous impact on the country and its population.

What do Indian journalists write about these far-reaching reforms and how do their Dutch colleagues cover them? Which approaches are taken to explain this complex subject to their readers? Who are the winners and who the losers in their articles? Is the style of Dutch journalists different from that of Indian journalists? Should journalists meet certain special requirements? These questions were raised at the symposium 'In other words' that was held in Amsterdam on December 2, 1992.

The organizers of the IOW Project [1] wanted to discuss journalistic working methods on the basis of concrete issues, both in developing countries and in the Netherlands. Three Dutch and three Indian newspapers were invited to participate in the IOW Project.

[1] See colophon.

Inleiding

De journalistiek is onderhevig aan een aantal 'ijzeren wetten'. Die bepalen welke gebeurtenissen in de wereld nieuws zijn en welke niet. Nieuws moet namelijk over conflicten gaan en over het afwijkende, het moet identificatiemogelijkheden en emoties bieden en relevant zijn voor grote groepen in de samenleving. Gebeurtenissen in het nieuws spelen zich doorgaans niet ver van huis af. Het is dus niet verwonderlijk dat de westerse media zich vooral op de westerse samenleving oriënteren. Ontwikkelingslanden komen incidenteel aan bod.

Een uitzondering lijkt echter te worden gemaakt voor economische berichten: de derde wereld komt wèl in de media in verband met mondiaal economische ontwikkelingen, zoals de schuldencrisis, de Wereldbank en het Internationaal Monetair Fonds (IMF). Als er westerse belangen meespelen, is er ook interesse voor veranderingen in het economische beleid van een ontwikkelingsland.

Neem bijvoorbeeld India. Tot voor kort had dit land een gesloten economie, om zijn eigen industrie en landbouw te beschermen. De Indiase produktie was bestemd voor de binnenlandse markt en het was voor buitenlandse ondernemingen haast onmogelijk om zich in India te vestigen.

Dit beleid van importsubstitutie werd langzaam door de regering van zowel Indira als van Rajiv Gandhi doorbroken. Ze werden daarin aangemoedigd door het economische succes van Aziatische landen die zich al langer op de 'vrije' wereldmarkt oriënteerden, zoals Thailand en Indonesië.
De regering van Narasimha Rao continueerde dit liberaliseringsbeleid. Mede door politieke ontwikkelingen in de rest van de wereld - zoals het uiteenvallen van de Sovjet-Unie - en doordat India's financiële positie steeds minder rooskleurig werd, leken er weinig andere mogelijkheden te zijn. De economische liberalisering lijkt inmiddels onomkeerbaar. Het Westen lonkt naar de enorme markt van Indiase consumenten en India flirt met het kapitalistische Westen. Het openstellen van de grenzen voor de kapitalistische markt zal hoe dan ook grote gevolgen hebben voor het land en zijn bevolking.

Wat schrijven Indiase journalisten eigenlijk over deze ingrijpende hervormingen, en wat hebben hun Nederlandse collega's daarover te melden? Welke invalshoeken kiezen ze om dit complexe onderwerp aan hun lezers te verduidelijken? Wie zijn de winnaars en verliezers in de artikelen? Is de schrijfstijl van een Nederlandse journalist anders dan die van een Indiase? Moeten er speciale eisen aan journalisten worden gesteld? Dergelijke vragen kwamen aan de orde tijdens het symposium 'Met andere woorden' dat op 2 december 1992 in Amsterdam werd georganiseerd.
De organisatoren van het MAW-project [1] willen op een concrete manier journalistieke werkwijzen aan de orde stellen, zowel in ontwikkelingslanden als in Nederland.

1 Zie colofon

The choice of papers was determined by their character: business/financial, social/economic and newsmagazine respectively. In the Netherlands 'het Financieele Dagblad', 'Trouw' and the weekly 'de Groene Amsterdammer', in India 'The Observer of Business and Politics', 'The Times of India' and the fortnightly 'Frontline' were invited to participate.

Each publication was requested to have one of their journalists write an article on economic liberalisation in India, in a manner customary for this publication. The journalists were also asked to keep a diary while working on the commission. They were free in their approach to the subject, the choice of sources, the genre etc. The following journalists participated in the 'In other words' project: Mr Ed Groot ('het Financieele Dagblad'), Mrs Rita van Veen ('Trouw'), Mr Anil Ramdas ('de Groene Amsterdammer'), Mr Sidharth Bhatia ('The Observer'), Mr Subir Roy ('The Times of India'), and Mr Sukumar Muralidharan ('Frontline'). The articles were published in their respective papers in late 1992 and 'Trouw' also published Mr Sidharth Bhatia's contribution.

During the symposium 'In other words', the six journalists commented on their work and compared notes. [2] Mr Ed Groot confessed that, after reading the contributions of his Indian colleagues, he was no longer sure of the truth of his observations. Ed Groot: 'Frontline' states that a majority in India does not even want reform and that the government will be toppled. I am beginning to doubt my own observations.' Mrs Rita van Veen had us know that she had problems understanding India at all: 'My colleagues in the office confronted me with the inevitable question: how did you like India? Never before was it so hard for me to find the right words.' Mr Subir Roy claimed to be surprised by the Dutch contributions: 'I was surprised by the many similarities between the observations of my Dutch colleagues and my own.'

In this book different aspects of 'the media on economic liberalisation in India' are discussed. First of all the articles and diaries of the journalists are reproduced. The chapter containing the commentaries allows the reader a look behind the scenes of journalism. Mr Anil Ramdas gives a detailed description of the choices he makes in order to present a 'scientific, journalistic as well as literary' picture of India.

Mr Sidharth Bhatia explains how the Indian press reports on economic issues and Mr Sukumar Muralidharan defends his opinion that newspapers should stand up for the interests of sections of the population which are unable to do so themselves.

Two speakers, Mr Kristoffel Lieten and Mr Malcolm Subhan, analysed the pro-

2 *Mrs Rita van Veen could not be present at the symposium. She was represented by her colleague Mr Johan ten Hove.*

Zij nodigden daarom drie Nederlandse en drie Indiase kranten uit om aan het MAW-project mee te doen. De kranten werden onder andere uitgezocht op hun verschillende invalshoeken.

In Nederland ging een uitnodiging naar het Financieele Dagblad, Trouw en het weekblad de Groene Amsterdammer. In India werden The Observer of Business and Politics, The Times of India en het tweewekelijkse Frontline uitgenodigd mee te doen.

Van elke krant schreef een journalist een artikel over de economische liberalisering in India, op een wijze die voor zijn of haar krant gebruikelijk is. Bovendien werd hen gevraagd een dagboek bij te houden met betrekking tot de opdracht. De journalisten waren vrij in de aanpak van het onderwerp, de keuze van bronnen, het journalistieke genre, enzovoorts.

Aan 'Met andere woorden' deden mee: Ed Groot (het Financieele Dagblad), Rita van Veen (Trouw), Anil Ramdas (de Groene Amsterdammer), Sidharth Bhatia (The Observer), Subir Roy (The Times of India), Sukumar Muralidharan (Frontline). De artikelen verschenen eind 1992 in de betreffende kranten. Trouw plaatste bovendien het artikel van Sidharth Bhatia.

Tijdens het symposium 'Met andere woorden' gaven de zes journalisten een toelichting op hun werk en wisselden ze ervaringen uit [2]. Zo bekende Ed Groot dat hij, nadat hij de bijdragen van zijn Indiase collega's had gelezen, niet zo zeker meer was van zijn eigen waarnemingen. Ed Groot: 'Frontline stelt dat een meerderheid van het Indiase volk de hervormingen helemaal niet wil en dat de regering zal vallen. Dat brengt me weer aan het twijfelen.' Rita van Veen liet weten dat het haar veel moeite kostte om iets van India te begrijpen: 'Mijn collega's op de redactie kwamen met de onherroepelijke vraag: hoe vond je .ndia? Nog nooit heb ik zo naar woorden moeten zoeken.' Subir Roy zei verrast te zijn door de Nederlandse bijdragen: 'Ik was verbaasd dat er zoveel overeenkomsten zijn tussen de waarnemingen van mijn Nederlandse colega's en die van mij.'

In dit boek wordt het thema 'de media over de economische liberalisering in India' op verschillende wijzen belicht. Allereerst zijn de artikelen en dagboeken van de journalisten afgedrukt. Vervolgens is het in het hoofdstuk 'Toelichting van de journalisten' mogelijk een blik te werpen in de journalistieke keukens. Anil Ramdas beschrijft bijvoorbeeld uitgebreid welke keuzes hij maakte om India 'op een wetenschappelijke, journalistieke èn literaire manier' neer te zetten,

Sidharth Bhatia verduidelijkt hoe de Indiase pers economische onderwerpen verslaat en Sukumar Muralidharan pleit ervoor dat kranten ook de belangen verdedigen van bevolkingsgroepen die niet voor zichzelf kunnen opkomen.

Twee inleiders, Kristoffel Lieten en Malcolm Subhan, analyseerden het werk van de zes en koppelden daaraan hun persoonlijke visies met betrekking tot de - westerse

2 *Rita van Veen kon niet op het symposium aanwezig zijn. Zij werd vertegenwoordigd door haar collega Johan ten Hove.*

ducts of the six and related them to their personal views of (Western) journalism. Both the participating journalists and the audience took part in the ensuing discussion, which is reflected in the chapter Discussion.

Mr James Manor, Professor at the Institute of Development Studies of the University of Sussex (Brighton, Great Britain), explicates in his article written especially for 'In other words', the influence of the Indian press on the liberalisation process.

The speech held by Mr Jan Pronk, Netherlands Minister for Development Cooperation, is also included in this book. Mr Pronk reviews the development of the Indian economy since 1947. In his discourse he focuses on the dichotomy of Indian society. The Minister also discusses the way in which the Dutch press has reported on the reforms in India in the past three years. His information is based on the survey 'Elephants and tigers', a summary of which is included in this book as well.

This publication was written for a wide readership, interested in journalism and the coverage of developing countries, as well as for those who are interested in India and economic liberalisation. It may be used as didactic material in journalist training courses.

14 It is the opinion of the organizers of IOW that change and improvement of coverage of Third World countries can be effected only in cooperation with the media in those countries. An exchange of ideas may enhance mutual understanding and may thus lead to more professional working methods, in the West as well as in developing countries. [3]

[3] In 1991 the topic of the symposium of 'In other words' was the question whether there is 'Third World journalism' as opposed to 'Western journalism'. The book that was published on the symposium can be obtained at SNV, telephone 070-3440231.

- journalistiek. Op hun stellingen werd uitgebreid gereageerd, zowel door de deelnemende journalisten als door het publiek. Deze reacties zijn terug te lezen in het hoofdstuk discussie.

James Manor, professor aan het 'Institute of Development Studies' aan de Universiteit van Sussex (Brighton, Groot Brittannie), schreef speciaal voor 'Met andere woorden' een artikel waarin hij op heldere wijze de invloed van de Indiase pers op de liberaliseringsprocessen uiteenzet.

Ook is de rede die minister voor Ontwikkelingssamenwerking Jan Pronk tijdens het symposium hield, in dit boek opgenomen. De minister beschouwt de ontwikkeling van de Indiase economie sinds 1947. In zijn betoog staat het dualistische karakter van de Indiase samenleving centraal. Tenslotte gaat de minister in op de wijze waarop de Nederlandse pers de afgelopen drie jaar de Indiase hervormingen heeft beschreven. Dit doet hij naar aanleiding van het onderzoek 'Olifanten en tijgers' dat in verkorte vorm een plaats heeft gekregen in dit boek.

Deze publikatie is geschreven voor een breed publiek dat geïnteresseerd is in journalistiek en de berichtgeving over ontwikkelingslanden, alsook voor geïnteresseerden in India en de economische liberalisering. Daarnaast kan ze gebruikt worden als cursusmateriaal voor journalistieke opleidingen.
De organisatoren van MAW menen dat het veranderen en verbeteren van berichtgeving over derde-wereldlanden onder andere door samenwerking met de media in die landen moet gebeuren. Door uitwisseling van gedachten kan het wederzijds begrip groter worden, wat kan leiden tot professionelere werkwijzen, zowel in het Westen als in ontwikkelingslanden [3].

3 In 1991 ging 'Met andere woorden' over de vraag of 'ontwikkelingsjournalistiek bestaat naast 'westerse' journalistiek'. Het boek dat naar aanleiding van dat symposium is uitgebracht, is te bestellen bij SNV, tel: 070 - 3440 231.

The only real difference between water, mangola and cola
Anil Ramdas

Was it some kind of return for me, people asked me before I left. Return to where? I remember that I was confronted with the same question when I first travelled to India, ten years ago. My reaction was hostile, I considered it an insult, as my true origins, Surinamese, the Carribean, were denied. I have mellowed now. When I boarded the Air India plane I was surprised by the smell of Indian incense. It caused an intimate feeling of recognition, the smell about my mother during prayer on religious holidays. When we were seated around her, all clean and bathed, cross-legged, hands folded piously. India is the country of my childhood, I'll just admit it. We ate, spoke and changed as Indians. Still, to me the country has never been an 'Area of Darkness' as Naipaul has written. Quite the contrary, my India was brightly lit, sparkling, full of glamour, magnificence and glory; the small fire around the idols of the gods, the glittering balls for decorative purposes, the colours at the New Year's Eve parties, the attraction of the Bombay films. And the smell of incense. Crafty people, those Indians, to force their culture onto others so subtly.

'Indian Origin?' the customs officer asks me in a paternal way.
'Yes, Sir', I nod, 'Indian Origin'.
In front of me and behind me there are only whites, queueing to change money. I am called out of the queue by a bank principal and am quickly given my wad of rupees. The Europeans look angry. Indian Origin, you see. Funny really: after nine hours of flying you are part of a majority, and can join in teasing the minorities.

The elephant is waking up from a deep sleep, says the West about India's conversion to the Western market economy. But what is the truth about this conversion? According to Arvind Das, a sociologist and editor of the Times of India, the country underwent a watershed change ten years ago: 'In the first place, we were introduced to colour television, which enabled the lower middle classes to catch a glimpse of the wealth of the West. Secondly, the Asian Games were held in India, and were financed in part by an IMF loan. Never before had India incurred debts for games and prestigious buildings. It marked a change of mentality. Until 1982 the successive governments of Nehru and Gandhi had aimed at an Indian version of socialism. An attempt was made to raise as many of the poor as possible up into the middle classes. That policy was abandoned, given up, declared hopeless. It was in fact hopeless, in a sense, since the results were invisible anyway.'

The government decided to focus on the existing middle classes, Arvind Das says. Their consumer needs had to be satisfied, so import bans gradually had to be lifted. Money had to come out of the bank and onto the market. It went out onto the international market, however,

Het enige echte verschil tussen water, mangola en cola
Anil Ramdas

Of het een soort 'terugkeer' voor me is, vroeg men mij voor vertrek. Terug waar naar? Ik herinner me dat ik tien jaar geleden, bij mijn eerste reis naar India, ook met deze vraag werd geconfronteerd. Ik reageerde er vijandig op, ik vond het een belediging, omdat mijn werkelijke afkomst, Suriname, het Caribisch gebied, werd ontkend. Nu ben ik milder. Toen ik het vliegtuig van Air India binnenliep werd ik verrast door de geur van Indiase wierook. Het gaf een intiem gevoel van herkenning, de geur rond mijn moeder, tijdens het gebed op feestdagen. Als wij schoon en gebaad om haar heen zaten, in kleermakerszit, met de handen vroom gevouwen. India is het land van mijn jeugd, laat ik het maar gewoon toegeven. We aten, spraken, verschoonden ons als Indiërs. Toch is het land voor mij nooit een 'Area of Darkness' geweest, zoals Naipaul schreef. Mijn India was juist hel verlicht, sprankelend, vol glitter, pracht en praal; het vuur rond de godsbeeldjes, de glanzende ballen ter versiering, de kleuren tijdens het nieuwjaarsfeest, de schittering van de Bombay-films. En de geur van wierook. Doortrapte mensen, die Indiërs, om zo subtiel hun cultuur aan anderen op te dringen.

'Indian Origin?' vraagt de douane-ambtenaar vaderlijk.
'Yes Sir', schud ik met m'n hoofd, *'Indian Origin'.*
Voor en achter mij staan alleen blanken, in een rij om geld te wisselen. Ik word door een bankchef uit de rij geroepen en krijg snel mijn bundel rupees. De Europeanen kijken boos. Tja, Indian Origin. Grappig idee eigenlijk: na negen uur vliegen ben je in de meerderheid, en kan je de minderheidjes helpen pesten.

De olifant ontwaakt uit een diepe slaap, zegt het Westen over de bekering van India tot de westerse markteconomie. Maar wat is er waar van die bekering? Volgens Arvind Das, socioloog en redacteur van The Times of India, heeft het land tien jaar geleden een belangrijke keerpunt doorgemaakt: 'Ten eerste kregen we kleurentelevisie, waardoor ook de lagere middenklasse een blik kon werpen op de weelde van het Westen. Ten tweede werden de Aziatische Spelen in India gehouden, die gedeeltelijk werden gefinancierd door een lening van het IMF. Nooit eerder had India schulden gemaakt voor spelletjes en prestigieuze gebouwen. Het kenmerkte een mentaliteitsverandering. Tot 1982 hadden de opeenvolgende regeringen van Nehru en Gandhi een Indiaas socialisme nagestreefd. Men wilde zoveel mogelijk armen naar de middenklasse optrekken. Dat beleid werd verlaten, opgegeven, hopeloos verklaard. Het was ook hopeloos, in zekere zin, de resultaten waren in ieder geval niet zichtbaar.'
Men besloot zich nu te richten op de reeds bestaande middenklasse, vertelt Arvind Das. Hun consumptiebehoefte moest worden bevredigd, dus moest men de importverboden langzaam aan opheffen. Het geld moest uit de bank en op de markt. Maar het werd de internationale

not the domestic Indian market. 'But the results are visible', Arvind Das says ironically, 'and that is what politicians are concerned with. There was an enormous consumer boom, knick-knacks were swooped up from the world bazaar as if they were going out of fashion, and a new kind of exhibitionism emerged, which previously did not exist, an un-Indian hedonism.'

The middle classes are creating such a stir, he says, that poverty is not noticed anymore. But it has decreased a little, hasn't it? 'Yes', Arvind Das admits, 'the middle classes have expanded both upwardly and downwardly. But the gap between the hard core of poverty and the rest of society has widened.'

The street scene bears out his opinion. There are fewer beggars and 'pavement dwellers' than before. Women no longer wear traditional saris, but bermudas and T-shirts. Young girls and boys walk hand in hand as if they are in Europe. But on a traffic island I see a small, neglected child of about five sell a newspaper to a beautiful, elegant young lady sporting a walkman. Thus I end up dispirited after all.

Robi Chatterji, a cynical historian from New Delhi, defines the change as a crisis of identity: 'In 1982 India switched from 'modernizing' to 'Westernizing' and even 'Americanizing'. Modernizing was the policy introduced by Nehru, a kind of military socialism. Discipline, making sacrifices, working hard, the emphasis on heavy industry, self-reliance in the agricultural domain. This military socialism created its own undoing, since in the end modernization is hampered by an emphasis on discipline. But during the eighties this same policy was continued in an indiviualized way, via the image of the 'Angry Young Man'. The Bombay cinema led the way: the romantic hero was superseded by a Clint Eastwood/Rambo-like character. You have to strike out for yourself, take the law into your own hands, in an individualistic way. Revenge yourself, the message is, find the individual causer of the injustice and liquidate him personally and violently. Poverty and injustice have no social causes, they are not inherent in a bad system, but are caused by a few demonstrably bad, evil people.'

Chatterji himself is in favour of an anarchic socialism, allowing for the development of the Self, a personal identity, but with room for social change, too. 'Self-awareness instead of Self-discipline.'

To me it sounds rather artificial. Why keep looking for an Indian alternative for progress and development if the Indian tradition has brought nothing but poverty, and Indian socialism has hardly ushered in any modernity? Why not passionately embrace the Western model? 'If only there were any passion,' says Robi Chatterji, 'India is going through a cultural malaise in which there is no place for strong feelings and violent desires. Even the capitalists are not passionately capitalistic. They do not want to expand, they want to earn just enough to get by.'

'What's more', Arvind Das adds, 'the Indian orientation towards the West is not inspired by a true interest in Western values, but by a fear of the Islam. India feels threatened by its

markt, en niet de Indiase. 'Maar de resultaten zijn zichtbaar', zegt Arvind Das spottend, 'en daar gaat het de politici om. Er deed zich een enorme consumptie-explosie voor, hysterisch kocht men spulletjes van de wereldbazaar, en men zag een nieuw soort exhibitionisme dat eerder niet bestaan had, een on-Indiaas hedonisme.'

De middenklasse maakt zoveel herrie, zegt hij, dat de armoede niet meer opvalt. Maar die is toch iets afgenomen? 'Ja', geeft Arvind Das toe, 'de middenklasse heeft zich zowel naar boven als naar beneden toe uitgebreid. Maar het verschil tussen de harde kern van de armoede en de rest van de samenleving is extremer geworden.'

Het straatbeeld bevestigt zijn mening. Er zijn minder bedelaars en 'pavement dwellers' dan voorheen. De vrouwen lopen niet langer in de traditionele salwaars, maar in bermuda's en T-shirts. Jonge meisjes en jongens lopen hand in hand, alsof ze in Europa zijn. Maar op een vluchtheuvel zie ik een klein, verwaarloosd meisje van een jaar of vijf een krant verkopen aan een elegante jongedame met een walkman op. Zo eindigt het gemoed toch op nul.

Robi Chatterji, een cynische historicus uit New Delhi, formuleert de verandering als een indentiteitscrisis: 'In 1982 stapte India over van 'modernisering' naar 'verwestersing' en zelfs 'veramerikanisering'. Modernisering was het beleid dat door Nehru was ingezet, een vorm van militair socialisme. Discipline, afzien, hard werken, accent op zware industrie, zelfvoorziening op het gebied van landbouw. Dat militaire socialisme zou vanzelf wel vastlopen, de modernisering wordt op gegeven moment door die nadruk op discipline geblokkeerd. Maar in de jaren tachtig werd datzelfde beleid op een geïndividualiseerde manier voortgezet, via het beeld van de 'Angry Young Man'. De Bombay-cinema gaf de toon aan: de romantische held werd vervangen door een Clint Eastwood-Rambo-achtige figuur. Je moet zelf iets ondernemen, het recht in eigen hand nemen, op een individualistische manier. Neem wraak, is de boodschap, zoek de *individuele* veroorzaker van het onrecht en liquideer hem persoonlijk en geweldaddig. Armoede en onrechtvaardigheid hebben geen maatschappelijke oorzaken, ze zijn niet inherent aan een slecht systeem, maar ze ontstaan door een paar aanwijsbare slechte, kwaadwillige mensen.' Chatterji staat zelf een anarchistisch socialisme voor, waarin ruimte is voor de ontwikkeling van een Zelf, een eigen persoonlijkheid en waar aandacht bestaat voor maatschappelijke verandering. 'Zelfbesef, in plaats van Zelfdiscipline.'

Het klinkt mij nogal krampachtig in de oren. Waarom zou men nog zoeken naar een Indiase variant op vooruitgang en ontwikkeling, als de Indiase traditie niets dan armoede heeft opgeleverd en het Indiase socialisme nauwelijks moderniteit heeft gebracht? Waarom zou men niet hartstochtelijk kiezen voor het westerse model? 'Was er maar sprake van hartstocht', zegt Robi Chatterji, 'India maakt een culturele malaise door waar geen plaats is voor sterke gevoelens en hevige verlangens. Zelfs de kapitalisten zijn niet hartstochtelijk kapitalistisch. Ze willen niet groeien, maar net genoeg verdienen.'

surrounding islamic countries and therefore forms an occasional coalition with that other great Islam-hater: the West. That's why Westernizing in India remains a matter of appearances, of dress and style, but not of emancipation and self-analysis.'

The emphasis on the fortunes and misfortunes of the Indian middle classes who have developed in the course of the past ten years sometimes takes on amazing proportions. In a newspaper a report of a mining disaster is tucked away in a small corner: the death toll is two hundred. The remainder of the front page is taken up by the violent robbery of a middle class family, in which a man, a woman, two children and their servant were killed. Yet the rise of an urban middle class is a sign of progress and hope. And as I am driving past remote villages a long way from the city I am shocked to realize that perhaps a social revolution will be needed to prepare these rural communities for the next century. Here one can see how devastating the Indian tradition is. It is often thought that the Indian tradition - religion, patriarchal relations, caste system - leads only to stagnation, and may even bring some peace and quiet. This is not true. The tradition is an agglomeration of negative energy which actively and vigorously blocks development and modernization. The senselessness of Hinduism becomes evident from its extenuation of poverty and its praise of backwardness as an asset. If modernity is a waste of resources, then tradition is a waste of labour, talent and even human lives.

Take for instance the state hotel where I stay. A hundred and fifty rooms and three hundred and fifty employees. Each job goes to its own caste. Cleaning is done by the lowest castes, clerical work by those a little higher up, and the highest caste supervises everyone, to make sure nobody is idling. No one is idling, people work the live-long day. In the kitchen, for instance, four people are working where there is only work for two. One of them fills sandwiches, a second pours glasses of fruit juice. Two other men are sitting on a bench in the corner. What they are doing? The man who pours the juice pours the water left behind in each glass after it has been cleaned onto the floor, whereupon one of the men on the bench gets up and cleans the puddle away. This goes on, glass after glass. India is a welfare state, only it is not incomes which are redistributed, but labour.

For real progress such as is aimed at through economic liberalization, a cultural revolution is also needed, which will have to improve people's self-confidence and dignity, so that they will refuse to carry out symbolic work for symbolic wages, and thereby refuse to be declared worthless.

The problem is how to achieve this cultural revolution. The middle classes are, for the time being, an economic, not a cultural and let alone a moral class. And politics are too deeply rooted in the oppressive Indian tradition. The monarchistic style of governing and patriarchal

'En bovendien', voegt Arvind Das toe, 'is de Indiase oriëntatie op het Westen niet ingegeven door oprechte belangstelling voor de westerse waarden, maar door angst voor de Islam. India voelt zich bedreigd door de omringende Islamitische landen en sluit daarom een gelegenheidscoalitie met de andere grote Islam-hater: het Westen. Daarom blijft de verwestersing in India een kwestie van uiterlijke vormen, van kleding en stijl, maar niet van emancipatie en zelfonderzoek.'

De nadruk op het wel en wee van de Indiase middenklasse, die de laatste tien jaar tot ontwikkeling is gekomen, neemt soms verbijsterende vormen aan. In de krant wordt in een klein hoekje melding gemaakt van een mijnramp: tweehonderd doden. De rest van de voorpagina wordt in beslag genomen door een gewelddadige beroving van een middenklasse gezin waarbij man, vrouw, twee kinderen en de bediende om het leven zijn gebracht. Toch is het ontstaan van de stedelijke middenklasse een teken van vooruitgang en hoop. Want als ik langs de dorpjes ver buiten de stad rij realiseer ik me, tot mijn eigen schrik, dat er misschien wel een sociale revolutie nodig zal zijn om de gemeenschappen op het platteland geschikt te maken voor de volgende eeuw. Hier zie je hoe verwoestend de traditie is. Men denkt vaak dat de Indiase traditie - de godsdienst, de patriarchale verhoudingen, het kastenstelsel - slechts tot stagnatie leidt, en zelfs voor een zekere rust en kalmte zorg. Dat is niet waar. De traditie is een bundeling van negatieve energie die ontwikkeling en moderinisering aktief en krachtig blokkeert. De zinloosheid van het hindoeisme blijkt uit het feit dat het armoede goedpraat en achterlijkheid prijst als een verworvenheid. Als de moderniteit een verspilling is van grondstoffen, dan is de traditie een verspilling van arbeid, talent en mensenlevens.

Neem bijvoorbeeld het staatshotel waar ik logeer. Honderdvijftig kamers en driehonderdenvijftig werknemers. Bij iedere taak hoort een andere kaste. Het schoonmaakwerk wordt door de laagste kasten verricht, de administratie door een iets hogere en de hoogste kaste ziet erop toe dat niemand luiert. En men luiert ook niet, men werkt de godganse dag. In de keuken werken bijvoorbeeld vier mensen, waar werk is voor twee. De een belegt broodjes, de ander schenkt vruchtensap. De twee overige mannen zitten in een hoekje op een bank. Wat ze doen? De man die sap inschenkt gooit het bodempje water dat in schone glazen achterblijft op de grond, waarop een van de mannen van zijn bank opstaat om het plasje te vegen. Dat gaat zo door, glas na glas. India is een verzorgingsstaat, alleen verdeelt men hier niet het inkomen, maar de arbeid.
Voor echte vooruitgang, zoals men met de economische liberalisering nastreeft, zal dus een culturele omslag nodig zijn die moet leiden tot een groter zelfvertrouwen en waardigheid van de mensen, waardoor men weigert om symbolisch werk te doen tegen een symbolisch loon. Waardoor men weigert nutteloos te worden verklaard.

way of wielding power are not based on what people are capable of, but on what they are. Those who have no claim to a decent background, use their personal authority and flair.

I learnt my lessons as far as this is concerned. When I was here ten years ago I was younger and poorer, so I adjusted, was submissive and swallowed a lot. I was treated the way I presented myself: as trash. In Europe this still happens. I allow myself to be intimidated by waiters, shop girls, bus drivers and butchers. But in Europe I am visibly a foreigner and I feel strangely like an accomplice to my foreignness, as if I were illegal.

In India, however, the opposite happens to me. After no more than a few days I feel Indian, with the same brashness and arrogance that I usually abhor. I bully those arround me, raise my voice, demand the service that is my due, return things I did not order, tip people generously just because I like them. I manipulate my surroundings, which I hate, but like. In India I can afford to be someone who is not walked all over.

American tourists in India behave just like this; as opposed to Europeans who don't. All Europeans go about with bottles of water, whereas you can buy safe bottled soft drinks anywhere. The bottle in the hand (never in the bag, always demonstratively in the hand) has become a symbol. And Indians laugh their heads off, as those bottles are meddled with on a large scale. I ask a Dutch tourist if he drinks much water in The Netherlands when it is hot. 'No, not really', he says. He drinks tea, soft drinks, a beer, but no, not water. Why does he walk about with one of those bottles over here then, I ask. 'Because everyone is doing it', he answers.

They are held in contempt, I am told by an Indian who organizes trips to the Taj Mahal. 'Nobody likes European tourists, they are stingy, they dress shabbily and they distrust Indians. American tourists are completely different. They behave like proper tourists: they spend money, the beggar is given something as well, the tips are princely and they wear their own clothes. Unlike the Europeans, who don cheap Indian clothes.'

Americans are appreciated in India because they do not adjust and retain trust in their own way of life. Europeans on the other hand show an understanding for the Third World. They are not universalistic, as they are wary of eurocentrism, and they overdo it by showing an embarrassing kind of relativism and self-denial. I think they are ashamed of their colonial past. By behaving themselves as poor Indians they show remorse. However, neither do they want to lose themselves completely, which explains the bottle of water.

Balancing the general appreciation of Americans, their products and their culture, is an intellectual dislike of anything American. 'It is as if the American army has passed through here, as it did in Cambodia during the Vietnam war', a sociologist in Bombay tells me. 'The same degradation, the same corruption.' I find it hard to picture this. He advises me to go and try Bombay nightlife. 'Then you'll see how modern we are in India, and how depraved.'

Het probleem is hoe men die culturele omslag zal bereiken. De middenklasse is vooralsnog een economische klasse, geen culturele, laat staan een morele. En de politiek is zelf te zeer ingebed in de beklemmende Indiase traditie. De monarchistische manier van regeren en de patriarchale manier van macht uitoefenen zijn niet gebaseerd op wat men kan, maar op wat men is. En wie niet kan bogen op een goede afkomst, gebruikt zijn persoonlijke overwicht en zijn brutaliteit.

Wat dat betreft heb ik mijn les geleerd. Toen ik hier tien jaar geleden kwam was ik jonger en armer, ik paste me aan, stelde me gedwee op en slikte veel. Men behandelde mij zoals ik mij voordeed: als uitschot. In Europa gebeurt dat nog. Ik laat mij intimideren door kelners, winkelmeisjes, buschauffeurs en slagers. Maar in Europa ben ik een zichtbare buitenlander, ik voel mij op een merkwaardige manier medeschuldig aan mijn vreemdheid, alsof ik er ongeoorloofd ben.

Maar in India overkomt mij het tegendeel. Al na een paar dagen voel ik mij Indier, met dezelfde brutaliteit en arrogantie die ik gewoonlijk verafschuw. Ik koeioneer mijn omgeving, verhef mijn stem, eis de bediening die mij toekomt, stuur dingen terug die ik niet heb besteld, geef een flinke fooi als ik iemand gewoon aardig vind. Ik manipuleer mijn omgeving, wat ik haat, maar wat me bevalt. In India kan ik me veroorloven niet over me heen te laten lopen.

Amerikaanse toeristen in India gedragen zich net zo, in tegenstelling tot de Europese. Alle Europeanen lopen met een fles water rond, terwijl overal veilige frisdrankjes uit flesjes te koop zijn. De fles in de hand (nooit in de tas, altijd demonstratief in de hand) is een symbool geworden. En de Indiërs lachen zich rot, omdat er op grote schaal geknoeid wordt met die flessen. Aan een Hollandse toerist vraag ik of hij in Nederland ook veel water drinkt als het warm is. 'Nee, eigenlijk niet', zegt hij. Hij drinkt thee, frisdrank, een biertje, maar nee, geen water. Waarom hij hier dan met zo'n fles rondloopt, vraag ik. 'Omdat iedereen het doet', antwoordt hij.

Ze worden geminacht, vertelt een Indiër mij die toeristische trips naar de Taj Mahal organiseert. 'Niemand houdt van Europese toeristen, ze zijn gierig, ze lopen er sjofel bij, en ze wantrouwen de Indiërs. Amerikaanse toeristen zijn anders. Ze gedragen zich echt als toeristen: geven geld uit, de bedelaar krijgt ook wat, de fooien zijn vorstelijk, en ze dragen hun eigen kleren. Niet als die Europeanen, die goedkope Indiase kleren aantrekken.'

Amerikanen worden in India gewaardeerd omdat ze zich niet aanpassen en vertrouwen hebben in hun eigen 'way of life'. De Europeanen daarentegen hebben begrip voor de derde wereld. Ze zijn niet universalistisch, want huiverig voor eurocentrisme, en slaan door naar een pijnlijk soort relativisme en zelfverloochening. Ze schamen zich voor hun koloniale daden van het verleden, denk ik. Door zich als arme Indiërs te gedragen tonen ze berouw. Maar ze willen zichzelf ook niet helemaal verliezen. Vandaar die fles met water.

I will accept the challenge. But Bombay looks more accessible than it is. The shops' neon lights are blinding and the film posters illustrate the words of Robi Chatterji: angry faces of tough guys who want revenge. Whereas Indians are not a bit malicious. Such an immense city as Bombay, with almost nine million inhabitants, and there is not a policeman to be seen, not a siren to be heard. If Indians become malicious they do it collectively, during religious or ethnic riots.

But how does one get to the seamy side of this city? Through a taxi driver I get to know a small, thin man, with an unshaven face, greasy hair and protruding teeth. He looks neglected in his shirt that is far too long and leather slippers. Salim his name is, and I am assured that he knows this town better than anyone else. He does have something. He walks around very self-assuredly, is resolute and addresses everyone as if he has just been elected mayor. He knows exactly what I want, he says, while I am still groping for words such as 'Western', 'modern' 'hip' etcetera. In the taxi he orders the driver left or right by hitting the dashboard. Authoritarian fellow.

He takes me to a night club. Inside they are drinking whisky, the age-old symbol of Western decadence, and a band of four elderly Hindustani men play music by Dire Straits. The punters are men who unmistakably belong to the middle classes. When the house lights go down two Thai girls, dressed in ordinary house dresses, appear on stage. They try to dance, but Dire Straits are accompanied by an Indian drummer here, so that there's nothing else for it than to skip about a bit. Suddenly they stop and start to undress, as if they are going to take a bath.

A suggestion of eroticism. India has got the idea, not the realization. In the past you were given a small bowl of water in every restaurant to wash your fingers. Now you are given napkins with a floral print. But they are made of grease-proof paper, so that you just wipe the grease all over your hands. On scooters and mopeds the wearing of a helmet is obligatory. But Sikhs are exempted from this rule as their turbans provide enough protection.

Now the real climax is about to follow: the band plays Indian film songs and two Indian girls appear on stage. A fat lady of about thirty-five and a young, tall and charming girl of about twenty. She is too high to take her work seriously and bursts out laughing all the time. It is supposed to be a lesbian act, but because they are not lesbians at all, they show, probably without being aware of it themselves, what they have experienced of Indian sexuality. Short foreplay, little physical contact and then a few uncoordinated thrusts by the woman who plays the role of man. The 'woman' on the other hand lies on the floor motionlessly. An imitation of what goes on in millions of bedrooms here. My sympathy goes out to all the women, who will be snapped at by these men later on; they will have to make love to them and cook for them as befits traditional Indian women. While at the same time, their husbands feel they are 'modern' men.

Tegenover de algemene waardering voor Amerikanen, hun produkten en hun cultuur, staat de intellectuele afkeer van alles wat Amerikaans is. 'Het is hier alsof het Amerikaanse leger is langs geweest, net als in Cambodja tijdens de Vietnamoorlog', vertelt een socioloog in Bombay. 'Dezelfde verloedering, dezelfde corruptie'. Ik kan me er weinig bij voorstellen. Hij raadt mij aan het nachtleven van Bombay op te zoeken. 'Dan zie je pas hoe modern we zijn in India, en hoe verdorven.'

Die uitdaging wil ik aannemen. Maar Bombay ziet er toegankelijker uit dan het is. De neonverlichting van de winkels is verblindend, de filmposters illustreren de woorden van Robi Chatterji: woedende gezichten van stoere binken die zijn belust op wraak. Terwijl Indiase mensen juist helemaal niet boosaardig zijn. Zo'n immense stad als Bombay, met bijna negen miljoen inwoners, en geen politieman te zien, geen sirene te horen. Als Indiërs boosaardig worden dan is het collectief, tijdens religieuze of etnische rellen.

Maar hoe bereik je de zelfkant van deze stad? Via een taxichauffeur leer ik een kleine, magere man kennen met een ongeschoren gezicht, vettig haar en vooruitstekende tanden. Hij ziet er verwaarloosd uit, in zijn veel te lange hemd en zijn leren slippers. Salim heet hij, en men verzekert mij dat hij deze stad beter kent dan wie ook. Hij heeft inderdaad iets zelfverzekerds, is kordaat en spreekt iedereen aan alsof hij de net gekozen burgemeester is. Hij weet precies wat ik wil, zegt hij, terwijl ik moeizaam naar woorden zoek als 'westers', 'modern', enzovoort. In de taxi commandeert hij de chauffeur naar links en rechts door klappen op de dashboard. Autoritair baasje.

Hij brengt me naar een nachtclub. Binnen wordt whisky gedronken, het oeroude symbool van westerse decadentie, en speelt een bandje van vier oude hindoestaanse mannen muziek van Dire Straits. De aanwezigen zijn mannen die onmiskenbaar tot de middenklasse behoren. Als de grote lampen uitgaan verschijnen twee Thaise meisjes in gewone huisjurken op het podium. Ze proberen te dansen, maar Dire Straits wordt hier door een Indiase drummer begeleid, waardoor er niets anders overblijft dan een beetje op en neer huppelen. Ineens staan ze stil en kleden zich uit, alsof ze in bad moeten.

Een suggestie van erotiek. India beheerst het idee, niet de uitvoering. Vroeger kreeg je in ieder restaurant een kommetje water om je vingers te wassen. Nu krijg je gebloemde servetten. Maar ze zijn van vet-afstotend papier, waardoor je het vet over handen en vingers smeert. Op scooters en motorfietsen is een helm verplicht. Maar Sikhs hoeven die niet te dragen, omdat hun tulband veilig genoeg is.

Nu komt het echte hoogtepunt: de band begint Indiase filmliedjes te spelen en twee Indiase meisjes verschijnen op het podium. Een dikke mevrouw van een jaar of vijfendertig en een jong, lang bekoorlijk meisje van ongeveer twintig. Ze is te high om haar werk serieus te nemen en barst iedere keer in lachen uit. Het moet een lesbische act voorstellen, en omdat ze helemaal

I cannot figure Salim out. He has great authority, but his behaviour to me is subservient. He insists on carrying my bag and when it is raining he holds the umbrella deliberately over only my head. When suddenly I am surrounded by three gangsters who force me to exchange my dollars with them Salim steps in and tells them vigorously that they should leave me alone. He is reviled and even receives a blow, but he remains self-assured. I looked on in utter astonishment. Wasn't he afraid? Salim laughs. He has known more dangerous types. But if they had used violence? 'I told them where I lived, that was enough.' I ask him where he lives. Somewhere outside of Bombay, he says casually. So much heroism in such a small man, almost ten centimetres shorter than I am. I am behaving more and more like his younger brother, even though I am older. We have meals in expensive restaurants and drink in malafide bars, but Salim is at home and at ease everywhere.

He advises me to go and get some rest for an hour because we have a hard night ahead of us. I pay him for yesterday and today and in advance for tomorrow, because he is worth his weight in gold. Even if I cannot figure him out and am not even sure I like him.

I use the hour to go for a walk in the vicinity of the hotel and get lost within five minutes. In one of the alleys a film is being projected onto a sheet. The wind causes the images to billow romantically, in the way that a dream sequence is usually introduced. Dozens of people stand watching in fascination, as if it concerns the latest invention. So much enthusiasm in a country which puts out three new films a day, the highest production in the world. But they are still amazed at this invention, created continents, light-years away, and which has slowly contaminated this society to the extent where it cannot do without it anymore. India without film is as inconceivable as an India without trains, cows and slums.

Suddenly I find myself in a prostitution area. I am engulfed in loud music and girls who, in spite of their make-up and colourful saris, look poor. I see a woman urinating behind a parked cab and thank God and Columbus that I did not have to grow up in this country. Then as I slowly start to panic because not a single road I try leads to the civilized world, I feel a hand on my shoulder: Salim.
'I would have come back', he says indignantly. He thinks I came to look for him because I paid him in advance. I am glad I can convince him of the fact that I was out walking and could not find my way back. 'Come on', he says, 'and meet my relatives.' We walk into the crowds, the noise and the foul smells and arrive at some sort of bar where a couple of fourteen year old girls stare ahead of them with a very bored air. The woman behind the bar is his mother. A friendly woman with an Indian face in an international context: she is the madam and Salim a pimp of sorts, or at least something bordering on it. Hence his authority and his fearlessness.

geen lesbiënnes zijn, tonen ze, waarschijnlijk zonder het zelf te weten, wat zij in India hebben ervaren aan seksualiteit. Kort voorspel, weinig lichamelijk contact, en vervolgens een paar ongecoördineerde stoten van de vrouw die voor man speelt. De 'vrouw' daarentegen ligt onbeweeglijk op de vloer. Een nabootsing van wat hier in miljoenen slaapkamers gebeurt. Mijn medeleven gaat uit naar al die vrouwen, die straks door deze mannen zullen worden afgesnauwd; ze zullen met hen moeten vrijen en voor hen koken, zoals het traditionele Indiase vrouwen betaamt. Terwijl hun echtgenoten het gevoel hebben dat ze 'moderne' mannen zijn.

Ik krijg geen hoogte van Salim. Hij heeft een enorme autoriteit, maar tegen mij gedraagt hij zich juist onderdanig. Hij staat erop mijn tas te dragen en als het regent houdt hij de paraplu opzettelijk alleen boven mijn hoofd. Maar als ik plotseling omringd wordt door drie gangsters die mij dwingen om dollars bij hen te wisselen komt Salim tussenbeide en vertelt ze op krachtige toon dat ze me met rust moeten laten. Hij wordt uitgescholden en krijgt zelfs een klap, maar hij blijft zelfverzekerd. Ik heb er stomverbaasd naar staan kijken. Was hij niet bang? Salim lacht. Hij heeft gevaarlijkere types meegemaakt. Maar als ze nu echt geweld zouden gebruiken? 'Ik heb ze verteld waar ik woon, dat was voldoende.' Ik vraag hem waar hij woont. Ergens buiten Bombay, zegt hij nonchalant.

Zoveel heldhaftigheid van een klein mannetje, bijna tien centimeter kleiner dan ik. Ik ga me steeds meer gedragen als zijn jongere broertje, al ben ik ouder. We eten in dure restaurants en drinken in malafide kroegen, Salim voelt zich overal evenzeer op z'n gemak.

Hij raadt mij aan om een uurtje te gaan rusten, omdat we een zware avond voor de boeg hebben. Ik betaal hem voor gisteren en vandaag, en alvast voor morgen, want hij is goud waard. Al krijg ik nog altijd geen hoogte van hem en weet ik niet eens zeker of ik hem wel mag.

Ik gebruik het uurtje om in de buurt van het hotel een wandeling te maken en ben binnen vijf minuten verdwaald. In een van de steegjes wordt een film op een laken vertoond. De wind laat het beeld romantisch golven, zoals normaal een droomscène wordt aangekondigd. Vele tientallen mensen staan gefascineerd te kijken, alsof het om een nieuwe ontdekking gaat. Zoveel enthousiasme, in een land dat drie films per dag uitbrengt, de hoogste produktie ter wereld. Maar ze staan nog steeds verbaasd tegenover deze uitvinding die continenten, lichtjaren verder tot stand is gekomen, en die langzaam deze samenleving zo heeft geïnfecteerd, dat ze er niet meer zonder kan. India zonder film is even ondenkbaar als India zonder treinen, koeien en krotten.

Ineens ben ik in een hoerenbuurt. Ik ben omgeven door luide muziek en meisjes die er ondanks hun make-up en hun kleurige sari's armoedig uitzien. Ik zie een vrouw achter een stilstaande taxi urineren en dank God en Columbus dat ik niet in dit land hoefde op te groeien. Plotseling, als ik langzamerhand in paniek begin te raken omdat geen enkele weg die ik probeer naar de beschaafde wereld leidt, voel ik een hand op mijn schouder: Salim.

'Ik zou heus wel terugkomen', zegt hij verontwaardigd. Hij denkt dat ik hem ben komen zoe-

I meet the rest of his relatives and we go and sit on a bench outside. Behind me a cousin of Salim is lying. Asleep, I think at first, unconscious as it turns out later. When it starts to rain they throw a bit of plastic over him, because he is not likely to wake up. Salim, irrated: 'The boys smoke more than they can handle.'

He offers me a mangola, a mango-flavoured soft drink. He is looking after me, aware that I am at the mercy of his care. Credit cards and traveller's cheques are not worth a penny here. He tells the boys I am a good person, in spite of my money. 'I have only just had a meal with him, double AC (a restaurant with both air-conditioning and fans - AR). 'And tomorrow night', he continues, 'I'll see him off. To Paris.'

A couple of yards ahead of me, seated in the middle of the street, there is a black woman with a baby on her arm. She is rocking the baby gently and is paying no attention whatsoever to what's going on around her. Shabby-looking men walking around in slippers go through the small doors with the young prostitutes to come out again after six or seven minutes. What do you expect for 3.5 Dutch guilders? The girls are there voluntarily, Salim assures me. The story that they are forced into it or were kidnapped is a lie. No one would dare sleep with such a girl, as they would risk a prison sentence.

When the girls turn twenty-five they are too old for the profession. They then get an ordinary job, Salim says, usually on a building site. Carrying bricks or sand for the skyscrapers that give Bombay such a modern appearance. Diseases? What is disease in this poverty, really?

The small child on the little woman's arm has fallen asleep. She takes her scarf from her shoulders, spreads it on the asphalt that is still wet with the latest shower and puts the child to sleep on it. Then she gets up and disappears through one of the darkened doors. She cleans the toilets in the brothels, Salim explains. But why does she put her child to sleep in the middle of the street?

'Then people can keep an eye on it', Salim says, failing to understand my disbelief.
'What people?'
'Well, everyone who's around, we, you and me. When the baby wakes up, someone gives a shout and the mother emerges again.'
I get up. I feel a little queasy. Because of reality, or the mangola.

ken omdat ik hem vooruit heb betaald. Gelukkig kan ik hem overtuigen dat ik aan het wande-
len was en de weg niet kon vinden.

'Kom', zegt hij, 'dan kun je mijn familie ontmoeten'.

We lopen de drukte, het lawaai en de stank in en komen bij een soort kroeg waar een paar jonge meisjes van een jaar of veertien verveeld voor zich uit kijken. De vrouw achter de toonbank is zijn moeder. Een vriendelijke vrouw met een Indiaas gezicht in een internationale situatie: zij is een hoerenmadam en Salim een pooier, althans iets wat in de buurt komt. Vandaar zijn gezag en zijn gebrek aan vrees.

Ik maak kennis met andere familieleden en we gaan buiten op een bank zitten. Achter mij ligt een neef van Salim. Te slapen, denk ik eerst, buiten bewustzijn, blijkt later. Als het begint te regenen gooien ze een stuk plastic over hem heen, want wakker zal hij niet worden. Salim, geïrriteerd: 'De jongens roken meer dan ze aan kunnen.'

Hij biedt me een mangola aan, frisdrank met mangosmaak. Hij zorgt voor me, in het besef dat ik hier aan zijn zorg ben overgeleverd. Credit cards en travellerscheques zijn hier geen fluit waard. Hij vertelt aan de jongens dat ik een goed mens ben, ondanks mijn geld. 'Net nog heb ik met hem gegeten, double-AC (een restaurant met airconditioning en ventilatoren, AR). En morgenavond', vertelt hij verder, 'breng ik hem weg. Naar Parijs.'

Een paar meter voor me, midden op straat, zit een kleine zwarte vrouw met een baby op de arm. Ze wiegt het kindje zachtjes en trekt zich van de gebeurtenissen om haar heen niets aan. Mannen die er slordig uitzien en op slippers rondlopen gaan met de hoertjes door kleine deuren, om er na zes, zeven minuten weer uit te komen. Wat wil je, voor drie gulden vijftig. De meisjes komen vrijwillig, verzekert Salim. Het verhaal dat ze ergens toe gedwongen worden of gekidnapt zijn, is een leugen. Niemand zou met zo'n meisje naar bed durven, omdat ze gevangenisstraf riskeren.

Als de meisjes vijfentwintig zijn, zijn ze te oud voor dit beroep. Dan gaan ze gewoon werk doen, vertelt Salim, meestal in de bouw. Stenen en zand sjouwen, voor de wolkenkrabbers die Bombay zo'n modern aanzien geven. Ziekten? Ach, wat is ziekte, in deze armoede.

Het kindje op de arm van het kleine vrouwtje is in slaap gevallen. Ze haalt haar hoofddoek van de schouder, spreidt die op het asfalt dat nog vochtig is van de laatste stortbui, en legt het kindje erop te slapen. Dan staat ze op en verdwijnt door een van de donkere deuropeningen. Ze is de schoonmaakster van de WC's in de hoerenhuizen, legt Salim uit. Maar waarom legt ze haar kindje midden op straat te slapen?

'Dan kunnen de mensen er op letten', zegt Salim, verbaasd door mijn onbegrip.

'Welke mensen?'

'Nou, iedereen in de buurt, wij, jij en ik. Als het kindje wakker wordt, geeft iemand een gil en komt de moeder weer te voorschijn.'

Ik stap op. Ik ben een beetje misselijk geworden. Van de werkelijkheid, of van de mangola.

Diary

Indian Origin

'Indian Origin?' the customs officer asks paternally.
'Yes, Sir', I nod, 'Indian Origin'.

With his eye on the next person he lays my passport down on the counter (they do not readily give you something in your hand, but that is splitting hairs).

In front of me and behind me there are only whites, queueing to change Indian rupees. I am called out of the queue by a bank principal. He takes my passport and dollars and disappears. I return to the queue. Three more people ahead of me. Again I am called to the head of the queue. My wad of Indian rupees. The Europeans in the queue look angry. Indian Origin, you see. For 1,500 Dutch guilders I belong to a majority, and can join in on teasing the minorities. Funny.

Beautiful state hotel in Delhi, nothing will be in working order as it turns out (the hot water tap runs cold water, the airco emits hot air, the telephone is merely a decoration, the television offers one channel only, the swimming pool has been closed for months for cleaning purposes), too little work will be carried out by too many people. I see whites sleeping in the chairs in the reception area: shorts, heads on back-packs, flip-flops on their feet. They look poorly, as if they did not get the necessary jabs against sinister diseases.

The receptionist looks at them with contempt: 'New arrivals, but they do not want to book a room yet, as they would have to pay for the full previous night. If they check in a few hours from now, they'll have saved 400 rupees apiece.' About twenty-two Dutch guilders. 'They are shameless', a Sikh behind the reception desk confides in me, and I agree, but then realize that I, too, will have to pay the full price for two hours only.... No, he writes on my form that I checked in at ten o'clock. I walk to my room past the whites, who are sleeping not very comfortably. Indian Origin, my friends.

Charnie

Funny employees here. This morning a gentleman entered my room to ask me if everything was to my liking. 'Yes, thank you', I said. He remained standing in the door, with that friendly, subservient smile. When I will be leaving, he wants to know. Wednesday, to Bombay.

'Oh, but then I will not see you again, sir.'

Shame. But why did he remain standing there? Oh of course, he would not see me again, which is how he meant to tell me that he had come to collect his tip now. And he had not even made himself useful yet. How much was I supposed to give him? A two rupee note. He departed a disappointed man.

Charnie is the name of the driver of the scooter riksha, he has put up a large religious portrait in the front with a withered wreath of flowers round it. A man of about sixty, he was around nine years old when he fled here with his family from what is now Pakistan, after it separated from India. I want to reconfirm my return flight (new arrivals are always preoccupied with their departure) and then tour around with him for a while. 150 rupees, he says casually. No, 100, I say, as that is the standard rate.

Fanatical Hindus here in Delhi. Posters of the extremist BJP. Hindus only become this exhibitionistic when there are a lot of Muslims about.

Charnie does not take me to the Air India office, he knows a better place. We arrive at a shabby market consisting of shelters, puddles, shoeshine boys and men who clean your ears for five rupees. To my surprise loud American music is amplified through a few loudspeakers. I never came across this during my previous journey here. A disorientating experience, but the bystanders are cool as cucumbers under it.

We get to a small isolated office that no ordinary tourist would ever be able to find. Is this where I should reconfirm my ticket? A young man takes my passport and my ticket and says that he can arrange it for 25 rupees. I beg your pardon? Yes, Charnie says, at

Dagboek

Indian Origin

'Indian Origin?' vraagt de douaneambtenaar vaderlijk.

'Yes Sir', schud ik met m'n hoofd, 'Indian Origin'.

Met een blik op de volgende klant legt hij mijn paspoort op de balie (ze geven je hier niet makkelijk iets in de hand, maar dat is een overdreven klacht).

Voor en achter mij staan alleen blanken, in een rij om Indiase rupees te wisselen. Ik word door een bankchef uit de rij geroepen. Hij neemt mijn paspoort en dollars en verdwijnt. Ik terug in de rij. Nog drie mensen voor me. Weer word ik naar voren geroepen. Mijn bundel Indiase rupees. De Europeanen in de rij kijken boos. Tja, Indian Origin.

Voor 1500 gulden ben ik in de meerderheid, en kan ik de minderheidjes helpen pesten. Grappig idee.

Prachtig staatshotel in Delhi, niets zal blijken te werken (warmwater kraan geeft koud water, airco geeft warme lucht, telefoon is er als versiering, van de tv doet één kanaal het, het zwembad is al maanden gesloten wegens schoonmaak), te weinig werk zal door te veel mensen worden gedaan. Ik zie blanken in de stoelen van de ontvangstruimte slapen: korte broeken, hoofden op rugzakken, slippers aan. Ze zien er slecht uit, alsof ze de inentingen tegen enge ziekten niet hebben gehad.

De receptionist kijkt er minachtend naar: 'Nieuwe gasten, maar ze willen nog geen kamer omdat ze dan voor de hele voorgaande nacht moeten betalen. Als ze over een paar uurtjes inchecken besparen ze vierhonderd roepees per persoon.' Zo'n 22 gulden Nederlands. 'Ze zijn schaamteloos', vertrouwt de Sikh achter de receptiebalie me toe en ik kan het beamen, maar bedenk dat ook ik dan voor twee uurtjes het volle tarief... Nee, hij schrijft op mijn formulier dat ik om tien uur ben ingecheckt. Ik loop langs de ongemakkelijk slapende blanken naar mijn kamer. Indian Origin, my friends.

Charnie

Komisch personeel. Vanmorgen kwam een meneer mijn kamer binnen om te vragen of ik het naar mijn zin had. 'Ja, dank je', zei ik. Hij bleef in de deuropening staan, met die vriendelijke, onderdanige glimlach. Wanneer ik weer vertrek, wil hij weten. Woensdag, naar Bombay.

'Oh, dan zal ik u niet meer zien, meneer.'

Jammer. Maar waarom bleef hij staan? Ach natuurlijk, hij zou me niet meer zien, waarmee hij wilde zeggen dat hij nu reeds zijn fooi in ontvangst wilde nemen. En hij had me nog niet een dienst bewezen. Hoeveel moest ik hem geven? Een biljet van twee rupees. Hij vertrok, teleurgesteld.

Charni heet de bestuurder van de scooterriksha, hij heeft een groot religieus portret voorin hangen met een verwelkte bloemenkrans erom heen. Een man van een jaar of zestig, hij was ongeveer negen toen hij na de deling van India vanuit het huidige Pakistan met zijn familie hier naar toe vluchtte. Ik wil mijn terugreis herbevestigen (mensen die net aankomen denken voortdurend aan hun vertrek) en daarna een beetje met hem rondrijden. 150 rupees zegt hij langs zijn neus weg. Neen, 100, zeg ik, want dat is het tarief.

Fanatieke hindoes, hier in Delhi. Affiches van de extremistische BJP. Zo exhibitionistisch worden ze alleen als er veel moslims wonen.

Charni brengt me niet naar het kantoor van Air India, hij heeft een beter adres. We komen bij een armoedige markt die bestaat uit afdakjes, plassen water, schoenpoetsers en mannen die je oren schoonmaken voor 5 rupees. Tot mijn verbazing klinkt luide Amerikaanse discomuziek door een aantal speakers. Dat heb ik op mijn vorige reis nooit meegemaakt. Een schizofrene ervaring, maar de omstanders staan er doodkalm bij.

We komen in een klein afgelegen kantoortje dat geen normale toerist ooit zou vinden. Moet ik mijn ticket hier herbevestigen? Een jongeman pakt mijn paspoort en mijn ticket en zegt dat hij het wel kan rege-

Air India you pay 50 rupees. I see a few white people entering the office. So it's our riksha drivers who link the formal and informal sectors of the economy, all for a commission of course. One of the whites says that it is true that it is more expensive at Air India. I believe the white person immediately, racist as I am. I hand over my passport, ticket and 25 rupees and pray Charnie won't leave me behind in the middle of unknown Delhi.

People yawn, spit and belch abundantly and loudly in this country. And nothing is repaired, except temples. Charnie takes me to one, although I asked him to drive me to Old Delhi. The temple first, he decides. He will show me something special. At the end of a narrow passage there is a statue of Krishna.

'Most people remain standing and what they see is a statue of Krishna', he says. 'But there are really a hundred Krishnas.' He takes me closer. Then it dawns on me. On either side of the statuette mirrors have been put up, so that one can see a multitude of reflections. I am impressed. By Charnie's innocence.

The Idea, not the realization

Arvind Das is editor of The Times of India, author, sociologist and very friendly. With him and a few other intellectuals I talk about the liberalization of the Indian economy and the relationship between India and the West.

It gets late, and the next day, seated in the hotel lobby, I promise myself never to drink again. The employees are nervous. Men in grey suits run to and fro, pursued by men in white shirts with short sleeves, who in turn are pursued by men in white shirts with long sleeves and a tie. 'Inspection day'. Once a year at an unexpected moment, state inspectors come round to see if everything is functioning properly. They are sturdy matrons in saris with a morose look on their faces. They point to ceilings, wipe their fingers along window-sills. The cleaners clean everthing, down to the smallest nooks and crannies, with a soiled cloth.

Dirt is not cleaned away but 'spread' while the female inspectors look on. Cleaning materials are expensive, I know, but why not get a bucket of water to rinse out the cloth? The inspectors are evidently not bothered with a proper cleaning, but are there to cause a panic. I witness a man wearing a white shirt hit a man in a grey suit. Utter despair. No doubt they work very hard. But hygiene is not a matter of a big cleanout, but of a frame of mind. Someone empties a large aerosol of air-refreshener in the reception area. The smell is combated, not the source.

Hilarious is a scene which seems to be taken straight from a Charlie Chaplin picture: the changing of a light bulb. It takes three men. They have a bamboo stepladder, as we have aluminium ones in Europe. Those folding aluminium constructions are strong enough, how-ever, to be stable when unfolded. But you need to make something else of bamboo, not a rickety affair like this. India has the idea but not the realization. Two men hold the ladder therefore, while the third one gets up and changes the bulb solemnly. The ceremony takes about seven minutes. What cannot be done with seven minutes labour of three grown men? But then, there is no shortage of labour here of course.

The caste society has been taken so far that every social layer lives in a world of its own. The lowest castes go on foot, the slightly higher by bus or bicycle riksha. They eat in very simple, not very hygienic restaurants with the kitchen located in the front and the food simmering in the same pot all day long. What nutritional value is left is anyone's guess. They go to cinemas with wooden benches. They do not know what the world of the higher castes looks like. They do not know what an AC-cinema looks like on the inside, with thick carpets and wall-to-wall carpeting. They do not know what taxi fares are made up of.

On the other hand someone from a higher caste or the middle classes will never even consider making use of these facilities for the lesser people. The remarkable thing is that the more subtle distinctions are also neatly expressed in a person's appearance: shirt tucked in or worn outside the trousers, short or long sleeves, shoes, chapal or barefoot, socks or no socks, wearing a

len, voor 25 rupees. He? Ja, zegt Charnie, want bij Air India betaal je 50 rupees. Ik zie een paar blanke mensen het kantoortje binnenkomen. Het zijn dus deze riksha-bestuurders die het contact onderhouden tussen de formele en de informele sectoren van de economie, tegen een commissie. Een van de blanken zegt dat het bij Air India inderdaad duurder is. De blanke geloof ik direct, racist als ik ben. Ik geef paspoort, ticket en 25 rupees af en bid dat Charnie mij niet ergens in Delhi achterlaat.

Men gaapt, spuugt en boert overvloedig en luidruchtig in dit land. En men onderhoudt niets, behalve de tempels. Charnie brengt me naar zo'n tempel, hoewel ik hem gevraagd heb mij naar oud-Delhi te rijden. Eerst de tempel, beslist hij. Hij zal me iets heel bijzonders laten zien. Aan het eind van een smalle gang staat een beeld van Krishna.

'De meeste mensen blijven hier staan en zien dan een beeld van Krishna', zegt hij. 'Maar daar staan eigenlijk honderd Krishna's.'

Hij brengt mij dichterbij. Dan snap ik het. Aan weerszijden van het beeldje zijn spiegels aangebracht, zodat je aan beide kanten de weerkaatsingen in veelvoud ziet. Ik ben onder de indruk. Van Charnies argeloosheid.

Het idee, niet de uitvoering

Arvind Das is redacteur van The Times of India, schrijver, socioloog en erg vriendelijk. Met hem en een paar andere intellectuelen praat ik over de liberalisering van de Indiase economie en de relatie van India tot het Westen.

Het wordt laat, en de volgende dag zit ik mezelf in de lobby van het hotel te beloven nooit meer te zullen drinken. Het personeel is zenuwachtig. De mannetjes in de grijze pakken rennen heen en weer, achtervolgd door de mannen met de witte overhemden met korte mouwen, die op hun beurt worden achtervolgd door de mannen met witte overhemden met lange mouwen en een das. 'Inspection-day'. Eens per jaar, op een onverwacht moment, komen overheidsinspecteurs kijken of alles redelijk functioneert. Het zijn stevig gebouwde vrouwen in sari's en met norse blikken. Ze wijzen naar

de plafonds, gaan met hun vinger over de kozijnen. De schoonmakers boenen alles tot de kleinste kiertjes, met een vuile doek.

Het vuil wordt niet opgeruimd, maar 'verspreid', onder het toeziend oog van de inspectrices. Zeep is duur, weet ik, maar waarom geen emmer water genomen waarin de doek kan worden omgespoeld? De inspectrices zijn er kennelijk niet voor de echte schoonmaak, maar voor de paniek. Ik zie een man met een wit overhemd een andere man met een grijs pak een klap geven. Totale radeloosheid. Ze werken hard, ongetwijfeld. Maar hygiëne is geen kwestie van een grote beurt, maar van mentaliteit. Iemand spuit een grote bus met een luchtverfrissend middel leeg in de ontvangstruimte. De stank wordt bestreden, niet de bron.

Hilarisch is de scène die zo uit Charlie Chaplins filmpjes lijkt te komen: het wisselen van een lampje. Daar zijn drie mannen voor nodig. Ze hebben een huishoudtrapje van bamboe bij zich, zoals we die in Europa van aluminium hebben. Die uitklapbare aluminium-constructies zijn echter sterk genoeg om in uitgeklapte toestand stevig te staan. Maar met bamboe moet je iets anders maken, niet zo'n gammel gevaarte. India beheerst het idee, niet de uitvoering. Twee mannen houden dus de ladder vast terwijl de derde naar boven klimt en plechtig het lampje verwisselt. De ceremonie duurt een minuut of zeven. Wat kun je niet allemaal met zeven minuten ar-beidskracht van drie volwassen mannen? Maar aan arbeidskracht is hier natuurlijk geen tekort.

De kastenmaatschappij is zo ver doorgevoerd dat iedere sociale laag een geheel eigen leefwereld heeft. De laagste kasten gaan te voet. De iets hogere per bus of fietsriksha. Ze eten in zeer eenvoudige, onhygiënische restaurants waar de keuken voorin is ingericht en de maaltijd de hele dag in dezelfde pot pruttelt. Wat daar aan voedingswaarde in zit laat zich raden. Ze gaan naar bioscopen met houten bankjes. Ze *weten* niet hoe die andere wereld is van de hogere kasten. Ze weten bijvoorbeeld niet hoe een AC-bioscoop er van binnen uitziet, met dikke tapijten en vloerkleden, ze weten niet hoe een taxiprijs tot stand komt.

belt or not, a watch or not. All these accessories are within the financial means of anyone. A man from the lowest caste could put on shoes and socks, wear a belt, tuck his shirt in. But he does not. Between them, they keep the symbols alive.

Middle classes

Last night I dined with a family of which both husband and wife were educated to a high level. The house was furnished in a universal manner (which is characteristic of the middle classes, I think: they are the only class who are really universal, with universal tastes and universal desires), but the meal and the service were Indian: the servant had to put in an appearance on no less than thirty occasions, at ten in the evening, for example to fetch an ashtray, or to top up the glasses with water. We were drinking whisky: symbolic of the great evil from the West.

The train on which I travel to Bombay is suggestive of luxury: built by the English it must in its heyday have looked like something from science fiction. Ultramodern in an old-fashioned way, so to speak. The bed lamp, for instance, is a nickel box: if you open it a small lamp is switched on. A tiny cockroach comes out. The toilet, a hole in the floor, is so filthy that I decide to swallow a few imodium tablets. How do women manage with their colourful saris?

In the seat opposite is a Mr. Rajnath, a not very talkative man in his forties with a dull appearance. My attempts to make conversation fail. He works in the automation department of the Indian PTT. Travels throughout India. Has children, yes. What age? Let me see: one is in this form, so has to be about this age, the other in that, so will be about that age, and so on. Only his eldest son's age he knows exactly: he will be sixteen tomorrow. Comes from Gujrath. End of conversation.

Spontaneously I start telling him where I come from and what I am doing in India.

'I see.'

When it has grown dark outside and I have

finished reading all my papers I revert to my cheapest trick: I start talking in Hindi. Radiant smile, the ice is broken.

He has heard that Indians abroad drink lots of whisky. I can either deny it categorically or exaggerate it, and opt for the latter. He looks disapproving, and I really get going. 'Before dinner, after it, at least a bottle an evening.'

'On weekdays?'

'Absolutely. Women, too.' (He looks flabber-gasted).

'Here only men drink, and only if there are guests, and never in public. In Gujrath it is even prohibited to carry alcohol with you. You can end up in prison for it.'

I order a coke and get half a bottle of whisky out. He closes the curtain and never stops talking, while he allows his glass to be refilled every time I offer him some more. Usually, he never drinks. He is a hard-working, responsible father and husband. Tomorrow his son will get a moped for his birthday. He has been saving up for it for three years. He also does the shopping for the household: a kilo of chicken costs 50 rupees. A packet of luxury cigarettes 45 rupees. A bottle of beer 20 rupees, in a bar 60 rupees. A good shirt: between 100 and 300 rupees (which is a shock to me: the price is higher than in a Dutch boutique, relatively speaking that is, when one takes the salary of an Indian menial civil servant as a starting point and compares it to a minimum Dutch social security benefit (say about 1,500 Dutch guilders). A shirt costing 300 Dutch guilders and a kilo of chicken 50!)

A kilo of vegetables on the other hand costs only 10 rupees. The rent of a middle class appartment consisting of one bedroom, one frontroom and its own kitchen comes to between 800 and 1,500 rupees.

I work out with Rajnath that a family with two children would need an income of nearly 4,500 rupees in order to live a very basic sort of life, with a chicken twice a month and for the rest vegetarian food. And

Anderzijds zal iemand uit de hogere kaste of de middenklasse er niet over peinzen om ooit gebruik te maken van faciliteiten van de mindere mensen. Het merkwaardige is bovendien dat de meest subtiele onderscheidingen keurig herkenbaar worden gemaakt in het uiterlijk: hemd in broek of buiten, korte mouw of lang, schoenen of chapal of blootsvoets, wel of geen sokken, wel of geen riem, wel of geen horloge. Al deze attributen zijn voor iedereen betaalbaar. De man uit de laagste kaste kan schoenen en sokken aantrekken, een riem dragen, het hemd in de broek stoppen. Maar hij doet het niet. Ze houden met elkaar de symbolen in stand.

Middenklasse

Gisteravond dineerde ik bij een familie waarvan zowel de man als de vrouw hoog geschoold zijn. Het huis had een universele inrichting (dat is het kenmerkende van de middenklasse, denk ik: de enige klasse die werkelijk universeel is, met een universele smaak en universele verlangens), maar de maaltijd en de bediening was Indiaas: de bediende moest tijdens de maaltijd wel dertig keer opdraven, om tien uur 's avonds dus, om een asbakje te halen, of water bij te schenken. We dronken het grote symbool van het kwaad uit het Westen: whisky.

De trein waarmee ik naar Bombay ga heeft een suggestie van luxe: gebouwd door de Engelsen moet hij in zijn tijd op science fiction hebben geleken. Op een ouderwetse manier ultramodern, zeg maar. Het bedlampje bijvoorbeeld, is een nikkelen doosje: als je het openklapt gaat het lichtje aan. En komt er een piepklein kakkerlakje uit. De WC, een gat in de vloer, is zo smerig dat ik besluit een aantal imodiumtabletten te slikken. Hoe doen vrouwen het met hun kleurige sari's?

Tegenover me zit meneer Rajnath, een weinig spraakzame veertiger met een saai uiterlijk. Mijn pogingen om een gesprek te beginnen mislukken. Hij werkt bij de automatiseringsafdeling van de Indiase PTT. Reist heel India af. Heeft kinderen, ja. Hoe oud? Even denken: één zit in die klas, dus zal wel zoveel jaar zijn, de andere in die, dus zal die ongeveer zo oud zijn enzo-

voort. Alleen van de oudste zoon weet hij het precies: die wordt morgen zestien. Komt uit Gujrath. Einde gesprek.

Spontaan begin ik te vertellen waar ik vandaan kom en wat ik in India doe.

'I see.'

Als het buiten donker is en ik alle kranten al gelezen heb gebruik ik mijn goedkoopste truc: ik begin Hindi met hem te praten. Stralende lach, ijs gebroken.

Hij heeft gehoord dat Indiërs in het buitenland erg veel whisky drinken. Ik kan het heftig ontkennen of flink overdrijven en doe het laatste. Hij kijkt afkeurend, en ik krijg de smaak te pakken. 'Voor het eten, na het eten, per avond zeker een fles.'

'Door de week?'

'Absoluut. Ook vrouwen' (hij kijkt verbijsterd).

'Hier drinken alleen mannen, en alleen als er gasten komen, nooit in het openbaar. In Gujrath is het zelfs verboden om drank bij je te hebben, je kunt er gevangenisstraf voor krijgen.'

Ik bestel cola en haal een halve fles whisky te voorschijn. Hij doet het gordijn dicht en begint aan een stuk te praten, terwijl hij zich iedere keer laat bijschenken. Normaal drinkt hij nooit. Hij is een hardwerkende, verantwoordelijke huisvader. Morgen krijgt zijn zoon een bromfiets voor zijn verjaardag. Daar heeft hij drie jaar voor gespaard.

Hij doet ook de boodschappen thuis: een kilo kip kost 50 Rs. Een pak luxe sigaretten 45 Rs. Een fles bier kost 20 Rs, in een cafe 60 Rs. Een mooi overhemd: tussen 100 en 300 Rs. (Daar schrik ik van: de prijs is hoger dan in een Nederlandse boetiek, relatief gezien dan, als je het loon van een lagere Indiase ambtenaar als uitgangspunt neemt en dat vergelijkt met een minimumuitkering in Nederland (zeg: Nf 1500,-). Een hemd van Nf 300,- en een kilo kip van Nf 50,-!)

Een kilo groente daarentegen kost 10 rupees. De huur van een middenklasse etage met een slaapkamer, een voorkamer en een eigen keuken komt neer op 800 Rs tot 1500 Rs.

Ik reken samen met Rajnath uit dat een gezin met twee kinderen een inkomen nodig heeft van bijna 4500

then we are not even including a refrigerator (costing 8,000 rupees, six times the price of a fridge in The Netherlands, relatively speaking), furniture, a TV (4,500 rupees, colour) or a telephone yet.

To the middle classes belong those who have an income of between 3,000 and 8,000 rupees a month (about 175 to 500 Dutch guilders).

At 8,000 rupees you can afford a car; the payments and writing off amount to 2,000 rupees. (In Delhi, I read in the paper, 10,000 cars are being put out onto the roads every month. Obviously, the middle classes are expanding rapidly). Then you can also employ a servant who, when he works full-time (which must mean a vast number of hours per week), earns about 700 rupees a month (40 Dutch guilders). Even to Indian standards that is little, if you consider that a cleaner in a state-owned company earns double that.

Bombay. Shit
The hotel I stay at in Bombay is as expensive as Ranjit, but is a private enterprise: that is why there are fewer people employed, everything is done so much more efficiently and it is so much cleaner. In particular, the hotel is oriented towards Arab tourists, who flock into Bombay in the monsoon period to see the fantastic rains.

MTV on television. Broadcast from Hong Kong and targeted toward Kuwait, India, Thailand and Korea. The presenters are Asians, mostly Chinese, but a few are Indian. For the rest everything is the same as in Europe. With the difference that in European broadcasts local groups are sometimes featured: a Belgian or German singer, a Swedish band. Here they are not. The music is imported and is talked together by Orientals. The effect is unreal. The commercials, too: whites dubbed in Chinese. That was a shock.

'Bombay. Shit'. This is how, one day, I would like to start a story about this city, like Martin Sheen did in Coppola's Apocalypse Now: 'Saigon. Shit'. But it is more applicable to Bombay. The city, at the time of the monsoon, is as filthy as a bog. Indian 'purity' certainly does not signify cleanliness, but inner purity.

I am looking for a guide who can show me Bombay's seamy side. The whores and criminals, brothels, nightclubs and discotheques. In the evening I go on a tourist's tour in a coach from Bombay Central to the Gateway. It takes me right through the prostitution area, Falkland Road, the street in which Mira Nair's 'Salaam Bombay' was filmed. The intellectuals I spoke to in Delhi were rather negative about this amazing, magnificent film. They thought Mira Nair's view was 'theatrical', by which they probably meant: absolutely honest.

Ten years ago I also made this trip, and at the time the barracks and chawls were teeming with prostitutes. Now it does not show. The windows are empty, there are a few young girls out in the street, but they are not interested. Alright, I may not look like a prospective customer, because I look too wealthy, but I do take it as an insult.

The immoral side of Bombay in three days' time, as I don't have more. I do not wish to meet more intellectuals, cancel two appointments with professors, as I already know more than I can handle.

Good guides are rare. Usually they are students who take you to libraries and museums. That's why I ask the very first taxi driver, who knows this neighbourhood around Bombay Central best. His cousin, he tells me. Of course.

The cousin is called Salim. He takes me to nightclubs and prostitution areas. I try to find out what he himself thinks of them, but he does not comment, he merely says he is just an honest, poor Indian (honest and poor go together in this country: not because people are honest and therefore poor, but the other way round).

Departure
At the airport I am confronted one last time with the urge to check which is part of Indian bureaucracy. My boarding pass is examined almost twelve times by men in uniforms who at first deliberately look away, but then call you back sharply if you ignore them.

Rs om heel eenvoudig te leven, met twee keer per maand een kip, en verder vegetarisch voedsel. Dan hebben we nog geen ijskast (die 8000 Rs kost, verhoudingsgewijs zes keer zoveel als in Nederland), meubels, TV (4500 Rs, kleur) of telefoon.

Tot de middenklasse worden diegenen gerekend die een inkomen hebben van tussen de 3000 en de 8000 Rs per maand (ongeveer 175 tot zeg maar 500 Nederlandse guldens).

Bij 8000 Rs kun je je een auto veroorloven, waarvan de aflossing en afschrijving neerkomt op 2000 Rs. (In Delhi, las ik in de krant, komen er de laatste tijd maandelijks 10.000 auto's bij. De middenklasse groeit kennelijk flink). Je kunt dan ook een bediende in dienst nemen die bij fulltime werk (dat moet een gigantisch aantal uren per week zijn) ongeveer 700 Rs per maand krijgt (Nf 40). Dat is ook voor Indiase begrippen laag, als je nagaat dat een schoonmaker in een staatsbedrijf al het dubbele verdient.

Bombay. Shit

Het hotel waarin ik in Bombay logeer is net zo duur als Ranjit, maar een particuliere onderneming: daarom is er minder personeel, gaat alles efficiënter en is alles schoner. Het hotel oriënteert zich vooral op de Arabische toeristen, die Bombay overspoelen in de periode van de moesson, omdat ze kunnen kijken naar die fantastische regens.

MTV op televisie. Uitgezonden vanuit Hong Kong en gericht op Kuwait, India, Thailand en Korea. De presentatoren zijn Aziaten, voornamelijk Chinezen, maar ook Indiërs. Verder is alles hetzelfde als in Europa. Met dit verschil dat men in de Europese uitzending ook wel lokale groepen ziet: een Belgische of Duitse zanger, een Zweedse popgroep. Dat is hier niet het geval. De muziek is geïmporteerd en wordt aan elkaar gepraat door oosterlingen. Het geeft een irreëel effect. Ook de reclamespots: blanken, in het Chinees nagesynchroniseerd. Dat is schrikken.

'Bombay. Shit'. Zo wil ik ooit een verhaal over deze stad beginnen, net als Martin Sheen in Coppola's Apocalypse Now: 'Saigon. Shit'. Maar in Bombay is het beter van toepassing. De stad is tijdens de moesson zo smerig als een plee. De Indiase 'reinheid' duidt niet op netheid, maar op innerlijke zuiverheid. Vuil is maar een uiterlijke verschijning.

Ik zoek een gids die mij de zelfkant van Bombay laat zien. De hoeren en misdadigers, bordelen, nachtclubs en disco's. 's Avonds maak ik een toeristisch tochtje in een koets van Bombay Central naar de Gateway. Het gaat dwars door de hoerenbuurt, Falklandroad, de straat waarin 'Salaam Bombay' van Mira Nair is gemaakt. De intellectuelen die ik in Delhi sprak waren nogal negatief over deze wonderlijke, prachtige film. Ze vonden Mira Nairs beeld 'theatraal', en dat betekent vermoedelijk: doodeerlijk.

Tien jaar geleden had ik deze tocht ook gemaakt, en toen puilden de barakken en de chawls uit van de hoeren. Nu is daar niets van te merken. De ramen zijn leeg, er staan wat jonge meisjes op straat, ongeïnteresseerd. Goed, ik zie er dan wel niet uit als een potentiële klant, want ik draag schoenen en zie er te rijk uit, maar als belediging ervaar ik het wel.

De onzedelijke kant van Bombay, in drie dagen, want meer tijd heb ik niet. Ik wil geen intellectuelen ontmoeten, zeg twee afspraken met professoren af, want ik weet nu al meer dan ik kan verwerken.

Goede gidsen zijn zeldzaam. Het zijn meestal studenten die je naar bibliotheken en musea brengen. Daarom vraag ik aan de eerste de beste taxichauffeur welke man deze buurt, rond Bombay Central, het beste kent.

Zijn neef, zegt hij. Ach, natuurlijk. De neef heet Salim. Hij brengt me naar de nachtclubs en hoerenbuurten. Ik probeer te achterhalen wat hij er zelf van vindt. Maar hij geeft geen oordeel, hij zegt dat hij maar een eerlijke, arme Indiër is (eerlijk en arm horen in dit land bij elkaar: niet omdat men eerlijk is en daarom arm, maar omgekeerd).

Afscheid

Op de luchthaven kom ik de controle-woede van de Indiase bureaucratie nog tegen. Mijn boarding-pass wordt bijna twaalf keer gecontroleerd, door mannen in

They take the pass into their hands, turn it over a couple of times, and then clear it by returning it to you without so much as a glance at you. Machos. In spite of all this, it turns out that a man almost boards the aeroplane with the wrong boarding pass: his destination was Madras, but he would have ended up in Paris. Checked so often, yet no one noticed that something was wrong.

There is a delay because of the monsoon. We remain seated in the plane until the sun comes up again. Then I get my last glimpses of India: of an old man sweeping. First he makes a small pile, then takes up position four metres away and makes another small pile. Goes back to the first one and scatters the dust again. What he is sweeping? The runway.

38

Objective

De Groene Amsterdammer is the oldest weekly in The Netherlands. It is oriented towards a highly-educated readership: academics, higher civil servants, the art world. This readership is at the same time the agenda-setting part of the population, so that the 'effect' of De Groene is bigger than one would expect on the basis of the circulation figures (about 15,000).

De Groene does not focus so much on the backgrounds of topical issues as on original slants and literary approaches. Its political position is 'left and liberal'.

An important ingredient of De Groene is the 'essay', in which a personal view is attempted to be linked with a general social issue.

uniformen die eerst opzettelijk een andere kant opkij-
ken, maar je ruw terugroepen als je hen negeert. Ze nemen de pas in hun hand, keren hem een paar maal om,
en geven hem dan af, zonder je verder aan te kijken.
Binkjes. Desondanks blijkt een man bijna het vliegtuig
in te stappen met een verkeerde boarding-pass: hij wou
naar Madras, maar hij zou terecht komen in Parijs. Zo
vaak gecontroleerd, en toch had geen mens gezien dat
er iets fout ging.

Vertraging, vanwege de moesson. We blijven in het
vliegtuig zitten tot de zon weer opkomt. Dan zie ik de
laatste beelden van India: een oude man is bezig te vegen. Hij maakt eerst een hoopje, gaat vier meter verder
staan en maakt weer een stofhoopje. Keert naar het
eerste terug en spreidt het vuil weer. Wat hij veegt? De
landingsbaan.

Verantwoording

*De Groene Amsterdammer is het oudste weekblad in Nederland en richt zich op het hoger geschoold publiek:
de academische wereld, hogere ambtenaren, de wereld van de kunst. Dit publiek is tegelijk ook het 'spraakmaken-
de' deel van de bevolking, waardoor het 'effect' van de Groene groter is dan men op grond van de oplage (rond de
15.000) zou vermoeden.*

*De Groene concentreert zich niet zozeer op de achtergronden van de actualiteit, als wel op originele invalshoe-
ken en literaire benaderingen. De politieke signatuur is 'links-liberaal'.*
*Een belangrijk element in de Groene is het 'essay', waarin getracht wordt een persoonlijke visie te verbinden
met een algemeen maatschappelijk probleem.*

Liberalisation in India: retrospect and prospect
Sukumar Muralidharan

Though India seems to have awoken to the doctrine of free market liberalism rather late, it has subsequently gone about its business with all the fervour of the neo-convert. It seems all the more remarkable that this conviction should dawn despite the times being inopportune and circumstances adverse. The Thatcher miracle in Britain has collapsed, and the Reagan recovery in the US is sinking into an abyss of debt. As advanced industrial countries slip into a recession that seems unlikely to lift in the near future, latecomers to the free market doctrine – such as India – are finding that the task of adjusting to the brave new world of liberal economics is a great deal more difficult than they were prepared to believe.

The circumstances of India's ideological awakening have been unpropitious. And this is not merely in terms of the international context. India awoke to liberalism only when literally goaded into it by an external payments crisis of unprecedented severity.

The story begins around August 1990, when the Iraqi occupation of Kuwait sent world oil prices soaring. As its import bill climbed steeply and international creditors turned away, India's foreign exchange reserves began to rapidly run down. Recourse to the International Monetary Fund (IMF) began increasingly to be seen as the only possible way that the economy could avoid having to declare a default on external payments.

Between August 1990 and July 1991, the approach essentially was one of muddling through. A large IMF credit was negotiated in January 1991. But this was no more than temporary succour. The conditionalities attached to the loan were not very comprehensive, and on the part of the Indian government there was no clearly articulated programme to which the IMF loan was linked. In fact, the minority government of the time even defaulted on the presentation of the union budget in February 1991, thereby making it apparent that it lacked any sense of direction regarding economic policy.

The current phase of liberalisation really began in earnest in July 1991 – within a week of the assumption of office by the Congress party government of P.V. Narasimha Rao. Because several of the measures accompanying liberalisation – such as currency devaluation and subsidy curtailment – were likely to prove impopular, the Congress government began to seek political advantage by pinning the entire blame for the country's economic crisis on the two predecessor governments. Today it is considered axiomatic in ruling party circles, that the economic mismanagement of the two non-Congress governments between November 1989 and June 1991 lies at the root of the current crisis. Inept governance, in other words, forced international creditors to reconsider their commitments to India, precipitating a major crisis of external payments in August 1990.

This is of course only part of the story. The main reason for the cutback in international

Liberalisering in India: terugblik en vooruitzicht
Sukumar Muralidharan

Ofschoon India zich nogal laat bewust lijkt te zijn geworden van de doctrine van het vrije-marktliberalisme, is het land vervolgens met alle ijver van een pasbekeerde aan de slag gegaan. Het is des te opmerkelijker dat deze overtuiging zich ontplooit ondanks het feit dat de tijden niet mee zitten en de omstandigheden ongunstig zijn. Het wonder van Thatcher in Groot-Brittannië is ineengestort, en het herstel in de Verenigde Staten onder Reagan zinkt weg in een afgrond van schulden. Terwijl geavanceerde geïndustrialiseerde landen in een recessie raken, waarvan het einde niet een-twee-drie in zicht lijkt te zijn, komen degenen die de vrije-markt-doctrine pas laat ontdekt hebben – zoals India – erachter dat de opgave om zich aan te passen aan de heerlijke nieuwe wereld van een liberale economie veel moeilijker is dan ze aanvankelijk geloofden.

De omstandigheden rond het ideologische ontwaken van India waren ongunstig. En niet alleen in termen van een internationale context. India werd zich pas bewust van het liberalisme toen het er letterlijk toe gedreven werd door een ernstige buitenlandse betalingencrisis.

Het verhaal begint rond augustus 1990, toen de Iraakse bezetting van Koeweit leidde tot een enorme stijging van de wereldolieprijzen. Omdat de importuitgaven een scherpe stijging vertoonden en internationale kredietverleners zich terugtrokken, begonnen India's buitenlandse valutareserves snel op te raken. Hulp van het Internationaal Monetair Fonds (IMF) werd steeds meer gezien als de enig mogelijke manier waarop in de economie het opschorten van buitenlandse betalingen kon worden afgewend.

Tussen augustus 1990 en juli 1991 was de aanpak er voornamelijk een van doormodderen. Een grote lening van het IMF kwam tot stand na onderhandelingen in januari 1991. Maar die bood slechts tijdelijk soelaas. De voorwaarden die aan de lening waren verbonden waren niet erg uitgebreid, en van de kant van de Indiase regering was er geen duidelijk geformuleerd programma waaraan de lening van het IMF gekoppeld was. De minderheidsregering van dat moment kwam zelfs tekort bij de presentatie van de bondsbegroting in februari 1991, en maakte daarmee duidelijk dat ze geen idee had van de richting die ze in wilde slaan met de economische politiek.

De huidige fase van economische liberalisering ving pas echt aan in juli 1991, binnen een week na de ambtsaanvaarding van de Congrespartij-regering van P.V. Narasimha Rao. Omdat een aantal maatregelen rond de liberalisering – zoals devaluatie van de munt en bezuinigingen op subsidies – hoogstwaarschijnlijk impopulair zouden blijken, begon de regerende Congrespartij alle schuld van 's lands economische crisis op de twee daaraan voorafgaande regeringen te schuiven. Tegenwoordig wordt het in kringen van de regeringspartij als een axioma beschouwd dat het economische wanbestuur van de twee niet-Congrespartij-regeringen tussen no-

credit is to be located not within the country but outside it. The Iraqi occupation of Kuwait, and the consequent turmoil in the oil-exporting world, raised the prospect of disrupting the flow of oil export surpluses towards Western multinational banks. In such a context, isolating the marginal cases among international debtors was a major priority for the multinational banks. India, which had borrowed heavily all through the 1980s, and did not have much to show for it by way of export growth, was a natural target. And the Indian government today will take notice of the fact that the Congress party was in power all through the 1980s, when the seeds of this crisis were sown.

Political partisanship often forces a selective interpretation of the past on its followers – this is natural. But the situation is more problematic when policy comes to be based upon such partial understanding. When on top of this, far-reaching changes are initiated from a position of weakness – as a defensive reflex to a looming crisis – then all the ingredients would seem to be in place for the failure of this policy.

The distinction between acting from a position of strength and doing so from a position of weakness is crucial. In the former instance, the government concerned would presumably initiate its changes in direction with a realistic appreciation of its inherent capabilities, and an understanding of how best these could be applied to gain maximum leverage in the world economy. In the latter instance, however, policy changes are made in a panic, and often follow the path of least resistance from entrenched interest groups.

The crucial assumption underlying the liberalisation process in India is that policy need do no more than remove all restraints to the play of private enterprise. The rest will follow spontaneously. In other words, all that a government need do is to provide an open framework for the entry of private investment – whether domestic or foreign.

By this criterion, India's prospects rate no better than those of 55 other developing countries. According to a recent estimate made by the Basle-based Bank of International Settlements, this is the number of developing countries that have in the last two years undertaken far-reaching and unilateral changes in their trade policy regimes. In all these cases, the removal of restraints upon the entry of commodities and capital from overseas has been a crucial ingredient of the liberalisation measures.

To compound the problems that India would face as one among 55 developing countries jostling for space in the world economy, the international environment is rapidly turning inclement. The current dip in economic activity is increasingly beginning to be recognised as the first global recession since World War II. The malaise is deep-rooted, and there are no ready escape routes open.

For long, the post-War world economy was constructed around the primacy of the dollar and the recycling of US capital surpluses to the rest of the world – mainly Europe and East Asia. As the US moved from capital surplus to deficit in the 1960s, the primacy of the dollar was

vember 1988 en juni 1991 ten grondslag ligt aan de huidige crisis. Met andere woorden, wanbestuur dwong de internationale geldschieters om hun verplichtingen aan India te heroverwegen, en bracht een grote buitenlandse betalingencrisis teweeg.

Dit is natuurlijk maar een deel van het verhaal. De belangrijkste reden voor de afname van internationale kredieten is niet in het land zelf, maar erbuiten gelegen.

De Iraakse bezetting van Koeweit en de onrust die ze zaaide binnen de olie-exporterende landen, verhoogde de kans dat de stroom van olie-exportoverschotten naar westerse multinationale banken werd onderbroken. In een dergelijke samenhang had het isoleren van marginale gevallen onder de internationale debiteuren een hoge prioriteit voor die multinationale banken. India, dat zich tijdens de jaren tachtig zwaar in de schulden had gestoken en er niet veel voor terug kon laten zien in termen van een groeiende export, was een natuurlijk doelwit. De huidige Indiase regering laat zich weinig gelegen liggen aan de wetenschap dat dezelfde Congrespartij gedurende het hele afgelopen decennium, toen de kiemen voor de crisis werden gelegd, aan de macht was.

Politieke partijdigheid dwingt vaak tot een selectieve interpretatie van het verleden – dat is een gegeven. Maar de situatie wordt problematischer als er op zo'n gedeeltelijk begrip beleid wordt gebaseerd. Als er bovendien verregaande veranderingen worden geïntroduceerd vanuit een positie van zwakte – bij wijze van verdedigingsmechanisme tegen een dreigende crisis – dan lijken alle ingrediënten voor een echec van het beleid aanwezig.

Het verschil tussen handelen vanuit een positie van sterkte en vanuit een positie van zwakte is van cruciale betekenis. In het eerste geval zou de regering haar veranderingen waarschijnlijk introduceren in overeenstemming met een realistische inschatting van hun inherente mogelijkheden en een idee hoe die het beste toegepast kunnen worden om een zo groot mogelijk effect te hebben binnen de wereldeconomie. In het tweede geval echter wordt in paniek overgegaan tot een politieke koerswijziging en volgt die de weg van de minste weerstand: van stevig in het zadel zittende belangengroeperingen.

De fundamentele veronderstelling waarop het liberaliseringsproces in India berust, is dat het beleid niet meer hoeft te doen dan alle hindernissen uit de weg te ruimen die een vrij spel van het particuliere initiatief in de weg staan. De rest volgt dan spontaan. Met andere woorden, het enige wat een regering hoeft te doen is een open structuur creëren voor de opkomst van particuliere investeringen – of dat nu binnenlandse of buitenlandse investeringen zijn.

Op grond van dit criterium zijn de vooruitzichten van India niet beter dan die van 55 andere ontwikkelingslanden. Volgens een recente schatting van de in Basel gevestigde Bank of International Settlements is dit het aantal ontwikkelingslanden dat in de afgelopen twee jaar vergaande en unilaterale veranderingen in gang heeft gezet in handelspolitieke programma's. In alle gevallen was het opheffen van invoerbeperkingen op overzeese goederen en buitenlands kapitaal een kernpunt van de liberaliseringsmaatregelen.

threatened. The scrapping of the Bretton Woods monetary arrangement in 1972 was one effort to restore the flagging fortunes of the dollar.

The oil price shock of 1973 provided a temporary respite to the role of the US as the fulcrum around which the global economy revolved. Arab oil surpluses, recycled through American banks, provided some sustenance to the US as the world's largest capital exporter. But with the advent of the doctrinal free-marketeers Reagan and Thatcher on either side of the Atlantic just over a decade ago, the US and Britain were both set firmly upon the path of decline. This irreversible plunge was anaesthetised through a great illusion of prosperity that these two consummate politicians managed to create. But today, their anointed successors face rough weather as they set about picking up the fragments left after a decade of excess.

The economic boom of the 1980s was built around two poles – the massive current account deficits of the US and Britain on the one hand, and the counterpart surpluses of the then West Germany and Japan on the other. The recycling of these surpluses through the capital account provided the US and Britain with the means of constructing an economic boom based on personal consumption. But the arrangement was obviously tenuous and unstable. It would be sustained only so long as West Germany and Japan continued to see the US and Britain as the best investments. The moment competition emerged by way of alternative investment destinations, the bubble would burst.

In the event, German unification knocked away one of the props of this economic boom. Since 1990, unified Germany has been absorbing a large part of the erstwhile western half's capital surpluses. And as it sets about the tasks of restoring order in its eastern half and amongst its turbulent neighbours, unified Germany has looked increasingly like a nation that sees itself in a Central European – rather than a global – context.

The other powerhouse of the world economy through the 1980s is undergoing its own throes of transition. After a decade of recklessly expanding investment, Japan was forced to set its house in order when falling property prices and the crash of the Nikkei stock index precipitated a crisis of confidence in its banking system.
New capital adequacy norms came into force, which obliged Japanese banks to curtail fresh lending in favour of augmenting equity. The year 1991 represented the first time in a decade that Japanese investment abroad – whether direct or portfolio – went into reverse gear. The only regions that managed to buck the trend and attract significant volumes of Japanese investment were East and South-East Asia.

The emergence of a regional trade and investment grouping under Japanese leadership is apparent. And as the Uruguay Round of trade negotiations looks fairly certain to be heading for failure, the main world economies are likely to follow suit – Germany into a trade bloc with central and eastern Europe, and the US with Canada and Latin America. Where India will figure in all these plans is still anybody's guess. The chances are that it will continue to flounder

Om de problemen waarmee India zich geconfronteerd ziet nog wat ingewikkelder te maken, verslechtert het internationale klimaat snel. De huidige neergaande conjunctuur wordt steeds meer herkend als de eerste wereldwijde recessie sinds de Tweede Wereldoorlog. De malaise zit diepgeworteld en er zijn geen gemakkelijke en snelle oplossingen.

Lange tijd berustte de naoorlogse wereldeconomie op het primaat van de dollar en de hercirculatie van Amerikaanse kapitaaloverschotten over de rest van de wereld – met name Europa en Oost-Azië. Toen de Verenigde Staten van een kapitaaloverschot naar een tekort gingen in de jaren zestig, kwam het primaat van de dollar onder druk te staan. Het schrappen van de monetaire Bretton-Woodsovereenkomst in 1972 was een poging om de kwijnende positie van de dollar te herstellen.

De schok van de scherpe olieprijsstijgingen in 1973 bood tijdelijk respijt voor de rol van de VS als spil van de wereldeconomie. Arabische olie-overschotten, opnieuw in circulatie gebracht via Amerikaanse banken, sterkten de positie van de VS als 's werelds grootste kapitaalexporteur enigszins. Maar met de opkomst van die dogmatische aanhangers van het vrije-marktmechanisme Reagan en Thatcher aan weerszijden van de Atlantische Oceaan, iets meer dan tien jaar geleden, zetten de VS en Groot-Brittannië hun eerste schreden op het pad naar hun ondergang. Deze onstuitbare val werd verdoezeld door de geweldige illusie van welvaart die de twee doortrapte politici wisten te creëren. Maar op het ogenblik staan hun gezalfde opvolgers voor hetere vuren nu ze puin moeten ruimen na een decennium van overdaad.

De economische hausse van de jaren tachtig draaide om twee polen – de enorme rekening-couranttekorten van de VS en Groot-Brittannië aan de ene kant en de overschotten van toenmalig West-Duitsland en Japan aan de andere kant. De circulatie van deze overschotten via de kapitaalrekening verschafte de VS en Groot-Brittannië de middelen om een hoogconjunctuur te creëren die was gebaseerd op particuliere consumptie. Maar deze overeenkomst was duidelijk flinterdun en wankel. Hij zou slechts overeind blijven zolang West-Duitsland en Japan de VS en Groot-Brittannië als de beste investering zouden beschouwen. Zodra er kapers op de kust verschenen, in de vorm van alternatieve investeringsdoelen, zou de zeepbel uiteen spatten.

Tenslotte was het de Duitse eenwording die een van de pijlers onder deze economische hausse onderuithaalde. Sinds 1990 slokt het herenigde Duitsland een groot deel van de kapitaaloverschotten van de voormalige westerse helft op. En terwijl het herenigde Duitsland bezig is de orde in zijn oostelijk deel en bij zijn roerige buren te herstellen, is het steeds meer gaan lijken op een natie die zichzelf in een Centraaleuropese – in plaats van een wereldwijde – context beziet.

De andere stuwende kracht achter de wereldeconomie tijdens de jaren tachtig heeft op het moment te kampen met zijn eigen overgangsproblematiek. Na een decennium lang roekeloos zijn investeringen te hebben uitgebreid, zag Japan zich gedwongen orde op zaken te stellen toen kelderende onroerend-goedprijzen en de krach van de Nikkei-index een vertrouwenscrisis

around, looking for an appropriate niche in the world economy, until it is forced to the realization that it would be far better off depending on its own resources, than vainly soliciting the patronage of external powers.

Though it stands every traditional assumption regarding the development process on its head, the liberal doctrine today seems to enjoy the status of self-evident truth. This should imply that the development theory of the last few decades has been premised upon thoroughly unfounded suppositions. But why did the theory enjoy such wide credibility for quite as long? The proponents of the new liberalism today have to couch their response to this question in terms of the individual idiosyncrasies of those who happened to be at the helm of affairs then.

This viewpoint, evidently, divorces economic policy from the context of its formulation. It fails to appreciate that the formulation of economic policy reflects underlying processes of political coalition building, and in a sense represents a compromise between often conflicting viewpoints.

The current phase of economic policy will only be comprehensible when viewed in terms of the transformation of the national consensus - from one based upon an activist view of the state, to one in which the state plays no more than an enabling role. In the early years of India's independence, the state played an active role in the economic sphere – not merely directing investment decisions, but itself accounting for a large part of total capital formation in the economy.

Two successive years of drought and harvest failure in the mid-1960s put an end to this phase of state activism. Confronted with an inflationary crisis, the state was forced to retrench, to cut back its role as the leader of investment decisions in the Indian economy. This period also coincided with a collapse of the national consensus that had been assiduously built up by the first Prime Minister of independent India, Jawaharlal Nehru. The hitherto dominant Congress party emerged from the 1967 general elections with the barest of majorities. And various parts of the country began to witness an upsurge of regionalist aspirations, of ethnic and inter-communal violence.

The Nehruvian consensus was reconstructed by Prime Minister Indira Gandhi from around 1969 – when she split with the conservative wing of the Congress, nationalised the major banks, and launched a direct assault on rural poverty through a massive public works programme. The entire package of policies proved immensely popular. Indira Gandhi won a landslide victory in the 1971 general elections. But lacking the political will to undertake a genuine redistribution of income and wealth, she chose the soft option of financing her ambitious public works programmes through the budget deficit.

A harvest failure in 1972 took a heavy toll. But the government of the time kept faith with its programme. When the oil price shock struck in 1973, there was no way in which the populist programme of poverty eradication could be sustained. Indira Gandhi then began a process of

in het bancaire systeem hadden versneld. Nieuwe normen werden van kracht, die Japanse banken verplichtten om nieuwe leningen te beperken en allereerst het actieve vermogen te vergroten. 1991 werd het eerste jaar in tien jaar tijd waarin Japanse buitenlandse investeringen – direct of door middel van de aandelenportefeuille – teruggingen. De enige regio's die erin slaagden tegen die trend in te gaan en een belangrijk volume aan Japanse investeringen aan te trekken waren Oost- en Zuidoost-Azië.

De opkomst van een regionaal handels- en investeringsconsortium onder Japanse leiding is duidelijk zichtbaar. Terwijl de Ronde van Uruguay voor het sluiten van handelsovereenkomsten bijna zeker op mislukking lijkt uit te lopen, zullen de belangrijkste wereldeconomieën deze trend waarschijnlijk volgen – Duitsland in een handelsblok met Centraal- en Oost-Europa en de VS met Canada en Zuid-Amerika. Waar India in al deze plannen past weet niemand. De kans bestaat dat het land zal blijven rondmodderen en zoeken naar een geschikt plekje in de wereldeconomie totdat het tot de conclusie gedwongen wordt dat het land veel beter af zou zijn als het op zijn eigen middelen vertrouwt, dan wanneer het vruchteloos naar de bescherming van buitenlandse machten lonkt.

Ofschoon de liberale doctrine elke conventionele veronderstelling ten aanzien van het ontwikkelingsproces op zijn kop zet, lijkt zij vandaag de dag de status van vanzelfsprekende waarheid te genieten. Dit zou impliceren dat de ontwikkelingstheorie van de afgelopen paar decennia gebaseerd was op totaal ongefundeerde veronderstellingen. Maar waarom werd de theorie dan zo lang en in zo brede kring geloofd? De huidige aanhangers van het nieuwe liberalisme moeten hun antwoord op deze vraag wel verpakken in termen van de persoonlijke eigenschappen van degenen die toen toevallig aan het roer stonden.

Dit standpunt, zoveel is duidelijk, beschouwt economisch beleid los van de context waarin het wordt geformuleerd. Het gaat voorbij aan het feit dat de formulering van economisch beleid uitdrukking geeft aan onderliggende processen van politieke coalitievorming, en in zekere zin een compromis is tussen vaak haaks op elkaar staande standpunten.

De huidige fase van het economische beleid, kan alleen worden begrepen als die wordt bezien in het licht van een omslag in de nationale consensus – van een die is gebaseerd op een actieve rol van de staat tot een waarin de staat niet meer dan een voorwaarden scheppende rol speelt. In de beginjaren van India's onafhankelijkheid speelde de staat economisch een actieve rol – leidde ze niet slechts investeringsbeslissingen in banen, maar nam ze een groot deel van de totale kapitaalvorming binnen de economie voor haar rekening.

Twee achtereenvolgende jaren van droogte en mislukte oogsten in het midden van de jaren zestig maakten een eind aan deze periode van staatsactivisme. Door een inflatiecrisis werd de staat gedwongen zich terug te trekken, zijn rol als leider van investeringsbeslisssingen in de Indiase economie te beperken. Deze periode viel ook samen met het uiteenvallen van de nationale consensus die zo naarstig was opgebouwd door de eerste premier van onafhankelijk India,

economic contraction under the authoritarian political framework of an internal emergency declared in 1975.

In purely economic terms, the deflation of the mid-1970s proved immensely successful. Inflation was brought under control, and propelled by remittances from expatriate workers in West Asia, the external current account moved strongly into the black. But the political costs were quite something else. Indira Gandhi went down to a dramatic electoral rout in the 1977 general elections. And its lessons well learnt, the successor government under the hastily cobbled together Janata Party, interpreted the verdict of the electorate as a mandate for expansionary economic policies.

The Janata Party, and its government, collapsed under the weight of its internal contradictions in 1979. After two years of expansionary economics, the collapse of the government was hastened by the inflationary crisis induced by the second oil price shock. Coming back to power on a tide of popular disenchantment with the Janata Party, Indira Gandhi benefited from the retrospective wisdom of her alternate experiments with economic expansion and contraction. Her policies since then were marked by the effort to strike the golden mean between the two. On the face of it, India's economic policies through the 1980s have been marked by a tremendous budgetary expansion. In the ten years concerned, the budget deficit exceeded 1.4 per cent of GDP in all but one year. In contrast, all through the 1970s, the budget deficit exceeded this proportion in only three years.

The difference was that a contractionary mechanism was built into the economic policies of the 1980s through a sustained process of import liberalisation. The excess demand generated in the economy through high budgetary deficits was, in other words, vented out through the external current account. Internal price stability was in a sense purchased through running high external deficits. The process would have been sustainable for only as long as international creditors kept their faith with India. The moment international banks faced a crisis, the whole strategy would come unstuck.

In the event, this is precisely what happened in 1990. And the Indian government has been forced by circumstances into a programme of liberalisation that most sections in the country remain unconvinced about. A critical ingredient of the adjustment programme now underway is to check inflation by squeezing all excess demand out of the economy. This requires that some of the purchasing power built up through many years of budget deficits, be neutralised. The government appears to be still unsure about which section it should target for this process. Earlier efforts have focused upon the agricultural population and the organised work-force. The current political stridency of these sections forces the government to look elsewhere. As of now, it is yet to find a section that would be a pliant target. A political coalition that perceives real advantage in liberalisation, is yet to fall in place. If anything, a coalition of social forces that is determined to resist the process is more likely to emerge in the near future.

Jawaharlal Nehru. De tot dan toe dominante Congrespartij kwam uit de verkiezingen van 1967 met een uiterst krappe meerderheid tevoorschijn. En verschillende delen van het land gaven een opleving van regionalistische ambities te zien, van etnisch geweld en geweld tussen gemeenschappen.

De consensus die onder Nehru bestond, werd vanaf ongeveer 1969 door premier Indira Gandhi weer opgebouwd. Ze brak met de conservatieve vleugel van de Congrespartij, nationaliseerde de belangrijkste banken en verklaarde de oorlog aan de armoede op het platteland door middel van een omvangrijk programma van openbare werken. Het totale pakket aan maatregelen bleek geweldig populair. Indira Gandhi behaalde een verpletterende overwinning bij de algemene verkiezingen van 1971. Maar omdat het haar aan politieke wil ontbrak om een werkelijke herverdeling van inkomen en bezit op zich te nemen, koos ze voor een gemakkelijke weg voor de financiering van haar ambitieuze programma van openbare werken via het begrotingstekort.

De mislukte oogst van 1972 eiste een zware tol. Maar de regering behield het vertrouwen in haar programma. De olieprijsstijgingen in 1973 maakten het onmogelijk aan het populistische programma van uitroeiing van de armoede vast te houden. Indira Gandhi startte toen een proces van economische inkrimping onder de autoritaire politieke constructie van een binnenlandse noodsituatie, uitgeroepen in 1975.

Vanuit louter economisch oogpunt bleek de deflatie van het midden van de jaren zeventig een eclatant succes. De inflatie werd onder controle gebracht, en dankzij de cheques die Indiase gastarbeiders in West-Azië naar huis stuurden, kwam de buitenlandse-valutarekening weer goed in de zwarte cijfers. Maar de politieke prijs was een heel ander verhaal. Indira Gandhi leed een dramatische nederlaag bij de algemene verkiezingen van 1977. En de regering die na haar aantrad onder aanvoering van de haastig gevormde Janata-partij interpreteerde de uitspraak van het electoraat als een mandaat voor een economische expansiepolitiek.

De Janata-partij en haar regeerperiode stortte in door interne tegenstellingen in 1979. Na twee jaar expansiepolitiek werd de val van de regering bespoedigd door een inflatiecrisis die het gevolg was van het schokeffect van een tweede olieprijsstijging. Opnieuw aan de macht gekomen op het kerend tij van de teleurstelling van het volk met de Janata-partij, deed Indira Gandhi haar voordeel met de retrospectieve wijsheid van haar elkaar afwisselende experimenten met economische expansie en inkrimping. Haar beleid werd sindsdien gekenmerkt door de poging de gulden middenweg tussen die twee te bewandelen.

Op het eerste gezicht werd India's economische politiek tijdens de jaren tachtig gekenmerkt door een immense begrotingsuitbreiding. In die tien jaar bedroeg het begrotingstekort jaarlijks meer dan 1,4 procent van het Bruto Nationaal Produkt, met uitzondering van één jaar. Daar staat tegenover dat het begrotingstekort tijdens de jaren zeventig slechts drie jaar boven dit percentage uitkwam.

Diary

The choices made imply that one works more with secondary data and from impressions gained from various secondary sources. Since the effort is to situate the Indian liberalisation process within the global context, there would seem to be very few primary sources that would be of direct use.

In choosing one's sources, one of the foremost requirements is that they should be of a representative character. Every writer has his or her predilections – as has the present one. For a journalist working with secondary material, it is important to penetrate these unstated assumptions and arrive at the factual kernel of the sources used. The very same 'facts' could be knitted together in different manners, and lead to widely divergent conclusions.

Also, a conscious effort is necessary to penetrate superficial appearances. For instance, early this year, reports appeared in the mass media that the US economy was turning the corner and emerging out of its prolonged slump.

The basis for these prognostications were a few economic indicators that seemingly showed an upturn.

Het verschil was dat er een inkrimpingsmechanisme in de economische politiek van de jaren tachtig was ingebouwd door een duurzaam proces van liberalisering van de import. De extra vraag die in de economie werd gecreëerd door middel van hoge begrotingstekorten werd weggewerkt via de buitenlandse-valutarekening. Binnenlandse prijsstabilisatie werd als het ware gekocht door hoge buitenlandse tekorten op te laten lopen. Het proces zou slechts zo lang volgehouden kunnen worden als de internationale kredietverleners vertrouwen hielden in India. Zodra de internationale banken oog in oog kwamen te staan met een crisis, zou de hele strategie in het honderd lopen.

Dit is precies wat er uiteindelijk in 1990 gebeurde. De Indiase regering werd door omstandigheden tot een liberaliseringsprogramma gedwongen, waar de meeste sectoren in het land niet achter kunnen staan. Een belangrijk onderdeel van het aanpassingsprogramma bestaat eruit de inflatie een halt toe te roepen door de surplusvraag uit de economie te drukken. Dit vereist dat er wat van de koopkracht, opgebouwd door vele jaren van begrotingstekorten, teniet wordt gedaan. De regering lijkt nog niet zeker te weten welke sector ze voor dit proces moet aanpakken. Eerdere pogingen richtten zich op de plattelandspopulatie en de georganiseerde arbeidersbevolking. De huidige politieke strijdbaarheid van deze sectoren dwingt de regering ertoe elders te zoeken. Ze moet nog steeds een sector zien te vinden die een meegaand doelwit zal vormen. Een politieke coalitie die werkelijk voordeel ziet in liberalisering moet nog opstaan. Zo er reactie komt, is het waarschijnlijker dat er in de nabije toekomst een coalitie van maatschappelijke groeperingen komt die vast van plan is aan het proces tegenstand te bieden.

Dagboek

De gemaakte keuzes impliceren dat men meer met secundaire gegevens werkt en met indrukken, verzameld uit verschillende secundaire bronnen. Omdat het de bedoeling is om het Indiase liberaliseringsproces in een wereldcontext te plaatsen, lijkt het net of er maar weinig primaire bronnen zijn die eventueel van direct nut kunnen zijn.

Bij het kiezen van je bronnen is een van de belangrijkste vereisten dat ze representatief moeten zijn. Iedere auteur heeft zo zijn of haar eigen voorkeuren – ook deze. Voor een journalist die met secundair materiaal werkt is het van belang om dwars door deze onuitgesproken veronderstellingen heen te breken en tot de eigenlijke kern van de gebruikte bronnen door te dringen. Dezelfde 'feiten' kunnen op verschillende manieren aan elkaar gebreid worden en zo tot zeer uiteenlopende conclusies leiden.

Bovendien is een bewuste poging noodzakelijk om door oppervlakkige schijn heen te breken. Om een voorbeeld te geven: eerder dit jaar waren er geruchten in de massamedia dat de economie van de VS een nieuwe bladzij omsloeg en aan een voorzichtige opmars uit

The notion of an economic recovery in the US won fairly widespread support in the mass media. And a US economy in a growth phase would have obvious implications for India's liberalisation programme, and would impart a certain degree of dynamism to it.

Frontline then took the view that the appearances were deceptive – that the fundamentals of the US economy remained weak. There had been no movement towards tackling the budgetary deficit, the financial sector remained weak and over-exposed in leveraged buyouts and mortgage lending, and the household and corporate sectors remained deeply mired in debt. Considering all these facts, Frontline saw no reason to believe that India's structural adjustment programme was going to gain any momentum on account of a US economic recovery.

This conclusion was in large measure conjecture, based upon partial information. Bad news does not usually gain very great play in the mass media. It is often necessary to read between the lines and to augment one's reading of the media with supplementary sources, to arrive at a full picture. There is always the risk that an error in interpretation may be made. This is a professional hazard which the journalist has to deal with in the best possible manner – never hesitating to eject notions that have been proven to be misplaced.

The sources used ranged from country economic reports put out by bodies such as the Organisation for Economic Cooperation and Development (OECD), the International Monetary Fund (IMF), the World Bank, the UN Conference on Trade and Development (UNC-TAD), etc. Single sources often convey no more than a partial picture. By using a multiplicity of sources, it is possible to arrive at a fuller picture.

However, when working against deadlines, the journalist may often find that he cannot afford the luxury of actually tapping a multiplicity of sources. A way of dealing with this problem could be to never over-state a case. The available information should be used with great discretion. Where data is incomplete or unavailable, the writer should confine himself to provisional hypothesis. And if information that becomes subsequently available should contradict some of the earlier hypotheses, this should be acknowledged.

A problem that confronts any journalist in the course of professional work is that sources only divulge as much as is convenient to them. In dealing with an issue like liberalisation, the journalist has often to interact with administrators in various economic ministries and departments. And politicians and bureaucrats in India – as in other countries – show a marked preference for media persons who they know to be well disposed towards them and their policies.

The severity of the problem is considerably mitigated in India because the economic data base is fairly comprehensive, up-to-date, and freely available in the public domain. It only calls for a certain skill in interpretation and a minimum of academic training. The most acute problem confronting economic journalism in India today is a dearth of professionals qualified to understand the empirical parameters of economic administration and functioning.

The approach used by the present writer also involves placing the current phase of economic liberalisation in a longer perspective of time. For this, an appreciation of the social and political determinants of economic policy was considered necessary. How for instance did an elite consensus on the need for a state that would be strong and active in the economic sphere, transform itself over time, into one in which the state played no more than an enabling role?

To answer this question some appreciation of the changing politics of the nation-state in India was called for – in particular, the complexities of holding together a nation of such diverse languages, faiths and ethnic affiliations. This requires working with contemporary sources – since history in most such cases is still to be written. The risks of committing serious errors of interpretation are considerably greater in such exercises. That, as has been earlier stated, is a professional hazard which every journalist has to deal with in a manner of his or her choosing.

zijn lange periode van depressie begon. De basis voor deze voorspellingen vormden een paar economische indicatoren die een schijnbare opgaande lijn vertoonden. Het idee dat er sprake zou zijn van economisch herstel in de VS vond tamelijk veel bijval in de massamedia. En een Amerikaanse economie in een herstelfase zou duidelijke gevolgen hebben voor het liberaliseringsprogramma van India en zou er een zekere dynamiek aan geven.

Frontline stelde zich destijds op het standpunt dat de schijn bedroog – dat de fundamenten van de Amerikaanse economie wankel bleven. Er waren geen stappen ondernomen om het begrotingstekort aan te pakken, de financiële sector bleef zwakjes en overbelicht door kredietspeculaties en hypotheekleningen, en de staatshuishouding en de collectieve sector waren nog steeds in een diep schuldenmoeras gezonken. Gezien al deze feiten zag Frontline geen redenen om aan te nemen dat het structurele aanpassingsprogramma van India aan enige stootkracht zou winnen dankzij een Amerikaans economisch herstel.

Deze conclusie was in hoge mate een gok, gebaseerd op gedeeltelijke informatie. Slecht nieuws krijgt gewoonlijk niet zo'n grote rol te spelen in de massamedia. Het is vaak nodig om tussen de regels te lezen en het lezen van gedrukte media uit te breiden met aanvullende bronnen om je een volledig beeld te vormen. Het gevaar is altijd aanwezig dat je een interpretatiefout maakt. Dit is een risico van het vak waarmee de journalist zo goed mogelijk behoort om te gaan – door nooit te aarzelen ideeën te laten varen waarvan is bewezen dat ze misplaatst waren.

De gebruikte bronnen varieerden van economische landenrapporten, uitgegeven door instanties als de Organisatie voor Economische Samenwerking en Ontwikkeling (OESO), het Internationaal Monetair Fonds (IMF), de Wereldbank, de Conferentie voor Handel en Ontwikkeling van de Verenigde Naties (UNCTAD), etc. Door een veelvoud aan bronnen te raadplegen is het mogelijk tot een vollediger beeld te komen.

Als hij tegen de klok werkt om een deadline te halen kan een journalist zich vaak niet veroorloven daad-

werkelijk een veelvoud aan bronnen aan te kunnen boren. Een eventuele oplossing daarvoor is je zaak nooit te sterk te stellen. De beschikbare informatie dient met de grootst mogelijke discretie behandeld te worden. Wanneer gegevens incompleet of niet toegankelijk zijn, moet de schrijver zich beperken tot voorwaardelijke hypothese. En zodra alsnog vrij gekomen informatie een aantal eerdere hypothesen tegenspreekt, moet dat openlijk erkend worden.

Een probleem waar iedere journalist in de loop van zijn carrière mee in aanraking komt, is dat bronnen slechts loslaten wat hen te pas komt. Wanneer een journalist zich buigt over een onderwerp als liberalisering, heeft hij vaak te maken met bestuurders in verschillende economische ministeries en departementen. En politici en bureaucraten in India – net als waar ook ter wereld – hebben een opmerkelijke voorkeur voor mediamensen van wie zij weten dat die hen en hun beleid gunstig gezind zijn.

De ernst van het probleem wordt in India aanzienlijk verzacht doordat de economische data-base behoorlijk veelomvattend, bijgewerkt en vrij toegankelijk is in het staatsdomein. Er is slechts een zekere interpretatievaardigheid en academische basis voor nodig. Het nijpendste probleem voor de economische journalistiek is een tekort aan professionals die zijn opgeleid om de empirische parameters te begrijpen van zowel economisch bestuur als functioneren.

Tot de benadering die de onderhavige auteur gebruikt hoort ook het bezien van de huidige fase van economische liberalisering tegen het perspectief van de langere termijn. Om deze reden werd een begrip van de maat-schappelijke en politieke determinanten van het economische beleid noodzakelijk geacht. Hoe veranderde de consensus van een elite over de noodzaak dat een staat economisch sterk en actief diende te zijn, na verloop van tijd in consensus over een staatsrol die niet meer dan voorwaardenscheppend is?

Om die vraag te beantwoorden moest een beeld gegeven worden van de veranderende politiek van de nationale staat in India - met name van de complexiteit een natie bijeen te houden met zulke verschillende ta-

Objective

Writing on the liberalisation process involves understanding phenomena at various levels — from that of a firm contemplating investment and expansion decisions, to the global context of economic activity. Phenomena discernible at any one level of analysis may be working contrary to those operating on some other level. To illustrate this: the relaxation of entry conditions for private enterprise would presumably serve as an incentive for investment. But at the same time, another component of the liberalisation process — the curtailment of public expenditure — would act as a damper upon demand levels, and thereby inhibit fresh investment decisions. Similarly, providing easier terms for the ingress and egress of foreign capital would quite conceivably spur investment from overseas within India. But worldwide trends, such as the financial industry crisis in US and Japan, would tend to work at cross-purposes to this.

Working at the micro-level would be inadequate. Analysis of the liberalisation process could be attempted through a cross-section of views of entrepreneurs who are actually taking decisions on production and investment every day. But then, isolating various specific details from the general would be problematical. Such an approach could quite conceivably lead to a plethora of trivial details, from which no clear overall impression would emerge.

It is important in such instances to begin with an understanding of global realities. Individual entrepreneurs conduct their business within the overarching framework of the global economy. There is no escape from this. It is not accidental that the word "globalization" is currently used virtually interchangeably with "liberalisation". There is no way that a realistic understanding of the prospects of liberalisation could be obtained, without constant reference to the global context.

The story does not end with the global level of course. Economic processes at whatever level, have finally to be understood and interpreted in terms of the impact that they have on daily lives. Frontline has been doing extensive reportage of this nature too. The impact that inflation has been having on the lives of various sections, the status of vulnerable groups which do not have the luxury of a social safety net, and the problems of adjustment created by the retrenchment of government expenditure on subsidies — these are some of the major issues that the magazine has focused upon in the recent past.

The liberalisation process in India is supposedly based upon a national consensus. Frontline has argued that if so, this is a consensus to which only a very narrow section of the nation is party. Large parts of the population have been excluded from the process of decision making — neither the mass media nor the official media has succeeded in reflecting their viewpoints. This is a lacuna which Frontline has sought to remedy quite consciously.

len, religies en etnische affiliaties. Hierom is men wel gedwongen hedendaagse bronnen te gebruiken omdat de geschiedenis in de meeste gevallen nog geschreven moet worden. Het gevaar ernstige interpretatiefouten te maken is eens zo groot bij zulke exercities. Dat is, zoals al eerder gezegd, een risico van het vak, waarvoor iedere journalist zijn of haar eigen oplossing moet zien te vinden.

Verantwoording

Om te schrijven over het liberaliseringsproces is het nodig verschijnselen op verschillende niveaus te begrijpen - van het niveau van een bedrijf dat zich beraadt op investering en uitbreiding, tot de context van economische activiteit op wereldniveau. Verschijnselen die zich op een bepaald analyseniveau voordoen kunnen in strijd zijn met fenomenen op een ander niveau. Ter illustratie: ontspanning van de ingangseisen voor het privé-ondernemerschap zal waarschijnlijk een stimulans betekenen voor investeringen. Maar tegelijkertijd zal een andere component van het liberaliseringsproces - bezuiniging op de overheidsuitgaven - waarschijnlijk een remmend effect op het niveau van de vraag hebben, en daardoor nieuwe investeringsbesluiten bemoeilijken. Op een soortgelijke manier zal het heel goed kunnen dat lossere voorwaarden voor de instroom en uitstroom van buitenlands kapitaal de investering in India vanuit het buitenland aanmoedigt. Maar trends op wereldniveau, zoals de crisis in de financiële sectoren van de VS en Japan, zullen daar waarschijnlijk een tegengestelde invloed op uitoefenen.

Op micro-niveau werken zal niet afdoende zijn. Men kan misschien tot een analyse van het liberaliseringsproces komen door een dwarsdoorsnede te verzamelen van de meningen van ondernemers die elke dag daadwerkelijk besluiten over produktie en investering nemen. Aan de andere kant zal het problematisch worden om verschillende specifieke bijzonderheden uit het algemene te tillen. Zo'n benadering zal zeer waarschijnlijk leiden tot een overvloed aan triviale details, waaruit geen duidelijk overzicht zou opdoemen.

Het is bij dit soort gevallen van belang om te beginnen met een begrip van de realiteiten op wereldniveau. Iedere ondernemer doet zaken binnen het overkoepelende kader van de wereldeconomie. Daar is geen ontkomen aan. Het is geen toeval dat het woord 'globalization' op het ogenblik bijna inwisselbaar is met het woord 'liberalisation'. Het is ondenkbaar zich een realistisch beeld van de vooruitzichten van de liberalisatie te vormen, zonder voortdurend naar de wereldcontext te verwijzen.

Het verhaal eindigt natuurlijk niet met het wereldniveau. Economische processen, op welk niveau ze zich ook afspelen, moeten uiteindelijk begrepen en geïnterpreteerd worden in termen van het effect dat ze op ons dagelijks leven hebben. Frontline heeft uitgebreide reportages van dit soort gemaakt. De invloed van de inflatie op verschillende sectoren, de status van verschillende kwetsbare groepen die niet de luxe van een maatschappelijk vangnet hebben èn de aanpassingsproblemen gecreëerd door de besnoeiing van overheidssubsidies - ziehier een aantal van de belangrijkste kwesties die het tijdschrift in het recente verleden belichtte.

Het liberaliseringsproces in India wordt zogenaamd gesteund door een breed maatschappelijk draagvlak. Frontline stelde dat als dat waar is, er maar een heel smalle sector van de maatschappij tot dat draagvlak behoort. Grote delen van de bevolking staan buiten het besluitvormingsproces - de massamedia noch de officiële media zijn erin geslaagd hun standpunten te verwoorden. Deze lacune probeert Frontline heel bewust te vullen.

Indian entrepreneurs claim moral leadership in fight against poverty
Ed Groot

Why is it that India failed to win any medal in the Barcelona Olympics? To this question the Indian press unleashed a flow of psychoanalysis which bordered on self-torment this summer. India has no 'winner's mentality' it was complained. And what else can you expect of a country that has shut itself off from international competition for forty-five years and has strangled its own trade and industry systematically by excessive regulations? it was added.

The Indian Sports Minister proposed that India would withdraw from all international sporting events for a four-year period. In the meantime the government was to stimulate sports more actively and create facilities for top sporters.

It was a proposal that fits naturally and neatly within the Indian tradition of **self–reliance**: seclusion from the world in order to work out quietly an Indian solution to every problem. This time, however, the proposal came under fierce attack in the press: It is only right for India to be confronted head-on with its Hindu culture of resignation and settling for mediocrity and low quality standards.

'Humans are beings who make rational choices', John Maynard Keynes once said, 'but only after they have tried every possible alternative'. This statement applies to India more than to any other country.

For forty-five years, under the Nehru-Gandhi dynasty, all versions of a paternalistic state socialism have been tried out with the best of intentions. To little avail. In spite of a good educational system, great domestic savings, considerable natural resources and a potentially colossal domestic market India has slid down to join the twenty poorest countries in the world.

By means of export-controlled growth countries such as Korea and Thailand have attained the level of wealth of Spain. India's share in world trade has dwindled from 4 per cent at the beginning of the fifties to less than 0.5 per cent now. With its 850 million inhabitants India exports less than a tenth of Dutch export figures.

The irony of the matter is that in the end they were external factors that initiated change. The falling apart of the Soviet Union suddenly deprived India of an important market for export. Then the Gulf crisis came on top of that. India was facing higher oil imports bills and a sharp decline in the amounts of foreign currency coming into the country because of the forced repatriation of 250,000 Indian emigrant workers from the Middle East, particularly Iraq.

The situation became unbearable when Indian emigrants withdrew their assets massively. The foreign exchange reserve dwindled to the level where there was enough for only a few weeks' imports of the barest necessities. In the spring of 1991 India was literally driven into the arms of the IMF and the World Bank.

Indiase ondernemers eisen morele leiderschap op in strijd tegen armoede

Ed Groot

Hoe komt het toch dat India geen enkele medaille wist te winnen op de Olympische Spelen van Barcelona? Op die vraag is door de Indiase pers afgelopen zomer een aan zelfkwelling grenzende psychoanalyse losgelaten. India heeft geen 'winnersmentaliteit', werd geklaagd. En hoe kan je ook anders verwachten van een land dat zich vijfenveertig jaar lang heeft afgesloten van de internationale concurrentie en het eigen bedrijfsleven systematisch heeft gewurgd in een overmaat aan regelgeving?, zo werd er aan toegevoegd.

De Indiase minister van Sport stelde voor dat India zich vier jaar lang zou terugtrekken van alle internationale evenementen. In de tussentijd zou de overheid de Indiase sport actiever stimuleren en faciliteiten creëren voor topsporters.

Het was een voorstel dat naadloos past in de Indiase traditie van **self reliance**: afsluiting van de wereld om rustig voor elk probleem een eigen Indiase oplossing uit te werken. Nu werd het voorstel fel aangevallen in de pers: het is juist goed dat India hardhandig wordt geconfronteerd met zijn Hindoe-cultuur van gelatenheid, en genoegen nemen met middelmaat en lage kwaliteitseisen.

'Mensen zijn wezens die rationele keuzes maken', zei John Maynard Keynes ooit, 'maar pas nadat alle alternatieven zijn uitgeprobeerd.' Die uitspraak geldt voor India sterker dan voor enig ander land.

Vijfenveertig jaar lang zijn onder de Nehru-Gandhi dynastie met de beste bedoelingen alle varianten uitgeprobeerd van een paternalistisch staatssocialisme. Met weinig succes. Ondanks een goed onderwijssysteem, hoge binnenlandse besparingen, behoorlijke natuurlijke hulpbronnen en een potentieel reusachtige binnenlandse markt is India afgezakt tot de groep twintig armste landen ter wereld.

Landen als Korea en Thailand hebben met hun exportgeleide groei het welvaartsniveau van Spanje bereikt. Het aandeel van India in de wereldhandel is gedaald van vier procent begin jaren vijftig tot minder dan half procent nu. Met zijn ruim 850 miljoen inwoners exporteert India nog geen tiende van Nederland.

De ironie van de geschiedenis wil dat het uiteindelijk toch externe factoren waren die de stoot gaven tot verandering. De instorting van de Sovjet-Unie beroofde India plotseling van een belangrijke exportmarkt. Daar bovenop kwam de Golfcrisis. India werd geconfronteerd met duurdere olie-importen en het verlies van deviezeninkomsten door de gedwongen terugkeer van 250.000 Indiase werknemers uit het Midden-Oosten.

De situatie werd onhoudbaar toen Indiase emigranten massaal hun tegoeden terugtrokken. De deviezenreserve slonk tot het niveau van enkele weken hoogst noodzakelijke import. India werd in het voorjaar van 1991 letterlijk in de armen van het IMF en de Wereldbank gedreven.

The resolute economic reforms that were subsequently announced by the minority government of Narasimha Rao took the world by surprise. They came as a shock to Indian trade unions, bureaucrats, the opposition and even many members of parliament of Rao's own Congress Party. It was expected that a minority government would opt for a policy of merely keeping the business going. The outraged opposition blamed the so-called balance of payments crisis on speculation, tax evasion and political pressure from the World Bank and the IMF. 'The capitalists are now being rewarded for it instead of being punished.' They held that the policy of **self-reliance**, which had proved successful, should be intensified instead of abandoned.

Yet the evidence that the strategy of **self-reliance** had been grinding into a rut for quite some time is stronger. The significance of the balance of payments crisis was probably no more or less than that it provided a political justification for changes that had long since become inevitable.

Economic growth in India showed a sharp decline as early as the seventies. During the eighties this growth was boosted once more to an average 5 per cent, but it was bought on credit. India, too, had its 'happy eighties'. Employment was more than ever kept up by allowing the losses incurred by state-owned companies to rise, and by means of enormous loans and subsidies to 'unsound' private enterprises.

'What is sometimes forgotten is that the foreign debts crisis was at least as bad as the balance of payments crisis', says S.M. Datta, the chairman of the board of Hindustan Lever, which with 10,000 employees is the largest among the seven Unilever companies in India. 'The government had hardly anywhere left to turn to for loans.'

Painless

Critics inside and outside India have pointed out that so far the reforms have been rather painless. The devaluation of the rupee by 35 per cent, allowing foreign majority shareholding of up to 51 per cent, partial liberalisation of foreign currency transactions and the abandoning of regulations about how, when, how much and for whom production is permitted are measures which are bound to be applauded in trade and industry circles and will hurt the Indian civilian little indeed. The more delicate problems, such as the losses incurred by state-owned companies, the ban on discharging employees and the colossal subsidies on electricity, transport and food have been painstakingly avoided.

What is more important than the reforms themselves is that the Rao government has sown the winds of change. After a year the liberalisation has acquired a social dynamism. The emigrants who withdrew their assets in the past now invest them in Indian enterprises. The international business community has discovered India and many business concerns are deliberating about their strategies. Shell, which pulled out in frustration only a couple of years

De ferme economische hervormingen die de minderheidsregering van Narasimha Rao daarop aankondigde verrasten de wereld. Ze schokten de Indiase vakbonden, de bureaucraten, de oppositie en zelfs vele parlementariërs van Rao's eigen Congrespartij. Men had van de minderheidsregering een politiek van pappen en nathouden verwacht. De oppositie bestempelde de zogenaamde betalingsbalanscrisis woedend als een gevolg van speculatie, belastingontduiking en politieke druk van de Wereldbank en het IMF. De kapitalisten worden nu daarvoor beloond in plaats van gestraft. In plaats van breken met de **self reliance** zou die succesvol gebleken politiek juist moeten worden versterkt.

Toch zijn de bewijzen sterker dat de **self reliance** al veel langer bezig was vast te lopen. De betekenis van de betalingsbalanscrisis was waarschijnlijk niet groter dan dat het een politieke legitimatie verschafte voor veranderingen die al veel langer geleden onvermijdelijk waren geworden.

Reeds in de jaren zeventig liep de economische groei in India scherp terug. In de jaren tachtig werd die groei weliswaar weer opgekrikt tot gemiddeld vijf procent, maar die groei werd op krediet gekocht. Ook India had zijn 'happy eighties'. De werkgelegenheid werd nog meer dan vroeger in stand gehouden door de verliezen bij de staatsbedrijven te laten oplopen en door enorme leningen en subsidies aan de 'zieke' particuliere bedrijven.

'Wat wel eens wordt vergeten is dat de binnenlandse schuldencrisis minstens zo erg was als de betalingsbalanscrisis', zegt S.M. Datta, bestuursvoorzitter van Hindustan Lever, met tienduizend werknemers de grootste van de zeven Unileverbedrijven in India. 'De overheid kon vrijwel nergens meer lenen.'

Pijnloos
Critici binnen en buiten India hebben er op gewezen dat de hervormingen tot nu toe betrekkelijk pijnloos waren. Het devalueren van de rupee met 35 procent, het toestaan van buitenlandse meerderheidsdeelnemingen tot 51 procent, gedeeltelijke liberalisatie van valutatransacties en het schrappen van voorschriften voor wat, hoe, hoeveel en voor wie geproduceerd mag worden, zijn maatregelen waarvoor je bij het bedrijfsleven de handen op elkaar krijgt en die bij de Indiase burger weinig pijn doen. De gevoelige problemen zoals de verliezen bij de staatsbedrijven, het verbod op het ontslaan van werknemers en de kolossale subsidies voor electriciteit, vervoer en voedsel zijn angstvallig ontweken.

Maar belangrijker dan de hervormingen zelf is dat de regering Rao de wind van verandering heeft gezaaid. De liberalisering heeft na een jaar een maatschappelijke dynamiek gekregen. De emigranten die eerder hun tegoeden terugtrokken investeren nu in nieuwe Indiase ondernemingen. Het internationale bedrijfsleven heeft India ontdekt en vele concerns beraden zich op hun strategie. Shell, een paar jaar geleden nog gefrustreerd afgehaakt vanwege het verbod op

ago because of the ban on majority shareholding, has now decided to invest one thousand million dollars in the recovery and processing of oil. It is the largest foreign private capital injection so far.

In spite of the still considerable (political) risks of taking a venture in India and the abominable infrastructure there are two huge advantages: that of a large domestic market and an inexhaustible pool of cheap and highly-skilled workers.

All big software manufacturers have settled on the city of Bangalore to put out the development of software. One can have one's pick of college-trained programmers for salaries of between $ 1500 and $ 3000 per annum.

Chairman of the board Mr. Datta of Hindustan Lever emphasizes, however, that the role of foreign investment in the recovery of the Indian economy should not be exaggerated. 'For some time to come it is unlikely to be far in excess of one thousand million dollars a year', he says. His message: Indian businesses will have to make it largely by themselves.

Until recently Hindustan Lever scarcely managed to expand. The reasons were manifold: the rationing of credit, the fact that there was no foreign currency available for the importing of the necessary raw materials and capital goods, that part of the market had to be reserved for small-scale industries, or a bureaucrat would judge that the supply of, for example, detergents was already 'adequate'.

'About 90 per cent of those direct regulations have been dropped', says Datta. Hindustan Lever is going to convert the newly acquired liberties ('We call it our second independence', says Irfan Khan, spokesman for Mr. Datta) into an aggressive expansion strategy. The aim is to increase the turnover by a yearly 20 per cent for the next five years. Datta: 'That will not be easy in an economic climate which will remain weak for some time to come. We try to convince our people of the fact that the new freedom will largely involve working harder'.

Coverage in the business magazines and the business and finance sections of newspapers occasionally borders on euphoria. They are teeming with success stories, announcements of new foreign investments and advice to Indian entrepreneurs based on experiences abroad on how to conquer the world market.

Frontal atack

The liberalisation has given the Indian business community a self-awareness that it never showed before. This self-assurance is now transformed into a frontal attack on exactly that which gave the old politics its canvassing power, i.e. the moral notion that democratic rules and central planning in a poor country like India are fairer than a merciless market mechanism.

Now the dividing justice of the well-intending government is being unmasked more and

meerderheidsdeelnemingen en de eindeloze bureaucratische tegenwerking, heeft nu besloten één miljard dollar te gaan investeren in oliewinning en -verwerking. Het is de grootste particuliere buitenlandse kapitaalinjectie tot nu toe.

Tegenover de nog steeds grote (politieke) risico's van ondernemen in India en de erbarmelijke infrastructuur staan twee reusachtige voordelen: een grote binnenlandse markt en een onuitputtelijk reservoir aan goedkope en goedgeschoolde arbeidskrachten.

In de stad Bangalore zijn alle grote informatica-concerns neergestreken om de ontwikkeling van software uit te besteden. Universitair geschoolde programmeurs zijn er voor het uitkiezen, voor salarissen tussen de 1500 en de 3000 dollar per jaar.

Bestuursvoorzitter Datta van Hindustan Lever benadrukt echter dat de rol van de buitenlandse investeringen in het herstel van de Indiase economie voorlopig niet overdreven moet worden. 'Het is voorlopig onwaarschijnlijk dat die ver boven de één miljard dollar per jaar zullen uitkomen', zegt hij. Zijn boodschap: het Indiase bedrijfsleven zal het vooral zelf moeten doen.

Tot voor kort kon Hindustan Lever nauwelijks uitbreiden. De redenen waren talloos: de kredietrantsoenering, geen vreemde valuta beschikbaar voor de import van noodzakelijke grondstoffen en kapitaalgoederen, een deel van de markt moest worden gereserveerd voor de kleinschalige industrie, of een bureaucraat oordeelde dat het aanbod van bijvoorbeeld wasmiddelen reeds 'adequaat' was.

'Ongeveer negentig procent van dat soort directe voorschriften is geschrapt', zegt Datta. Hindustan Lever gaat de nieuw verworven vrijheden ('Wij noemen het onze tweede onafhankelijkheid', zegt Irfan Khan, woordvoerder van Datta) omzetten in een agressieve expansiestrategie. Het doel is de komende vijf jaar de omzet met twintig procent per jaar te vergroten. Datta: 'Dat zal niet meevallen in een conjunctuur die voorlopig zwak zal blijven. Wij proberen onze mensen ervan te doordringen dat de nieuwe vrijheid vooral harder werken zal betekenen.'

De berichtgeving in de business magazines en de economische katerns van de kranten grenst soms aan euforie. Het wemelt van de successtories, aankondigingen van nieuwe buitenlandse investeringen en adviezen aan de hand van buitenlandse ervaringen aan Indiase ondernemers hoe de wereldmarkt te veroveren.

Frontale aanval

De liberalisering heeft het Indiase bedrijfsleven een nog nooit eerder vertoond zelfbewustzijn gegeven. Het zelfvertrouwen wordt nu omgezet in een frontale aanval op juist dat wat de oude politiek zijn wervingskracht gaf. Namelijk de morele notie dat democratische regelgeving en centrale planning in een arm land als India rechtvaardiger is dan het genadeloze marktmechanisme. Nu wordt de verdelende rechtvaardigheid van de goedbedoelende overheid steeds

more aggressively as a loincloth for the partial interests of bureaucrats, trade unions and politicians. And also of entrepreneurs who were in a monopoly position or those who were already privileged by certain regulations and want to hang on to their easy life.

It might be harsh to reorganize collective facilities and cut superfluous personnel. But who do the trade unions and bureaucrats represent, really?, is a question which is more and more openly heard. Only 10 per cent of the labour force is employed in the organized-labour sector, which constists of companies and institutions operating within the formal economy and employing more than ten people. Well over two thirds of those belong to the public sector.

More than a year after the financial bankruptcy of the Nehru-Gandhi version of socialism the moral failure of their politics becomes more apparent every day. Right-wing has become left-wing and left-wing has become right-wing in India. Socialists and marxists are made to squirm in the face of accusations that public spending for the most part goes towards the relatively rich and that the public sector is not even capable of providing a proper infrastructure. If you want to enjoy the benefits of free electricity you need to own a few electrical appliances in the first place. Artificial fertilizer is chiefly used by affluent farmers and the urban middle classes benefit greatly from it through the food subsidies.

On the other hand entrepreneurs and the business and finance press rail loudest of all against poverty. Managing director R.V. Kanoria, majority shareholder in the profit-making company Kanoria Chemicals & Industries Ltd. quoted on the stock exchange, who like many Indian entrepreneurs is looking for a foreign partner: 'There is only one yardstick to measure the government's policies by. That is the increase of income per head of the population. Everything has to yield to it.'

Made in India

A national pride in the age-old culture and the memory of centuries of British colonial rule certainly contributed to the determination with which the notion of **self-reliance** was adhered to. True as it may be that the average income per head of the population in federal states such as Bihar and West Bengal is on a par with those in the Sahel countries, it is also true that India produces nuclear bombs as well as world-famous scientists and authors and that it launches satellites into space. To the present day Indians look around them and point to what has actually been achieved: cars, refrigerators, televisions, scooters and video recorders, all 'made in India'.

This independence from Western capital and Western technology has earned India great respect from the Third World. But Indian companies are painfully aware that many of their products are not up to world market standards, and – what is more threatening – will not be good enough for the domestic market as soon as the borders are opened further. More drastic reforms are required to improve competitiveness.

agressiever ontmaskerd als een schaamlap voor de deelbelangen van bureaucraten, vakbonden en politici. En trouwens ook van monopolistische of door regelgeving bevoorrechte ondernemers die hun gemakkelijke leventje willen houden.

Het kan best zijn dat sanering van de collectieve voorzieningen en het snijden in overtollig personeel hard is. Maar wie vertegenwoordigen de vakbonden en de bureaucraten eigenlijk?, zo wordt steeds openlijker afgevraagd. Slechts tien procent van de beroepsbevolking werkt in de georganiseerde sector, dat zijn bedrijven en instellingen in de formele economie met meer dan tien werknemers. Ruim tweederde daarvan valt onder de collectieve sector.

Ruim een jaar na het financiële bankroet van het Nehru-Gandhi socialisme tekent zich steeds scherper het morele bankroet van die politiek af. Rechts is links en links is rechts geworden in India. De socialisten en marxisten moeten zich in bochten wringen tegen aantijgingen dat het overgrote deel van de overheidsuitgaven aan de relatief rijken toevalt en dat de grote collectieve sector niet eens in staat is te zorgen voor een behoorlijke infrastructuur. Om van gratis elektriciteit te profiteren moet je wèl eerst elektrische apparaten bezitten. Kunstmest wordt vooral door de welvarende boeren gebruikt en de stedelijke middenklasse profiteert stevig mee van de voedselsubsidies.

Van de andere kant gaan de ondernemers en de economische pers het hardst tekeer tegen de armoede. Managing directeur R.V. Kanoria, meerderheidsaandeelhouder in het winstgevende en beursgenoteerde concern Kanoria Chemicals & Industries Ltd en zoals zovele Indiase ondernemers op zoek naar een buitenlandse partner: 'Er is maar één maatstaf waaraan het regeringsbeleid kan worden afgemeten. Dat is vergroting van het inkomen per hoofd van de bevolking. Daar moet alles voor opzij gezet worden.'

Made in India

Nationale trots op de eeuwenoude cultuur en de herinnering aan eeuwenlange Britse koloniale overheersing hebben zeker bijgedragen aan de hardnekkigheid waarmee is vastgehouden aan de **self reliance**. Het mag dan waar zijn dat het gemiddelde inkomen per hoofd van de bevolking in deelstaten als Bihar en West-Bengalen vergelijkbaar is met de Sahellanden, het is óók waar dat India atoombommen produceert, wereldberoemde wetenschappers en schrijvers voortbrengt en satellieten de ruimte inschiet. Tot op de dag van vandaag wijzen Indiërs om zich heen naar wat wèl is bereikt: auto's, koelkasten, televisies, scooters en video's, alles 'made in India'.

Die onafhankelijkheid van westers kapitaal en westerse technologie heeft India veel respect opgeleverd in de derde wereld. Maar Indiase bedrijven zijn zich pijnlijk bewust dat veel van hun produkten niet goed genoeg zijn voor de wereldmarkt en – bedreigender – ook niet meer goed genoeg voor de binnenlandse markt zodra de grenzen verder opengaan. Verdergaande hervormingen zijn noodzakelijk om de concurrentiepositie te verbeteren.

The government is accused of having become paralytic after a hopeful start. Last year it announced to take in hand two important dossiers. There was going to be an 'exit policy' (involving reorganization of 'unsound companies', where for those among them that would inevitably have to be closed the government would create a social safety-net), and a readjustment of 'labour laws'. But since then silence has reigned. A profound silence, the business community thinks. Kanoria advocates a pragmatic approach, if necessary. 'If only it was permitted to discharge one per cent of the work force it would have an enormous effect on staff employees and trade unions', he says. 'We want the right to manage', he adds vigorously.

Kanoria blames politicians and bureaucrats for a lack of positive definition of purpose. He is not alone in it. Arun Jain, a Harvard economist who has now returned being attracted by the liberalisation, now returned to Delhi as joint proprietor of the trading firm East West, describes it as 'intellectual corruption': politicians and bureaucrats know very well what is wrong, but deep down they are not prepared to discard **self-reliance**.

Many Indians complain that the economy is a big handicap in comparison with Asian Tigers such as Thailand and in particular China. It could be argued, however, that without democracy India would by now perhaps have fallen apart.

In the Soviet Union religious, ethnic and national contradistinctions were suppressed for seventy years. When the pressure was relieved, however, it became uncontrollable. Indian society is as pluriform and complex, if not more so, but dividing the union is not an issue, and democracy is still standing firm after forty-five years. For all its failures, the parliamentary system made the many contrasts manageable and offered an outlet for frustrations.

Sikhs

The resilience of the Indian democracy became evident only recently in the Punjab, which has been a problem state since India came into being. Early this year the Punjabi local elections turned into a farce. Influential groups boycotted the elections and the voters stayed away massively, either because they were disappointed with the government or as a result of the intimidation and violence of extremist Sikhs. But in September long queues formed again at the polling-booths. The federal government appeared to have won back the population's support with its harsh campaign (shoot first, ask questions later) against this terrorism. The extremists have by no means been defeated, but were forced overwhelmingly into a defensive position.

The structural power of the Indian democracy does not solve the government's short-term problems, however. The stringent policy of economizing and the temporary complete ban on imports, introduced last year in order to avert the balance of payments crisis, have plunged the country into a recession.

De regering wordt verweten na een hoopvol begin nu verlamd te zijn geraakt. Vorig jaar kondigde de regering aan twee belangrijke dossiers ter hand te zullen nemen. Er zou een 'exit policy' komen (sanering van 'zieke bedrijven', waarbij de overheid voor een sociaal vangnet zou zorgen voor die bedrijven waarbij sluiting onvermijdelijk is) en aanpassing van de 'labour laws'. Maar sindsdien bleef het stil.

Oorverdovend stil, vindt het bedrijfsleven. Kanoria pleit voor een desnoods pragmatische aanpak. 'Als alleen maar werd toegestaan om één procent van de werknemers te ontslaan zou dat al een enorme invloed hebben op het personeel en de vakbonden', zegt hij. 'We want the right to manage', voegt hij er krachtig aan toe.

Kanoria verwijt de politici en de bureaucraten een gebrek aan positieve doelstelling. Hij staat niet alleen. Arun Jain, Harvard econoom, maar aangetrokken door de liberalisering nu weer terug in Delhi als mede eigenaar van de handelsfirma East West omschrijft het als een 'intellectuele corruptie': politici en bureaucraten beseffen heel goed wat er mis is, maar diep in hun hart zijn zij niet bereid te breken met de **self reliance**.

Veel Indiërs klagen dat de democratie een grote handicap is in vergelijking met Aziatische Tijgers als Thailand en vooral China. Daar kan tegen worden ingebracht dat zonder democratie India misschien al zou zijn gedesintegreerd.

In de Sovjet-Unie zijn religieuze, etnische en nationale tegenstellingen zeventig jaar onderdrukt. Toen eenmaal de druk van de ketel ging was er geen houden meer aan. In India is de samenleving minstens zo veelvormig en gecompliceerd, maar opdeling van de unie is geen 'issue' en de democratie staat na vijfenveertig jaar fier overeind. Met al zijn feilen maakte het parlementaire systeem de vele tegenstellingen toch hanteerbaar en bood een uitlaatklep voor frustraties.

Sikhs

De veerkracht van de Indiase democratie bleek recent in Punjab, al sinds het onstaan van India een probleemstaat. Begin dit jaar liepen de lokale verkiezingen in Punjab nog uit op een farce. Belangrijke groeperingen boycotten de verkiezingen en de kiezers bleven massaal weg, uit onvrede met de regering dan wel door de intimidatie en het geweld van extremistische Sikhs. Maar in september waren er weer lange rijen wachtenden voor de stemhokjes. De deelstaatregering in Punjab bleek met zijn harde campagne tegen de terreur (eerst schieten, dan pas vragen stellen) de steun van de bevolking te hebben herwonnen. De extremisten zijn geenszins verslagen, maar wel zwaar in het defensief gedrongen.

De structurele kracht van de Indiase democratie lost de korte-termijnproblemen van de regering echter niet op. De straffe bezuinigingspolitiek en de tijdelijke totale importstop die vorig jaar was ingevoerd om de betalingsbalanscrisis te bezweren hebben het land in een recessie gestort.

Problems never come alone in India. The reform policies have been discredited seriously by the biggest stock exchange scandal in Indian history. The left-wing opposition, but politicians from the Congress party too, cry blue murder: There you go, you see, the people have to bleed for the speculators and the IMF and World Bank, 'the gunboats of the armada of multinationals'.

The government is confronted with an immense public relations problem. How to explain that the recession and the stock exchange scandal are not consequences of the reforms, but legacies from the past?

Cries of despair

However, the Rao government has created sensations before. Ashok Desai, an influential advisor behind the economic policies at the Ministry of Finance refers to the subsidies for artificial fertilizer. For years and years they constituted a vexed question, but at the end of August a bill was passed almost unnoticed in parliament for the pushing back of those subsidies. Desai: 'It is not a matter of getting to the front pages of the newspapers, but of moving ahead while retaining coherence and stability. Things have to mature.'

The increasing verbal noise made by the opposition is viewed by Desai as cries of despair of those who know they put their money on a losing horse. Rao and his confidant the Minister of Finance Manmohan Singh possess decades of government experience and in the course of that period have become deeply aware of what went wrong in India. 'Intellectual change does not start at street level'. Rao and Singh are 'bound to show leadership'. It should be added that the government's position has been reinforced considerably by the disintegration of the Janata Dal Party of former Prime Minister V.P. Singh. Scores of defectors provided Rao with a comfortable majority in parliament for the very first time.

The fact that the middle classes have reached a certain critical mass and television has now penetrated as far as the inner reaches of the country also constitutes a motor behind the changes. A new generation has arisen who learn about Nehru from history textbooks, but whose hearts beat faster at the mention of such names as Sony, Suzuki and Honda. It is understood that the country will have to step up exports in order for its inhabitants to be able to buy those products.

India has been described as a 'caged tiger'. Although the prospects are brighter than ever, it is not very likely that the country will become the latest Asian Tiger. The size and growth of the population alone (over one million every month) give the problems in India a wholly unique dimension. 'India is forever condemned to walking a tightrope', is an often quoted statement made by Prime Minister Rao. Tightrope walkers do not move fast. And for very good reasons, too.

Problemen komen in India nooit alleen. De hervormingspolitiek is ernstig in diskrediet gebracht door het grootste beursschandaal uit de Indiase geschiedenis. De linkse oppositie, maar ook politici in de Congrespartij schreeuwen moord en brand: Zie je wel, het volk moet bloeden voor speculanten en voor het IMF en de Wereldbank, 'de kanonneerboten van de armada van multinationals'.

De regering staat voor een geweldig public-relations probleem. Hoe uit te leggen dat de recessie en het beursschandaal geen gevolgen zijn van de hervormingen, maar erfenissen uit het verleden?

Wanhoopskreten
De regering-Rao heeft echter al vaker voor verrassingen gezorgd. Ashok Desai, invloedrijk adviseur voor het economisch beleid bij het machtige ministerie van Financiën verwijst naar de kunstmestsubsidies. Jarenlang was het een heet hangijzer, maar eind augustus passeerde een wetsvoorstel voor terugdringing van die subsidies tamelijk geruisloos het parlement. Desai: 'Het gaat er niet om de voorpagina's van de krant te halen, maar om voortgang te boeken onder behoud van samenhang en stabiliteit. Dingen moeten rijpen.'

Het toenemende verbale lawaai van de oppositie ziet Desai als wanhoopskreten van hen die weten op het verliezende paard te hebben gewed. Rao en zijn vertrouweling minister Manmohan Singh van Financiën hebben tientallen jaren regeringservaring en zijn in die tijd diep doordrongen geraakt van wat in India is misgegaan. Intellectuele verandering begint niet op straat. Rao en Singh 'are bound to show leadership'.

Daar kan aan worden toegevoegd dat de positie van de regering aanzienlijk is versterkt door het uiteenvallen van de Janata Dal partij van oud-premier V.P. Singh. Tientallen overlopers hebben Rao voor het eerst een comfortabele meerderheid in het parlement bezorgd.

Een motor voor verandering is ook dat de middenklasse een zekere kritische massa bereikt heeft en dat de televisie tot diep in het binnenland is doorgedrongen. Er is een nieuwe generatie opgestaan, die Nehru uit de geschiedenisboeken leert, maar bij wie het hart sneller gaat kloppen bij de namen Sony, Suzuki en Honda. Men begrijpt dat er export moet komen om die produkten te kunnen kopen.

India is wel omschreven als een 'gekooide tijger'. Hoewel de perspectieven gunstiger zijn dan ooit, is het niet waarschijnlijk dat India een nieuwe Aziatische Tijger wordt. Alleen al de omvang van de bevolking en de groei daarvan (meer dan één miljoen per maand) geven de problemen in India een volstrekt unieke dimensie. 'India is voor eeuwig veroordeeld tot koorddansen', luidt een vaak geciteerde uitspraak van premier Rao. Koorddansers lopen niet snel. En daarvoor zijn heel goede redenen.

Diary

Delhi, August 23

Had a pleasant journey. Talked at length with a Dutch development-aid worker in Indonesia now on his way to visit his girlfriend in Madras. He works for a private organization which is for the most part financed by the Ministry for Development Cooperation. I learnt a thing or two from him about the new style of Dutch development cooperation. I gather that you have to drop the words 'women's studies' and 'the environment' frequently if you want to have your project proposals approved by the Ministry.

The first contacts I established in the Netherlands proved to be very useful. Arun Jain, born in India, but who studied at Harvard Business School in the US, has been of incredible assistance. He made two other appointments for me and recommended that I go and talk to the people in the World Bank office at Delhi.

During a good three hours' talk in a vegetarian restaurant it became clear to me that last year's balance of payments crisis was viewed by the business community as a blessing in disguise. Of their own accord politicians and bureaucrats would never have converted to liberalisation.

It is remarkable how the Gandhi dynasty is thought of here. With us 'Gandhi' is still associated with 'integrity', 'just and peace-loving' and with a courage which has to be paid for with one's life. In the Western imagination the dividing line between the Gandhi dynasty and the Mahatma is vague.

Jain called Rajiv Gandhi a man with good intentions, but who was better suited to be a pilot ('some kind of glorified bus driver') than a statesman. A businessman staying at this hotel even characterized the Gandhis as a 'bunch of crooks', particularly Indira Gandhi.

The Gandhis are ultimately held responsible for the loss-making state-owned Molochs. It appears someone once dubbed those 'the temples of modern India'.

August 24

Today I spoke with the head of a legal firm. His story did not add much to what I already heard yesterday. Funniest of all was his rejection of the idea that the Soviet-model would have had such a dominant influence on India. The failure of Indian socialism, in his opinion, can be blamed directly on that darn London School of Economics. 'All our Ministers of Finance studied there.'

Since my arrival I have been buying all newspapers and weeklies I can lay hands on, but already I am in danger of collapsing under their weight. The Indian press is much less internationally oriented and less well layed-out and illustrated, but I find the level of the articles higher than of those in Dutch newspapers. Yet the most remarkable thing to me in today's papers was not an article, but an advertisement of the chairman of the Indian cement industry, as a result of the publication of their annual report. In its kind it is a canvassing pamphlet (against the 'shabby state socialism'). It is time I heard a few couterblasts. A good hour on the phone did not yield anything for today. An appointment with the World Bank is not on the books, everyone is away. I cheer myself up with the thought that I still have a fat World Bank report in my bag which I had a hard time getting hold of, but did not get round to reading so far.

I am getting used to the damp heat astonishingly well. In the beginning it is as if you breathe water, but already I find the airconditioning in the hotel a bigger problem. Coldness appears to be a status symbol, like the hot Mediterranean sun is with us.

A couple of tourists said to me that one had better do without airconditioning altogether as one never gets used to the climate otherwise. That is taking it too far for me. Just when more and more Indians can afford a Suzuki Maruti with airco, they are preaching about the sins of Western technology. But at home they light their fires in winter, too.

Dagboek

Delhi, 23 augustus

Prettige reis gehad. Uitgebreid gesproken met een Nederlandse ontwikkelingswerker voor Indonesië die nu zijn vriendin bezoekt in Madras. Hij werkt voor een particuliere organisatie die voor het grootste deel wordt gefinancierd door het ministerie van Ontwikkelingssamenwerking. Ik heb van hem het een en ander opgestoken over de Nederlandse ontwikkelingshulp nieuwe stijl. Ik begrijp dat je tegenwoordig regelmatig de woorden 'vrouwenstudies' en 'milieu' moet laten vallen als je projecten erdoor wilt krijgen bij het ministerie.

Het eerste contact dat ik in Nederland gelegd had is erg nuttig gebleken. Arun Jain, geboren in India, maar gestudeerd aan de Harvard Busisness School in de VS, is ongelooflijk behulpzaam geweest. Hij heeft twee andere afspraken voor me gemaakt en me aangeraden te gaan praten met de Wereldbankvestiging in Delhi.

Ruim drie uur praten in een vegetarisch restaurant heeft me duidelijk gemaakt dat de betalingsbalanscrisis van vorig jaar door het zakenleven is ervaren als een 'blessing in disguise'. Uit zichzelf zouden de politici en de bureaucraten nooit tot liberalisering zijn overgegaan.

Opvallend is hoe hier over de Gandhi-dynastie gedacht wordt. Bij ons roept 'Gandhi' nog steeds associaties op met integriteit, rechtvaardig en vredelievend, en met moed die met het leven bekocht moet worden. In de westerse beeldvorming is de scheiding tussen de Gandhi-dynastie en de Mahatma vaag.

Jain noemde Rajiv Gandhi een man van goede wil, maar meer geschikt als piloot ('some kind of glorified busdriver') dan als staatsman. Een zakenman hier in het hotel kwalificeerde de Gandhi's zelfs als een 'bunch of crooks', met name Indira Gandhi.

De Gandhi's worden in hoge mate verantwoordelijk geacht voor de verlieslijdende staatsmolochen. Die schijnen ooit 'the temples of modern India' te zijn gedoopt.

24 augustus

Vandaag gesproken met een directeur van een advocatenkantoor. Zijn verhaal voegde niet veel toe aan wat ik gisteren al hoorde. Het grappigst was zijn afwijzing van de idee dat het Sovjet-model zo'n grote invloed zou hebben gehad in India. Het drama van het Indiase socialisme is zijns inziens rechtstreeks te wijten aan 'die verdomde' London School of Economics. 'Daar hebben al onze ministers van Financiën gestudeerd.'

Sinds mijn aankomst koop ik alle kranten en tijdschriften die ik maar te pakken kan krijgen, maar ik dreig er nu al onder te bezwijken. De Indiase pers is veel minder internationaal georiënteerd, en minder goed opgemaakt en geïllustreerd, maar het niveau van de artikelen vind ik hoger dan van die in de Nederlandse kranten.

Toch was het opvallendste in de kranten van vandaag voor mij niet een artikel, maar een advertentie van de voorzitter van de Indiase cementindustrie naar aanleiding van het jaarverslag. In zijn soort is het een wervend pamflet (tegen het 'shabby state socialism'). Het wordt tijd dat ik eens wat tegengeluiden ga horen. Een dik uur telefoneren leverde vandaag niets op. De Wereldbank gaat ook niet lukken, iedereen is weg. Ik troost me met de gedachte dat ik nog een dik Wereldbankrapport in mijn tas heb, dat ik met moeite te pakken heb gekregen, maar nog steeds niet gelezen.

De klamme hitte went wonderwel. In het begin is het alsof je water inademt, maar intussen ervaar ik de airconditioning in het hotel als een groter probleem. Kou is hier kennelijk een statussymbool, zoals de hete zon van de Middellandse Zee dat bij ons is.

Een stel toeristen zei me dat je beter geen airconditioning kan hebben omdat je anders nooit aan het klimaat went. Dat gaat me weer wat ver. Net nu steeds meer Indiërs een Suzuki Maruti met airco kunnen kopen prediken zij de zonden van de westerse technologie. Maar thuis steken ze in de winter toch ook de kachel aan.

August 25

Today was the day of government agencies. There were two interviews at the Ministry of External Relations, and two at the Dutch Embassy. From the first two I have not taken more in than that India has surpassed the West as far as public relations are concerned: much advertising, no new insights. I am in doubt whether I should not cancel the 'interviews' they promised me.

I did come away with a favourable impression of the Dutch Embassy, though. I have had much different experiences with embassies. But the gentlemen I spoke to today were obliging, frank and, it seemed to me, very competent.

August 26

From newspaper boy to millionaire exists here, too. The grandfather of the executive manager of an industrial conglomerate whom I saw today started out with little. His grandsons now employ a total of 28,000 people...

Wandered about in the centre of Old Delhi for about five hours. What an experience! What amazed me most of all is that in spite of all the din, the smells, the litter and the overwhelming masses of people the overall impression is one of a strange calm. A Korean businessman told me he was impressed by Indian civilization. 'You can see in the streets that many people are hungry, yet they do not steal.' What struck me was that there are hardly any women to be seen in the streets. Nobody seemed to be able to provide me with an explanation until someone said that the main streets of Old Delhi is where trade is going on, particularly in gold and silver. Apparently, that does not appeal to women.

August 27

Today I had the background talk about the reorganization of state-owned companies. In spite of all the complaints the way of thinking in bureaucratic circles appears to be changing, at least among top civil servants. Later in the day a high-ranking civil servant in the Ministry of Finance could see me thanks to the mediation of the Ministry of External Relations. Highly informative. For a civil servant he was very political in his utterances. A proper Machiavellist, he strongly reminded me of former Dutch secretary-general Rutten of the Ministry of Economic Affairs.

He himself said that the Ministry had lost considerable influence over the past year because of the liberalisation. 'You could walk straight in. Only last year there were long queues of businessmen waiting on the doorstep every day to beg for favours.

August 28

My last mission in Delhi today, an interview with a socialist professor in the Nehru University. Much rhetoric about the imperialism of multinationals, and that the balance of payments crisis was not a crisis but merely a matter of weak action by the government against tax evasion and capital flight. Although he had his good points, the gist of it was of doubtful credibility. 'Democratic control' and 'ideological commitment of the workers' in order to breathe new life into the state-owned companies have been tried sufficiently in this country, it seems to me.

Talked to a taxi driver, a Sikh, for quite a while today, too. There are many Sikh taxi drivers. I like them, they are straightforward and do not make a fuss about wanting more money all the time. He came into town with me for an hour.

Until recently the taxi business had been 'a good business' he told me, but now things are not so good. In 1984, during the reprisals by Hindus after the murder of Indira Gandhi his house was set on fire. He was lucky, as he came home just in time to get his wife and little son out of the house. He is still very emotional about it. In Delhi alone over 3000 Sikhs were killed in a few days' time, he said. He used to vote for the Congress Party. 'Never again in my life'.

25 augustus

Vandaag stond in het teken van de officiële instanties. Twee gesprekken bij het ministerie van Externe Betrekkingen van India, en twee op de Nederlandse ambassade. Van de eerste twee gesprekken heb ik niet meer opgestoken dan dat op het gebied van public relations India het Westen al helemaal heeft ingehaald: reclame veel, nieuwe inzichten nul. Ik twijfel of ik de door hen beloofde 'interviews' niet moet afzeggen.

Van de andere kant heb ik een goede indruk overgehouden aan de Nederlandse ambassade. Dat is wel eens anders geweest met ambassades. Maar de heren die ik vandaag heb gesproken waren bereidwillig, openhartig en naar mij toeschijnt heel competent.

26 augustus

Van krantenjongen tot miljonair bestaat ook hier. De grootvader van de directeur van een industrieel conglomeraat die ik vandaag sprak was met weinig begonnen. De kleinzonen hebben nu bij elkaar 28.000 mensen in dienst...

Een uur of vijf lang rondgedoold in het centrum van Oud-Delhi. Wat een ervaring! Het meest wonderlijke nog is dat ondanks alle lawaai, alle geuren, alle rotzooi en die verbijsterende mensenmassa het geheel toch zo'n merkwaardige kalmte uitstraalt. Een Koreaan-se zakenman zei me onder de indruk te zijn van de Indiase beschaving. 'Je ziet op straat dat een heleboel mensen honger hebben, maar toch stelen ze niet.'

Wat me opviel is dat er nauwelijks vrouwen te zien zijn op straat. Navraag leverde geen duidelijk antwoord op totdat iemand zei dat de hoofdstraten van Oud-Delhi de plaats is waar de 'zaken' worden gedaan, vooral ook in goud en zilver. Blijkbaar is dat niets voor vrouwen.

27 augustus

Vandaag het achtergrondgesprek gehad over de sanering van de staatsbedrijven. Ondanks alle klachten lijkt toch ook het denken in de bureaucratie te veranderen, in ieder geval bij de ambtelijke top.

Later op de dag kon ik via bemiddeling van het ministerie van Externe Betrekkingen terecht bij een hoge ambtenaar van Financiën. Bijzonder informatief. Voor een ambtenaar was hij zeer politiek in zijn uitspraken. Een echte machiavellist. Hij deed me sterk denken aan oud secretaris-generaal Rutten van Econo-mische Zaken.

Zelf zegt hij dat het ministerie door de liberalisering het laatste jaar enorm aan macht heeft verloren. 'U wandelde hier zo naar binnen. Vorig jaar stonden er elke dag nog rijen wachtende zakenmensen op de stoep die om gunsten kwamen bedelen.'

28 augustus

Vandaag mijn laatste missie in Delhi gehad, een gesprek met een socialistische professor op de Nehru Universteit. Veel retoriek over het imperialisme van multinationals, en dat de betalingsbalanscrisis geen crisis was maar puur een kwestie van slapte van de overheid tegen belastingontduiking en kapitaalvlucht.

Hoewel hij ook goede punten had, was het geheel toch van een twijfelachtige geloofwaardigheid. 'Democratic control' en 'ideological commitment of the workers' om de staatsbedrijven weer nieuw leven in te blazen lijken me voldoende beproefd in dit land.

Vandaag ook een hele tijd gesproken met een taxichauffeur, een Sikh. Er zijn veel Sikh-taxichauffeurs. Ik mag ze wel, ze zijn recht door zee en zeuren veel minder om meer geld. Hij is een uur mee de stad in geweest.

Tot voor kort was het taxibedrijf 'a good business' vertelde hij, maar nu gaat het minder. In 1984 bij de wraakacties van de Hindoes na de moord op Indira Gandhi werd zijn huis in brand gestoken. Hij had nog geluk, want hij kwam net op tijd thuis om zijn vrouw en zijn zoontje uit het huis te halen. Hij is daar nog steeds erg emotionee! over. Alleen al in Delhi zijn er in een paar dagen meer dan drieduizend Sikhs vermoord, zei hij. Hij stemde altijd voor de Congrespartij. 'Nooit meer.'

71

Bombay, September 8

Spent over a week by way of holiday. This, too, tells one a lot about a country. In Jaipur I spent a couple of days with a stenographer, a Brahman. He showed me his favourite temples and told me all about the Hindu faith. I had done some reading before I came, but it made my head spin all the same, all those gods. On the other hand: when I tried to explain the differences between catholicism and protestantism to him, his eyes started to wander about frequently, too. My visit to a development-aid project could not be managed as I badly underestimated travelling times here. The intercity from Jaipur to Udaipur did an average of less than fourty kilometres an hour. Still, it was a High Speed Train compared to the bus journey from Udaipur to Bombay. The bus journey, I had been promised, would take fifteen hours, which was five hours faster than on the train. In the end it took almost thirty. Hours of waiting in the pouring rain (coming in throught the windows) because of traffic jams and several road acidents. The main thoroughfare between Delhi and Bombay has one lane in each direction and is full of pot-holes, herds of water buffaloes and holy cows. The bus broke down twice (and of course, no spare tyre, so it meant hours of patching).

Talked at length to a stranded lorry-driver, who hitched a lift on the bus to Bombay. The distance between Delhi and Bombay is less than 1,500 kilometres, but it takes four full days of driving. His earnings are 800 rupees per month, some 50 guilders. For people who have to be both mechanic and stunt man to keep the Indian cities alive it does not seem a penny too many. Lorry-drivers are the heroes of India!

Tomorrow two final interviews scheduled at the ABN AMRO Bank and Hindustan Lever, and then just a few more days in Bombay. Have not been ill, but did drink at least a hundred litres of water and lost six kilogrammes.

Objective

A Dutch financial paper is all too easily expected to write a commentary about economic liberalisation in India from the point of view of the opportunities and risks for Dutch companies wanting to invest in India.

Although such a commentary is no doubt valuable and not very difficult to conceive, it did not strike me as a good idea. Until recently I knew next to nothing about India. The risk that it would result in either a jubilant or a plaintive story about 'Investing in India' would be very real. A story along those lines is very hard to evaluate because one is not familiar with the social and cultural environment in which businesses have to operate in India.

I chose — with all the risks that it ensues — for a rather more holistic approach. What is going on in India, what are the social, political and economic fields of influence and how lasting are the changes which are being introduced? This type of story is not only more interesting to myself and the general reader, but in the end also to the commercially-minded. Het Financieele Dagblad is not a business weekly but a daily paper distinguishing itself by putting a stronger emphasis on economics and finance.

My preparations were of a very general nature. I started out at the end of July by visiting a scholar with a profound knowledge of the Hindu religion and was given lots of literature. Hence I found my way to

Bombay, 8 september

Een dikke week er tussenuit geweest voor vakantie. Ook dat leert het een en ander over een land. In Jaipur een paar dagen opgetrokken met een stenograaf, een Brahmaan. Hij heeft me meegenomen naar zijn favoriete tempels en honderduit verteld over de Hindoe-religie. Ik had van tevoren wel het een en ander gelezen, maar toch duizelde het behoorlijk, al die goden. Van de andere kant: toen ik hem het verschil tussen katholicisme en protestantisme uitlegde, gingen zijn ogen ook regelmatig dwalen.

Het bezoek aan een ontwikkelingsproject is niet doorgegaan, want ik heb me geweldig verkeken op de reistijden hier. De sneltrein van Jaipur naar Udaipur haalde een gemiddelde van nog geen veertig kilometer per uur.

Dat was nog een TGV vergeleken vergeleken met de busreis van Udaipur naar Bombay. De bus, zo was me beloofd, zou er vijftien uur over doen, vijf uur sneller dan de trein. Het werden er bijna dertig. Uren wachten in de stromende regen (die gewoon naar binnen komt) vanwege files en diverse ongelukken. De verkeersader tussen Delhi en Bombay heeft slechts een rijbaan aan weerskanten en is vol kuilen, kuddes waterbuffels en heilige koeien. De bus kreeg tweemaal pech (natuurlijk geen reservewiel, dus uren banden lappen).

Uren gepraat met een gestrande vrachtwagenchauffeur, die met de bus meeliftte naar Bombay. Delhi-Bombay is minder dan vijftienhonderd kilometer, maar het is vier volle dagen rijden. Hij verdient achthonderd rupees per maand, een kleine vijftig gulden. Voor mensen die monteur en stuntman tegelijk moeten zijn om de Indiase steden in leven te houden lijkt me dat niets teveel. De vrachtwagenchauffeurs zijn de helden van India!

Morgen nog twee gesprekken bij de ABN AMRO Bank en bij Hindustan Lever en dan nog een paar dagen Bombay. Niet ziek geweest, wel minstens honderd liter water gedronken en zes kilo afgevallen.

Verantwoording

Van een Nederlandse financiële krant wordt al gauw verwacht dat een reportage over de economische liberalisering in India zal handelen over kansen en risico's voor Nederlandse bedrijven bij investeren in India.

Hoewel zo'n verhaal ongetwijfeld nuttig is en tamelijk eenvoudig op te zetten, leek me dat geen goed idee. Tot voor kort wist ik bijna niets van India. Het gevaar is levensgroot dat er een juich- of juist een klaagverhaal uitkomt over 'investeren in India', maar dat je het zelf heel moeilijk kunt inschatten omdat je de maatschappelijke en culturele verhoudingen niet kent waarin bedrijven moeten werken.

Ik heb – met alle risico's van dien – gekozen voor een meer 'holistische' benadering. Wat is er in India aan de hand, wat zijn de maatschappelijke, politieke en economische krachtsverhoudingen en hoe bestendig zijn de ingezette veranderingen? Zo'n verhaal is niet alleen interessanter voor mijzelf en voor de algemene lezer, maar uiteindelijk ook voor zakelijk geïnteresseerden. Het Financieele Dagblad is geen business magazine, maar een dagblad dat zich van andere kranten onderscheidt door grotere nadruk op economie en financiën.

Mijn voorbereiding is een heel algemene geweest. Ik ben eind juli begonnen met een bezoek aan een wetenschapper die veel van de Hindoe-religie weet en van wie ik veel literatuur heb gekregen. Van daaruit kwam ik te-

a developmental economist in Leyden who had worked and studied in India for a prolonged period of time. Apart from supplying me with more literature, he also gave me several telephone numbers of professors of economics.

Particularly useful, too, were interviews with the head of the South East Asia Office of the Ministry of Foreign Affairs and the Indian embassy in the Netherlands. On the basis of my visit to the latter I wrote an article together with a colleague even before my departure, our consideration being chiefly that we became convinced of the earnestness with which India wants to bring foreign companies into the country. This was valuable information in itself. Our readers are sufficiently intelligent to be able to see through the advertising element in the words of the embassy.

I myself made four appointments from the Netherlands. Two were with Dutch companies (ABN AMRO and Hindustan Lever, a Unilever daughter). Even if the intention was not primarily to write about Dutch economic and industrial activities in India, that does not not mean that Dutch companies operating on an international scale do not provide a good introduction for a journalist from het Financieele Dagblad. Both companies have been of great assistance.

The other two appointments were with the Dutch embassy in New Delhi and with an Indian business-man, whose address was given to me by a former Dutch fellow student of his at Harvard University. The value of this contact, it seemed to me, was mainly that he had lived in both worlds and would therefore be capable of switching between the Indian culture and ours. I was not disappointed. Before I went I was warned that making appointments in India is a troublesome and time-consuming business, and that they often fall through. I now have to speak out strongly against this. In India one has fairly easy access wherever one goes as a journalist and people are quite punctual.

The organizers asked us which 'ideological choices' we made. I do not know how to address that question. At Het Financieele Dagblad, we try and report, to the best of our knowledge, on matters and developments which in our opinion are of importance to the Dutch economy and Dutch trade and industry. In the case of India our approach has not been essentially different.

Finally: the interesting thing about journalism is that one chances upon unexpected matters. I was told at the Dutch embassy in Delhi that 'to their utter amazement' DSM did not show any interest in India whatsoever, but the next day I spoke to someone from an Indian company which had established contact with no other than DSM. And there are more examples. Synthetic fibres manufacturer Wavin appears to be in troubled waters in India, which will result in an interesting story about how naivity can get punished. More articles written in co-operation with colleagues from the editorial staffs of enterprises and branches of industry and that of foreign affairs will surely follow.

recht bij een ontwikkelingseconoom in Leiden, die lang in India heeft gewerkt en gestudeerd. Van hem kreeg ik behalve literatuur ook een aantal telefoonnummers van economische hoogleraren.

Bijzonder nuttig waren ook gesprekken met het hoofd van het bureau Zuidoost-Azie van het ministerie van Buitenlandse Zaken en met de Indiase ambassade in Nederland. Van dat laatste bezoek heb ik nog vóór mijn vertrek samen met een collega een artikel gemaakt. De overweging was vooral dat we overtuigd raakten van de ernst waarmee India buitenlandse bedrijven binnen wil halen. Dat is op zichzelf al belangrijke informatie. Onze lezers zijn verstandig genoeg om door het advertentie-element in de woorden van de ambassade heen te kijken.

Zelf heb ik vanuit Nederland vier afspraken gemaakt. Twee daarvan waren bij Nederlandse bedrijven (ABN AMRO en Hindustan Lever, dochter van Unilever). Dat het niet primair de bedoeling was over het Nederlandse bedrijfsleven te schrijven laat onverlet dat internationaal opererende Nederlandse ondernemingen een goede ingang zijn voor een journalist van het Financieele Dagblad. Beide bedrijven hebben me geweldig geholpen.

De twee andere afspraken waren bij de Nederlandse ambassade in Delhi en één met een Indiase zakenman, waarvan ik het adres heb gekregen via een voormalige Nederlandse studiegenoot op de Harvard University. De waarde van dat contact leek mij vooral dat hij in twee werelden heeft geleefd en dus goed kan 'schakelen' tussen de Indiase cultuur en de onze. Ik ben niet teleurgesteld. Van tevoren was ik gewaarschuwd dat afspraken maken in India moeizaam is, veel tijd kost en dat afspraken vaak niet doorgaan. Ik moet dat nu krachtig bestrijden. In India kom je vrij gemakkelijk overal binnen als journalist en men is behoorlijk stipt.

Door de organisatoren is gevraagd welke 'ideologische keuzen' zijn gemaakt. Ik kan met die vraag niet uit de voeten. Wij proberen zo goed mogelijk verslag te doen van zaken en ontwikkelingen die volgens onze waarneming van belang zijn voor de Nederlandse economie en het Nederlandse bedrijfsleven. In het geval van India is de benadering niet wezenlijk anders geweest.

Tenslotte: het aardige van journalistiek is dat je onverwacht op dingen stuit. Op de Nederlandse ambassade in Delhi kreeg ik te horen dat tot 'hun stomme verbazing' DSM het geheel laat afweten in India, maar de volgende dag sprak ik met een Indiaas bedrijf dat uitgerekend contact had gelegd met DSM. En zo zijn er meer voorbeelden. Kunststoffenfabrikant Wavin blijkt in problemen te zitten in India en dat levert nog een aardig verhaal op over hoe naïviteit kan worden gestraft. Er zullen in samenwerking met collega's van de redactiegroepen ondernemingen en bedrijfstakken en buitenland nog wel meer artikelen volgen.

Changes are taking place but slowly
Subir Roy

The decision to liberalize the rules governing foreign investment by Indians marks one more small but definite step in the long process of economic liberalisation that has been initiated since July last year. The decision also provides a good case study to illustrate what the process has achieved and what it has not.

Let us first take the time sequence. The decision to form the board of trade committee to recommend a new regulatory framework for the purpose was announced by the new regulatory minister, Mr P. Chidambaram in September 1991. The committee took three months to submit its report and then the government deliberated over the new policy for nine months to finally announce it in October.

If we remember that the desire to bring about these changes was always there (that is, no powerful lobby was resisting these changes) then we get a measure of the inertia built into the system.

The next point to note is what has actually been achieved. In terms of what existed earlier, the change has been significant indeed. Earlier, the Indian promoter of such a venture would have had to seek the government's inter-ministerial committee's approval irrespective of how small the proposed investment was and investment normally would only be allowed in the form of plant and machinery. Particularly difficult were situations in which a promoter, in order to bail out his company from a temporary cash crunch, had to pump in some more cash.

Today, according to the new rules, the subscription to a rights issue, the usual device by which a promoter puts in more of his own cash, will enjoy the same kind of automatic passage as would a new venture, once every three years. Further, cash remittance up to 500,000 dollars and total investment upto two million dollar will be allowed 'automatically'.

But there is a catch in the word 'automatically'. The automatic clearance will actually take up to thirty days. If something is to be sanctioned automatically where is the need to sanction it at all? Why not ask investors to simply file a declaration giving all the requisite facts and go ahead? The government, on going through those declarations later, could pull up those who have not fulfilled all the rules. As it is a case of sending hard currency out of the country, and such money, once remitted, may be difficult to recover, the government, if it were serious about automatic approval, could agree to sanction proposals in 48 hours.

What all this means is that automatic is not really fully automatic but the chances of a proposal, correctly made out, being accepted, are much brighter. There will be a lot of time for many to examine the documentation and find inadequacies. Quite obviously, there is a concerted attempt by the bureaucracy to retain as much of the paperwork as possible so that

Veranderingen vinden heel langzaam plaats

Subir Roy

Het besluit om de regelgeving rond de buitenlandse investeringen van Indiërs te liberaliseren is een volgende kleine maar zekere stap in het lange proces van economische liberalisering die vorig jaar juli in India werd geïntroduceerd. De beslissing biedt ook een interessante casusstudie ter illustratie van wat het proces tot dusverre heeft bereikt en wat niet.

Het besluit om een commissie te vormen binnen het ministerie van Handel om te adviseren over een nieuw kader voor het doel werd in september 1991 aangekondigd door de toenmalige staatssecretaris van de handel, Mr. P. Chidambaram. De commissie deed er drie maanden over om haar rapport uit te brengen en vervolgens beraadde de regering zich negen maanden lang over het nieuwe beleid, om het tenslotte in oktober aan te kondigen.

Als we bedenken dat de wens om deze veranderingen tot stand te brengen er altijd al geweest is (dat wil zeggen, er bestond geen machtige lobby die zich tegen deze veranderingen keerde), dan krijgen we een indruk van de traagheid die in het systeem zit ingebakken.

Het volgende aandachtspunt is wat er daadwerkelijk bereikt is. Voorheen had de Indiase investeerder bij een dergelijke onderneming zich voor toestemming moeten wenden tot een interdepartementale commissie van de regering en gewoonlijk werden alleen investeringen in fabriek en machinepark toegestaan. Lastig waren situaties waarin een investeerder om zijn bedrijf uit een tijdelijk financiële impasse te redden er geld in moest pompen.

Volgens de nieuwe regels wordt de intekening voor een kwestie waarop men aanspraak maakt, de gebruikelijke truc waardoor een investeerder meer eigen geld in zijn bedrijf kan stoppen, op dezelfde manier automatisch ingewilligd als iedere nieuwe investering, dat wil zeggen eens in de drie jaar. Verder zijn een kastransactie tot een bedrag van 500.000 dollar en een totale investering tot een bedrag van 2 miljoen dollar 'automatisch' toegestaan.

Er zit echter een addertje onder het gras bij het woord 'automatisch'. Het automatische fiat duurt namelijk zo'n dertig dagen. Als iets automatisch goedgekeurd wordt waarom moet het dan überhaupt nog officieel goedgekeurd worden? Waarom de investeerders niet gevraagd schriftelijk aanvraag te doen met vermelding van alle vereiste gegevens zodat ze hun gang kunnen gaan? De regering zou dan later bij het nalopen van alle aanvragen diegene eruit kunnen halen die niet aan alle eisen voldoen. Omdat het gaat om het exporteren van harde valuta, en dergelijke deviezen wanneer ze eenmaal verzilverd zijn wellicht moeilijk terug te halen zijn, zou de regering als het automatische fiat haar ernst was ermee akkoord kunnen gaan om die voorstellen binnen 48 uur goed te keuren.

Dit houdt in dat automatisch niet geheel en al automatisch betekent, maar dat de kansen die een voorstel maakt wel veel rooskleuriger zijn. Veel mensen hebben zeeën van tijd om de relevante papieren te controleren en onjustheden op te sporen. Er is duidelijk sprake van een geza-

there cannot be a demand for cutting jobs as paper work has gone down. The idea is that approvals will be given, but a whole army of officials should still be allowed to go through the pretence of scrutinizing applications and then sanctioning them in order to justify their existence.

In sum, changes are taking place but slowly. On the face of it they may not be much but in comparison to what the situation was before, the changes represent a significant move foreward. However, one area where absolutely no change has taken place, is in reduction of government jobs. Unless a beginning is made in this, the government cannot seriously get down to reducing its deficit in a healthy way. Currently the fiscal deficit is being reduced by cutting down on public sector investment, particularly in the area of social infrastructure. This is most unhealthy. What is needed is to curb non-development expenditure so that the current practice of financing consumption expenditure from the nation's savings is ended.

The main reason why no attempt has so far been made to reduce government jobs is because a safety net for the unemployed is yet to be created. This is a key part of the economic reforms and tied to it is the whole set of proposals intended to make it easier for businessmen to shut down unprofitable ventures.

The 'exit policy', as it has come to be called, cannot be initiated unless there is some manner of social security and retraining facilities for those who have been rendered jobless. The reforms undertaken in the field of industrial policy so far have mainly made it easier for promoters to start new ventures. But the reallocation of resources from sunset to sunrise industries cannot take place unless it becomes easier to close down a business.

The announcement of a new policy for foreign investment by Indians has also been accompanied by a further liberalisation of trade policy through what is effectively a further pruning of the 'negative' list of imports. One of the strongest features of the liberalisation process has been the changes in the field of trade. The process that began with a drastic pruning down of the system of import licensing has led to a partial floating of the rupee and is now heading for a near-total abolition of physical import controls.

The partial floating of the exchange rate for the rupee has improved the attractiveness of the official channel for Indian workers abroad seeking to send money home. This, coupled with the decision to allow import of gold against hard currency by Indians returning home, has drastically reduced the unofficial transactions in the rupee. This has given the partially floating rupee a steady value and paved the way for further gradual reduction in exchange control regulations. The simultaneous decision to allow institutional investment through the stock exchanges on a repatriable basis (they can take money in or out) has also removed some of the controls on capital transfers.

menlijke inspanning van bureaucratische zijde om zoveel mogelijk papierwerk in stand te houden, zodat er niet op banen bezuinigd hoeft te worden. De bedoeling is dat er toestemming wordt verleend, maar een leger van ambtenaren moet in staat blijven gesteld te doen alsof de aanvragen scrupuleus in behandeling worden genomen, zodat hun bestaansrecht bewezen is.

Kortom, veranderingen vinden heel langzaam plaats. Oppervlakkig bezien stellen ze misschien niet veel voor, maar vergeleken met hoe de situatie hiervoor was vertegenwoordigen ze een grote stap voorwaarts. Een gebied waarop echter nog absoluut geen veranderingen zichtbaar zijn, is het saneren van overheidsbanen. Tenzij hiermee een begin wordt gemaakt kan de regering niet serieus haar tekorten op een gezonde manier wegwerken. Op dit moment is het fiscale tekort teruggedrongen door bezuinigingen op de investeringen in de publieke sector, met name op het vlak van de maatschappelijke infrastructuur. Dat is een ongezonde maatregel. De uitgaven die niet op ontwikkeling gericht zijn, moeten omgebogen worden zodat er een eind komt aan de huidige praktijk de uitgaven aan consumptie te financieren uit de spaartegoeden van het land.

De belangrijkste reden waarom er tot dusverre geen pogingen zijn ondernomen om in het aantal overheidsbanen te snijden is dat er nog geen vangnet in het leven is geroepen voor degenen die hun baan kwijtraken. Dit is een pijler van de economische hervormingen, en daarmee hangt een hele serie voorstellen samen met het doel het de zakenman makkelijker te maken om te stoppen met niet-winstgevende ondernemingen. De 'exit policy', zoals hij wordt genoemd, kan niet van kracht worden tenzij er een aantal sociale voorzieningen en omscholingsmogelijkheden zijn gecreëerd voor werklozen. De hervormingen op het gebied van het ondernemingenbeleid hebben het tot nog toe vooral investeerders makkelijker gemaakt nieuwe bedrijven op te zetten. Maar de herverdeling van middelen van kwijnende naar opkomende bedrijven kan geen doorgang vinden tenzij het makkelijker wordt een bedrijf te sluiten.

De aankondiging van nieuw beleid ten aanzien van buitenlandse investeringen door Indiërs gaat tevens vergezeld van een verdere liberalisering van de handelspolitiek via een verdergaand snoeien in de 'negatieve' lijst voor importgoederen. Een van de sterkste punten van het liberaliseringsproces zijn de veranderingen op handelsgebied. Het proces, dat begon met een drastisch snoeien in het stelsel van importlicenties, heeft geleid tot een gedeeltelijk zweven van de rupee en stevent nu af op een bijna totale fysieke importbeheersing.

Het gedeeltelijke zweven van de wisselkoers van de rupee heeft de aantrekkelijkheid verbeterd van het officiële kanaal waarlangs Indiërs die in het buitenland werken geld naar huis sturen. Dit, gekoppeld aan de beslissing om de invoer van goud tegen harde valuta toe te staan aan Indiërs die naar huis terugkeren, heeft de officieuze rupeetransacties drastisch gereduceerd. Het heeft de gedeeltelijk zwevende rupee een vaste waarde gegeven en de weg vrij gemaakt voor verdere geleidelijke terugdringing van de regelgeving rond de beheersing van de wisselkoers. De gelijktijdige beslissing institutionele belegging op de beurzen toe te staan op

The finance minister has just announced that he will consider making the rupee fully convertible once he has inflation and the fiscal deficit under control. Inflation, currently running at over nine per cent, is expected to come down to eight per cent by the end of the fiscal year and, according to current reckoning, there is no serious danger of the fiscal deficit overshooting the five per cent of GDP level stipulated to the IMF in the structural adjustment programme. The government is also scheduled to bring down the import duty rates in the next and subsequent budgets.

Thus significant steps have been taken in the field of external liberalisation so that the isolation of the Indian economy from the rest of the world will be substantially reduced. In this situation, for the Indian economy to survive and compete effectively with the rest of the world in promoting its experts, it has to be cost competitive. But the exports scenario is quite depressing. In the first five months of the current financial year (April - August), exports in US dollar terms have risen by only 4.6 per cent. The trade figures for the latest month available, August, are encouraging (exports have risen by 15.9 per cent) but this is by no means a confirmed trend.

In fact, considering the size of India's external debt and the new IMF borrowings now being undertaken, India will be heading for another payments crisis around 1994 when repayment for the IMF accommodation begins. Even a 15 per cent dollar export growth rate may not be enough for that. Fears have all along been expressed that external liberalisation should not be allowed to run far ahead of internal liberalisation. And as a result of this, the internal liberalisation process is being subjected to a fresh look to see whether it is not lagging behind.

One serious setback to the process of internal liberalisation has been the securities market scandal that has riveted the attention of the country since late April and has now turned into a political issue which can seriously hamper the initially involved stock brokers and banks, has now engulfed several leading public sector companies, with the ministers responsible for them being dragged into the controversies.

The unravelling of the scam so far has highlighted the manner in which huge funds collected by public sector monopolies from the public for investment have been placed with banks to fetch high earnings. These in turn have found their way into the stock markets to fuel an unprecedented and untenable boom in share prices. This is seen as a collapse of the entire credit policy of the Reserve Bank of India and a direct result of the removal of traditional controls as a result of the liberalisation process.

The crucial permission by the department of public enterprises to public sector units in January to place their deposits wherever they pleased seems to have opened the floodgates.

basis van repatrieerbaarheid (ze kunnen geld het land in brengen en vice versa) betekende bovendien dat een aantal van de beperkingen op kapitaaltransacties werd opgeheven.

De minister van Financiën heeft aangekondigd dat hij overweegt de rupee volledig vrij converteerbaar te maken zodra hij de inflatie en het fiscale tekort onder controle heeft. Men verwacht dat de inflatie, die op het moment ruim negen procent bedraagt, zal dalen naar acht procent aan het eind van het fiscale jaar, en volgens de huidige berekening is de kans klein dat het fiscale tekort boven de vijf procent van het BNP-niveau uit zal komen. De regering heeft ook toegezegd de invoerrechten te zullen verlagen in de eerst– en de daaropvolgende begroting

Zo zijn er belangrijke stappen gezet op het vlak van de externe liberalisering, zodat het isolement van de Indiase economie ten opzichte van de rest van de wereld aanzienlijk zal afnemen. In de gegeven omstandigheden moet de Indiase economie wel rendabel zijn om te overleven en doelmatig met de rest van de wereld te concurreren door zijn experts te promoten. Maar het exportscenario geeft een deprimerend beeld te zien. Gedurende de eerste vijf maanden van het huidige belastingjaar (april tot augustus) is de export, in Amerikaanse dollars, uitgedrukt slechts 4,6 procent gestegen. De laatste cijfers voor de handel, die voor de maand augustus, zijn weliswaar bemoedigend (de export is met 15,9 procent gestegen), maar dat is nog geenszins een trend die doorzet.

Gezien de omvang van India's buitenlandse schuldenlast en de nieuwe leningen van het IMF die op het ogenblik gesloten worden, gaat India een volgende betalingscrisis tegemoet, zo rond 1994 als de betalingen voor de IMF-leningen beginnen. Zelfs een exportgroei van 15 procent is daarvoor wellicht niet genoeg. Continu werd ervoor gewaarschuwd dat de externe liberalisering de interne niet veel zou mogen ontlopen. Het gevolg is dat het interne liberaliseringsproces met nieuwe ogen wordt bekeken om te zien of die niet teveel achterop komt.

Een ernstige tegenslag voor het proces van interne liberalisering was het schandaal van de aandelenbeurs afgelopen april een flinke streep door het toekomstig functioneren van de regering zou kunnen zetten. Het schandaal dat aanvankelijk betrekking had op aandelenmakelaars en banken, heeft nu verschillende toonaangevende bedrijven uit de publieke sector meegesleurd en trekt de verantwoordelijke ministers mee in de controverses.

Het ontrafelen van de zwendel heeft tot dusverre licht geworpen op de manier waarop enorme sommen geld, die door bedrijven met een monopoliepositie in de collectieve sector van het volk zijn geïnd om ermee te investeren, bij banken zijn ondergebracht om hoge opbrengsten op te leveren. Die hebben op hun beurt de weg naar de beurzen weten te vinden om een ongekende en onhoudbare hausse in aandelenprijzen aan te wakkeren. Dit wordt beschouwd als de ineenstorting van het hele kredietbeleid van de Reserve Bank of India, en tevens als een direct gevolg van het opheffen van traditionele beperkingen dankzij het liberaliseringsproces.

De beslissende toestemming van het departement van staatsondernemingen aan eenheden in de collectieve sector in januari om hun tegoeden onder te mogen brengen waar ze maar wil-

Instead of the economy's savings going into productive investment, they landed up in the stock market fuelling an artificial boom unjustified by the expected earning levels of the corporate sector.

As a result of the scandal in the financial sector, the central bank, which is supposed to initiate much needed financial sector reforms, has been rendered paralysed. The scandal revealed severe institutional defects like the absence of a secondary market for government bonds and units of mutual funds. Also notably absent is the physical mechanism of a modern securities market for these instruments by way of a trading and settlement system and a depository. All these lacunae have been highlighted by the Nadkarni committee which was appointed by RBI itself but the latter is unable to take any decision on the recommendations of the committee which will set right the system.

The one redeeming feature of an otherwise gloomy financial sector is that significant steps have been taken in the field of investor protection and reform of the stock market through the creation of the Securities and Exchange Board of India. Another key economic reform, abolition of the office of controller of capital issues, has unleashed enormous investment energies in the corporate sector. As a result, most established medium and large size companies are raising funds from the market in an attempt to lower their debt and also undertake expansion and diversification projects.

The confidence with which companies are raising funds is a commentary in the liberalisation that has taken place in the fields of industrial licensing and capital goods imports. Unless companies were now virtually free to produce what they wanted and were confident that they would be able to import the plant and machinery needed to produce the goods, they would not have gone in for new capital.

The optimism displayed by industrial investments is, however, not borne out by the industrial growth rate which is still in the grip of the stagflation that has marked the first year of the structural adjustment programme. The good part of the adjustment undertaken so far is the curbing of the government's fiscal deficit and the apparent control that has been achieved over the rate of inflation. But the negative part of the adjustment programme so far is that the victory over inflation is by no means definitely achieved and the economy continues to hover at a very low growth level.

One area in which nothing has been done so far is reform in the spheres of excise duty and customs duty. The last budget made a beginning in restructuring the personal income tax system. The excise duty structure needs to be reformed further to implement a proper value added tax system and the customs duty structure needs to be reformed to encourage value addition at home. Therefore the future of India's economic reforms hinges on what further measures are introduced in the next budget to be presented early next year.

den lijkt de sluizen opengezet te hebben. In plaats dat de spaargelden van de economie als investering produktief werden gemaakt, belandden ze op de beurs en wakkerden daar een kunstmatige hausse aan die niet gerechtvaardigd werd door de verwachte inkomensniveaus van de collectieve sector. Het schandaal onthulde ernstige institutionele tekortkomingen, zoals het ontbreken van een secundaire markt voor staatsobligaties en beleggingsmaatschappijen. Wat ook schittert door afwezigheid is het fysieke mechanisme van een moderne effectenmarkt voor deze instrumenten via een handels-en afrekeningssysteem en een depositaris. Op al deze lacunes is de aandacht gevestigd door de commissie-Nadkarni, die in het leven werd geroepen door de RBI zelf. Maar de RBI is niet in staat besluiten te nemen op de aanbevelingen van de commissie die orde op zaken stelt in het systeem.

De enige verzachtende omstandigheid van een voor het overige weinig hoopgevende financiële sector is dat er een belangrijke vooruitgang is geboekt op het gebied van bescherming van de investeerder en de hervorming van de effectenbeurs door het oprichten van de Securities and Exchange Board of India. Een andere gevolgrijke economische hervorming, namelijk de afschaffing van de functie van controleur van aandelenemissies, heeft een enorme investeringsdrift in de collectieve sector ontketend. Daardoor zijn de meeste grote en middelgrote bedrijven geld van de markt aan het verzamelen in een poging hun schulden omlaag te brengen en tevens aan uitbreiding en belangenspreiding te doen.

Het vertrouwen waarmee bedrijven geld bijeen brengen zegt iets over de liberalisering die plaats heeft gevonden op de terreinen van bedrijfsvergunningen en de import van kapitaalgoederen. Als bedrijven nu niet praktisch de vrije hand hadden om te produceren wat ze wilden en er geen vertrouwen in hadden dat ze de fabriek en het machinepark konden invoeren nodig om goederen te produceren, waren ze nu niet op zoek naar nieuw kapitaal.

Het optimisme dat zich laat aflezen uit die investeringen door het bedrijfsleven wordt niet gestaafd door het tempo van industriële groei, dat nog in de greep is van de stagflatie die het eerste jaar van het structurele aanpassingsprogramma kenmerkte. De positieve kanten van de aanpassingen tot nu toe is dat de regering het fiscale tekort heeft omgebogen en het tempo van de inflatie onder controle lijkt te hebben. Maar de negatieve kanten ervan zijn dat de overwinning op de inflatie geenszins voorgoed beslecht is en dat de economie nog altijd op een zeer laag groeipeil schommelt.

Een terrein waarop nog niets is gebeurd is hervorming in de sfeer van accijnzen en invoerrechten. De laatste begroting maakte een begin met een herstructurering van het inkomstenbelastingenstelsel. De accijnzenstelsel behoeft nog verdere hervorming om een goed BTW-systeem te verwezenlijken, en het stelsel van invoerrechten behoeft hervorming om de binnenlandse belasting op toegevoegde waarde aan te moedigen. De toekomst van India's economische hervormingen staat of valt dan ook bij de maatregelen die in de volgende begroting gepresenteerd zullen worden, begin volgend jaar.

The silent but radical revolution in India
Rita van Veen

The atmosphere in the over-furnished room in the Indian parliamentary building is stuffy. The whirring fans fail to bring any coolness. On the remarkably empty desk there is a telephone on a felt mat, kept close watch over by a civil servant who turns out to be the third secretary of the 'parliamentary committee for the privatization of state-owned companies'. He is worried about his job. And not without reason.

Since the Indian prime minister P.V. Narasimha Rao announced in July last year that the Indian economy should undergo drastic reforms, the seventy-one year old, who looks as if he will not last until the end of the week, has earned much praise and respect. But he has also caused some commotion in the immense Indian government apparatus.

His plans, which passed the House of the People, the Indian House of Commons, with flying colours early this year, have already been termed the most radical economic reforms in Indian history since the country declared itself independent in 1947, a revolution even. And some Indian entrepreneurs hope and expect that the country will in the future be able to join the ranks of the 'tigers', which have made huge economic progress in East Asia.

Rao's plans (and those of his Minister of Finance Manmohan Singh) are revolutionary in that India breaks with its past of a centrally controlled economy, for which the government made five-year plans to be executed by state-owned and private companies, which the latter experienced increasingly as a straitjacket. In addition, India, according to the philosophy of its first prime minister, Jahawarlal Nehru, was to develop under its own steam and by means of its own resources, with a minimum of foreign intervention. Foreign investments were allowed in driblets, and the country tried to protect its home market to the utmost. The ideal was to 'turn India into a thriving industrial nation, in which ultimately all Indians would lead a decent existence.'

This ideal turned out to be a dream. To date about 350 million of the total population of 850 million Indians live below the poverty line. As in so many planned economies, the Indian economy lacked the necessary efficiency. The apparatus of government came apart at the seams; tens of thousands of civil servants may have a job, but no actual work to do. State-owned companies, unhampered by competition, became top-heavy, swallowed thousands of millions of public funds and were kept alive artificially by the government in order to preserve jobs. India incurred huge debts, which last year totalled about 140 thousand million guilders. Without outside help the burden of debt could no longer be managed. During the Gulf crisis the incomes of tens of thousands of migrant workers in the Gulf States did not only fall away, but, penniless,

De stille maar radicale omwenteling in India

Rita van Veen

Het is benauwd in dat volgepropte kamertje in het Indiase parlementsgebouw. De snorrende propellers slagen er maar niet in enige verkoeling te brengen. Op een vilten matje op het merkwaardig lege bureau staat een telefoon, die nauwlettend in het oog wordt gehouden door een ambtenaar die de derde secretaris blijkt te zijn van de 'parlementscommissie voor staatsondernemingen'. Hij maakt zich zorgen over zijn baan. En niet ten onrechte.

Sinds de Indiase premier P.V. Narasimha Rao juli vorig jaar aankondigde dat de Indiase economie drastisch hervormd moet worden, heeft de 71-jarige man, die eruit ziet alsof hij het eind van de week niet haalt, veel lof en waardering geoogst. Maar ook voor enige onrust gezorgd in het omvangrijke Indiase overheidsapparaat.

Zijn plannen, die begin dit jaar glansrijk door het Indiase Lagerhuis kwamen, zijn al de meest radicale economische hervormingen in de Indiase geschiedenis van na de onafhankelijkheid in 1947 genoemd, een revolutie zelfs. En sommige Indiase ondernemers hopen en verwachten dat het land zich in de toekomst kan aansluiten bij het rijtje 'tijgers', dat in Oost-Azië zo'n enorme economische vooruitgang heeft geboekt.

De plannen van Rao (en zijn minister van financiën Manmohan Singh) zijn in die zin revolutionair dat India breekt met zijn verleden van een centraal geleide economie, waarin de overheid vijfjaren-plannen opstelde, die uitgevoerd moesten worden door staatsondernemingen en particuliere ondernemingen, waarbij de laatsten die plannen meer en meer als een keurslijf ervoeren. Daar kwam nog bij dat, volgens de filosofie van India's eerste premier, Jahawarlal Nehru, India zich vooral op eigen kracht en met eigen middelen moest ontwikkelen, met zo weinig mogelijk buitenlandse inmenging. Buitenlandse investeringen werden mondjesmaat toegelaten en India probeerde zijn eigen markt zoveel mogelijk te beschermen. Met als ideaal van 'India een welvarende industriestaat te maken, waarin uiteindelijk alle Indiërs een menswaardig bestaan hebben'.

Dat ideaal bleek een droom. Nog steeds leven rond de driehonderdvijftig miljoen van de achthonderdvijftig miljoen Indiërs onder het bestaansminimum. Zoals in zoveel planmatig geleide economieën, mankeerde het ook in de Indiase aan de noodzakelijk efficiency. Het overheidsapparaat groeide uit zijn voegen, tienduizenden ambtenaren hebben wel een baan, maar eigenlijk geen werk. De staatsondernemingen, niet gehinderd door concurrentie, werden topzwaar, slokten miljarden aan overheidsfinanciën op en werden kunstmatig door de overheid in leven gehouden, om in ieder geval de werkgelegenheid dan maar te redden. India bouwde een enorme schuldenlast op die vorig jaar al rond de honderdveertig miljard gulden bedroeg. Zonder hulp van buiten viel die schuld niet meer te dragen. Gedurende de crisis in de Golf vielen niet

they also had to be reintegrated in Indian society. When, moreover, the Soviet Union, India's major trade partner, disintegrated, as a result of which India's export to this country shrivelled and its import from it suddenly had to be paid in hard currency, it became clear to prime minister Rao, who assumed office in June, that the Nehru philosophy had failed and that India's economy was in need of drastic reforms.

Within the next couple of years India is to become a free market economy, moneylosing state-owned companies have to be cut back, privatized or even closed down, foreign investors are welcome, indeed very welcome, and the massive body of civil servants has to be trimmed drastically.

As already stated, the third secretary has reason to be a little worried. Where there is a third secreatary, there is a second, and a first. As far as answering the telephone is concerned, which might suddenly start to ring, the first secretary beats his two colleagues to it. The third secretary may leap up enthusiastically, but then collapses into his chair again down-heartedly. As long as the telephones in the small office remain linked, the others can do nothing but wait.

Six months have elapsed and the government has in fact lifted the greatest hurdles for foreign investors. They are allowed to invest in all sectors of industry, apart from those related to the production of arms. Foreign companies are also permitted to establish themselves in India, and since Rao's announcement twice as many licenses to establish a business have been issued as in the past seven years. More than a thousand million guilders in investments have poured into India in this short period of time, which is fifteen times the amount of the year before the revolution.

As regards the privatization of state-owned companies, a parliamentary committee has already selected some 250 organizations the government chooses to retract from. Nearly 200 are fairly lucrative, although their profit margins are extremely slim. Reorganizations and cuts will be required. But some sixty of the selected companies are chronic loss-makers, and the enthusiasm among Indian entrepreneurs to take those over is not be expected to be great. If these companies are closed down, however, around three hundred thousand people will lose their jobs. It goes without saying that the Indian trade unions see no reason for jubilation; they fear that at least three million workers employed by state-owned companies will lose their jobs and have already called for strikes. Rao and his men have of course no use for large-scale unrest in the reform process and try and manoeuvre as cautiously as they can. Words like 'closure' and 'liquidation' are just about taboo inside Indian government buildings. And not only there.

Suddenly, there is a stir in the small room in the Indian parliamentary building. Sri A.R. Antulay, member of the House of the People for the federal state of Maharasthra (in central

alleen de inkomsten weg van de tienduizenden gastarbeiders in de Golfstaten, zij moesten ook nog eens, volstrekt berooid, opgenomen worden in de Indiase samenleving. Toen ook nog de Sowjet-Unie, India's belangrijkste handelspartner, uiteenviel en de Indiase export naar dit land ineenschrompelde en de import eruit in harde valuta moest worden betaald, was het voor de in juni 1991 aangetreden premier Rao duidelijk: de Nehru-filosofie had gefaald en India's economie moest radicaal worden hervormd.

India moet binnen enkele jaren een land met een vrije markt worden, onrendabele staatsbedrijven afgeslankt, geprivatiseerd of zelfs afgestoten, buitenlandse investeerders zijn welkom, van harte zelfs, en het omvangrijke ambtenarenapparaat moet drastisch worden uitgedund.

Zoals gezegd, de derde secretaris is niet ten onrechte enigszins ongerust. Want waar een derde secretaris is, is ook een tweede, en een eerste. Wat het oppakken van de telefoon, die plotseling gaat rinkelen, betreft, is de eerste secretaris zijn twee collega's voor. Weliswaar veert de derde enthousiast op, maar zijgt moedeloos weer ineen. Zolang de telefoons in het kantoortje met elkaar verbonden blijven, rest de anderen niets anders dan wachten.

We zijn een half jaar verder en inderdaad heeft de regering de grootste obstakels voor buitenlandse ondernemers weggenomen. Ze mogen in alle sectoren van de industrie investeren, uitgezonderd die welke met de wapenproduktie te maken hebben. Buitenlandse bedrijven mogen zich vestigen in India en sinds Rao's aankondiging zijn er tweemaal zoveel vestigingsvergunningen afgegeven als in de zeven jaar daarvoor. In die korte tijd zijn er voor ruim een miljard gulden aan investeringen India binnengestroomd, vijftien keer zo veel als het jaar voor de omwenteling.

Wat de privatisering van staatsbedrijven betreft heeft een regeringscommissie al tegen de 250 ondernemingen uitgezocht, waaruit de overheid zich wenst terug te trekken. Bijna tweehonderd daarvan zijn redelijke rendabel, hoewel de winstmarges uiterst mager zijn. Reorganisatie en afslanking zal nodig zijn. Maar tegen de zestig van de uitgezochte ondernemingen zijn chronische verlieslijders en de animo om die over te nemen moet bij het Indiase ondernemerdom niet groot geacht worden. Sluiting van deze bedrijven echter zal ongeveer driehonderdduizend mensen op straat zetten. Vanzelfsprekend staan de Indiase vakbonden niet te juichen, zij vrezen dat zeker drie miljoen werknemers in staatsbedrijven hun baan zullen verliezen en zij hebben al opgeroepen tot stakingen. Rao en de zijnen kunnen grootscheepse onrust in het hele omwentelingsproces natuurlijk niet gebruiken en proberen zo voorzichtig mogelijk te handelen. De woorden 'sluiting' en 'liquidatie' zijn zo ongeveer taboe in de Indiase overheidsgebouwen. En niet alleen daar.

In het kamertje in het Indiase parlement ontstaat enige beroering. Sri A.R. Antulay, lid van het Indiase Lagerhuis, afkomstig uit de deelstaat Maharasthra (in het midden van India) en

India) and chairman of the parliamentary committee for the privatization of state-owned companies, has arrived. The errand boy who has been leaning in the doorway all this time suddenly shows some signs of being alive. He shuffles me to the chairman's room, one door down.

He, too, never mentions the word closure, nor does he have a clue of the number of dismissals that would be necessary. 'I think they referred you to the wrong committee', he says regretfully. 'We do not take decisions on the closure or non-closure of state companies, we study them and report whether reorganization is desirable. I think you need to see the 'parliamentary committee for industrial and financial reconstruction', a committee investigating which state companies should be privatized, reorganized or closed down. We do not investigate, we study, which is something completely different.'

The chairman has run out of time. In the secretaries' office new visitors have arrived. A delegation from a Bombay based state company, who would like to talk to the committee.

Professor Kaushik Basu of the University of New Delhi says the reforms are a great step forward. He is not worried just yet about the closures or mass-dismissals which will result from privatization. 'If the government's economic reforms are successful, the Indian economy will pick up, and those who became unemployed can be helped to a job again.' He believes the commotion about the consequences of privatization is exaggerated. 'Privatization will hit only a small number of Indian businesses. This 'obsession with privatization' has blown over from Eastern Europe. There, state-owned companies were the sole backbone of the economy. In India, this has never been the case. Privatization can therefore never be the mainstay of the reforms.'

According to the professor the mainstays are rather the throwing open of the country to foreign investors and the liberalisation of the market, forcing Indian entrepreneurs to compete and work more efficiently. 'You cannot continue to invest huge sums of money by means of subsidies in loss-making companies. The Indian government spent far more than it received in taxes and so incurred a vast debt.' In the professor's view the government should first of all make sure that the taxes which are levied are in effect collected. Then an increase may not even be necessary.

Not that no problems will arise whatsoever. 'India is a democracy, in China for instance reforms can be carried out far more easily. There every form of protest is suppressed. We on the other hand have freedom of the press and trade unions, which keep a close watch over the reforms and its consequences.' Professor Basu also believes that the Indian government should take measures to provide for those who are dismissed. 'In particular when a country switches to the capitalist system, one will have to make sure that the basic needs of the weakest are met. But at what matters most, the supplying of social security, India is rather slow.'

An immense task if one thinks of those 350 million people who live in bitter penury.

voorzitter van de parlementscommissie voor staatsondernemingen, is aangekomen. De loopjongen die al die tijd tegen de deurpost heeft gehangen, komt weer tot leven. Hij sloft me naar de werkkamer van de voorzitter, die een deur verder is.

Ook hij rept met geen woord over sluitingen en heeft evenmin enig idee over het aantal ontslagen dat nodig zou zijn. 'Ik denk dat ze u naar de verkeerde commissie hebben gestuurd', zegt hij met spijt. 'Wij vellen geen oordeel over het al dan niet sluiten van staatsbedrijven, we bestuderen ze en rapporteren of reorganisatie gewenst is. Ik denk dat u bij de 'parlementscommissie voor industriële en financiële reconstructie' moet zijn, dat is de commissie die onderzoekt welke staatsbedrijven geprivatiseerd, gereorganiseerd of gesloten moeten worden. Wij onderzoeken niet, we bestuderen en dat is iets heel anders.'

De voorzitter heeft geen tijd meer. In het kantoortje van zijn secretarissen zit alweer nieuw bezoek. Een delegatie van een staatsbedrijf uit Bombay, die graag met de commissie wil praten.

Professor Kaushik Basu van de Universiteit van New Delhi zegt dat de hervormingen een grote stap vooruit zijn. Hij maakt zich vooralsnog niet zoveel zorgen om bedrijfsluitingen en massaontslagen, die het gevolg zullen zijn van de privatisering. 'Als de andere economische hervormingen van de regering slagen, trekt de Indiase economie wel weer aan en kunnen die mensen die werkeloos zijn geworden, weer aan een baan geholpen worden.' Hij acht de opwinding over de gevolgen van de privatisering overdreven. 'De privatisering raakt slechts een gering deel van de Indiase bedrijvigheid. Die 'privatiseringsobsessie' is komen overwaaien uit Oost-Europa. Daar dreef de economie uitsluitend op staatsbedrijven. Dat is nooit zo geweest in India. Privatisering hier kan dan ook niet de belangrijkste pijler van de hervormingen zijn.'

Die zijn volgens de professor het openstellen van het land voor buitenlandse investeerders en het vrijmaken van de markt, waardoor de Indiase ondernemers wel gedwongen zullen worden te concureren en efficiënter te werken. 'Je kan niet blijvend grote hoeveelheden geld aan subsidie steken in verlieslijdende ondernemingen. De Indiase overheid gaf veel meer uit dan ze aan belastingen binnenkreeg, en bouwde daardoor enorme schulden op.' Volgens de professor moet de Indiase regering eerst maar eens zorgen dat opgelegde belastingen echt geïnd worden. Dan is verhoging ervan misschien niet eens nodig.

Niet dat er geen problemen zullen komen. 'India is een democratie, hervormingen in China bijvoorbeeld zijn veel makkelijker uit te voeren. Daar wordt ieder protest onderdrukt. Wij hier hebben een vrije pers en vakbonden, die de hervormingen en de gevolgen daarvan op de voet volgen.' Professor Basu vindt ook dat de Indiase overheid maatregelen moet nemen om de ontslagen werknemers op te vangen. 'Vooral als een land overgaat op een kapitalistisch stelsel, zul je er voor moeten waken dat aan de basisbehoeften van de zwaksten wordt voldaan. Maar waar het gaat om het verschaffen van sociale zekerheid, is India nogal traag.'

Een enorme opgave als je denkt aan die driehonderdvijftig miljoen mensen die in bittere armoede leven.

On the road from Nagpur to Wardha in central India traffic is a chaos in the early morning. We are en route to the ashram Sevagram, one of those communities where Indian tradition is kept alive and the villagers attempt to keep going their village economy independently and jointly. It is a private enterprise which is self-supporting, but produces for the market as well. In a sense the India of Rao and that of Nehru meet here.

Farmers with ox-carts and overloaded lorries vie for space. The road has suffered badly from progress. After three hours we reach Sevagram, the ashram where India's legendary independence fighter Mahatma Gandhi settled in 1936. It was here that he started his Corporation of Village Industries. Indians from all over the country came to Sevagram, where they learnt how to start their own village economy. And still followers of his teachings are coming to the ashram.

Now it is Pramod Kadam who teaches how to set up a village economy. It is still done after Gandhi's model: they join in working the land and in the workshops where cloth is woven, part of which is sold. The ashram is self-sufficient and does not want government support. It does not seem to need any, either.

According to Kadam Nehru made the big mistake of looking at foreign examples too much and founding a centrally planned economy in India. 'India should have continued along Gandhi's line, should have decentralized and allowed the hundreds of thousands of villages to decide about their own economies. India may have liberated itself from the British forty-five years ago, but we still have to fight for our economic freedom. And with prime minister Rao's plans things will not improve, they will get worse, because India will become more dependent on foreign countries. Multinationals show no consideration for ordinary human beings, they are only interested in making profits.'

Kadam is afraid that India's present prime minister, Rao, like Nehru in the past, 'is making the mistake' of following yet again a foreign example: the capitalist system. 'We Indians should at last start to think about our future ourselves and come up with our very own Indian solutions.'

Op de weg van Nagpur naar Wardha in midden India is het in de vroege morgen een chaos. We zijn op weg naar de ashram Sevagram, zo'n gemeenschap waar ze de Indiase traditie hooghouden en proberen op eigen kracht en gezamenlijk een dorpseconomie overeind te houden. Het is een particuliere onderneming, die voorziet in eigen behoeften, maar ook voor de markt produceert. In zekere zin komt hier het India van Nehru en dat van Rao samen.

Boeren met ossewagens en overladen vrachtwagens betwisten elkaar de ruimte. De weg heeft zeer te lijden gehad van de vooruitgang. Na drie uur bereiken we Sevagram, de ashram waar India's legendarische strijder voor onafhankelijkheid, Mahatma Gandhi, zich in 1936 vestigde. Hier begon hij zijn Bond van dorpsindustrieën. Indiërs uit het hele land kwamen naar Sevagram, waar zij leerden een eigen dorpseconomie op te zetten. En nog steeds komen aanhangers van zijn leer naar de ashram.

Nu geeft Pramod Kadam les in het opzetten van een dorpseconomie. Dat gebeurt nog altijd op de manier van Gandhi: ze werken mee op het land en in de werkplaats waar stoffen worden geweven, waarvan een deel wordt verkocht. De ashram is zelfvoorzienend en wil geen overheidssteun. Zo te zien is dat ook niet nodig.

Volgens Kadam heeft Nehru zich schromelijk vergist door te veel naar het buitenland te kijken en in India een centraal geleide economie op te zetten. 'India had, in de lijn van Gandhi, verder moeten gaan, sterk moeten decentraliseren en de honderdduizenden dorpen over hun eigen economie laten beslissen. India heeft zich 45 jaar geleden wel bevrijd van de Britten, maar onze economische vrijheid moeten we nog steeds bevechten. En dat zal met de plannen van premier Rao er niet beter op worden, eerder slechter omdat India nu nog afhankelijker zal worden van het buitenland. Multinationals houden geen rekening met gewone mensen, maar zijn slechts geïnteresseerd in het maken van winst.'

Kadam is bang dat India's huidige premier Rao zich, net als Nehru in het verleden 'vergist' door nu weer voor iets buitenlands, een kapitalistisch stelsel, te kiezen. 'Wij in India moeten eindelijk eens zelf over onze toekomst gaan nadenken en eigen Indiase oplossingen bedenken.'

Diary

September 9

Left and right the traffic tears past it in New Delhi's morning rush hour. Chewing the cud propped against a traffic island, the cow seems undisturbed by it. With a six-hour delay, not uncommon according to frequent visitors to India, the plane landed in the capital. Armed with a bag-ful of books, statistics and addresses of people 'who are in the know' I can begin my search for the economic future of Mahatma Gandhi's country. What are you taking on, I thought after having accepted the invitation of the organizers of In other words to set off to this immense Asian country. Prime minister P.V. Narasimha Rao's government has only just set its first few cautious steps on the way to reform and even for Rao it remains to be seen whether everything is going to work. The only certainty is that Rao will attempt to pay off the high foreign burden of debt. The question is how much popular support the prime minister, whose surname for the first time in many years is not Gandhi, rallies. Is capitalism the answer to the misery brought about by the half-communist system since the country's independence? Pessimists in the West believe that only the rich will benefit from the free market economy and that the hundreds of millions of poor Indians will once again miss the boat. I intend to put these questions to Indians myself within the next two weeks. Jaya Raj, the Indian journalist who on the request of my colleague Wim Boevink agreed to assist me, was nowhere to be found in the airport. The fax with my flightnumber did not reach him.

September 10

Jaya Raj did not let the grass grow under his feet. He has complied with all my wishes and filled the week with appointments for me. But first he proposes that we collect a press card at the Ministry of Foreign Affairs and that we check if they have arranged the requested interviews with the chairman of the parliamentary committee for the privatization of stateowned companies and with the Khadi and Village Industries Corporation. The head of the publicity department tells me to sit down on a red velvet sofa, dating from a distant British past. The piles of paper on his desk rustle in the wind of many fans. Hamid Ali Rao, *officer on special duty*, must have had a hard job of it to keep all the paper work together. The fax from the Indian embassy in the Netherlands reached him. A relief. However, the special officer hastens to add, tomorrow is a Hindu holiday and everyone will have the day off. This means that my requests will not be looked into until next week. Raj decides to make an appointment with the parliamentary committee himself. At the press club opposite the ministry I meet Harvey Singh, financial editor of The Indian Express. He is delighted with the switch to a free market economy. As far as he is concerned the government should have changed tack twenty years ago. 'Unrestrained competition keeps the Indians on their toes and and instills the fighting spirit in them to raise their standard of living.'

September 11

After two days I managed to persuade the chambermaid not to cloud my room with an insect-repellant spray. The smell is more unbearable than the insects flying around by now immune to the stuff. The squirt, a fire-engine red bicycle pump with an oval tin of 'herring in tomato sauce' attached to a spray nozzle, brings back bad memories of the times when the Netherlands had no environmental laws in force in yet. The poison-gas disaster at the Bhopal works did not make much of an impression in this hotel. What about the state of the environment in India? Is this an indication that the industry continues to pollute the environment, unnoticed by anyone? I'll take that up later with Anil Agarwal, environment expert at the Centre for Science and the Environment. The story about the insect-repellant makes little impression on the expert. 'The average Indian does not

Dagboek

9 september

Links en rechts raast het verkeer langs haar heen in de ochtendspits van New Delhi. Het lijkt de koe niet te deren, ze ligt rustig te herkauwen tegen de rand van een vluchtheuvel. Met zes uur vertraging, niet uitzonderlijk volgens India-gangers, was het vliegtuig in de hoofdstad geland. Met een tas vol boeken, statistieken en adressen van mensen 'die het kunnen weten' kan de zoektocht naar de economische toekomst van het land van Mahatma Gandhi beginnen. Waar begin je aan, dacht ik na het aanbod van de organisatoren van Met andere woorden om naar het immense Aziati-sche land af te reizen. De regering van premier P.V. Narasimha Rao heeft nog maar net de eerste voorzichtige stappen gezet en het zal ook voor hem nog een vraag zijn of het allemaal wel gaat lukken. Het enige wat vast staat is dat Rao zo snel mogelijk de hoge schulden aan het buitenland probeert af te betalen. De vraag is hoeveel steun de premier, die voor het eerst sinds jaren niet de naam Gandhi draagt, onder de bevolking heeft. Is kapitalisme het antwoord op de ellende die het half-communistische systeem sinds de onafhankelijkheid heeft gebracht? Westerse pessimisten geloven dat alleen de Indiase rijken van de vrije markt zullen profiteren en dat de honderden miljoenen armen opnieuw de boot gaan missen. Ik wil het Indiërs zelf de komende twee weken gaan vragen. Jaya Raj, de Indiase journalist die op verzoek van collega Wim Boevink, had ingestemd om mij te helpen, was niet op het vliegveld te vinden. De fax met het vluchtnummer had hem niet bereikt.

10 september

Jaya Ray laat er geen gras over groeien. Hij heeft aan al mijn wensen voldaan en voor de hele week afspraken geregeld. Maar eerst stelt hij voor bij het ministerie van Buitenland-se zaken een jounalistenpasje te halen en te kijken of zij de gevraagde interviews met de voorzitter van de parlementscommissie voor privatisering van staatsbedrijven en de Khadi and Village Industries Corporation hebben geregeld. De chef van de afdeling publiciteit gebiedt me te gaan zitten op de roodpluche bank uit een ver Brits verleden. De stapels papier op zijn bureau ritselen in de wind van de vele fans. Hamid Ali Rao, *officer on special duty*, moet er een heel werk aan hebben alle paperassen bij elkaar te houden. De fax van de Indiase ambassade in Nederland heeft hem bereikt. Een opluchting. Maar, voegt de special officer er onmiddellijk aan toe, morgen is het een hindoestaanse feestdag en heeft iedereen vrij. Dat betekent dat pas volgende week aan mijn verzoeken gewerkt kan worden. Raj besluit zelf een afspraak te maken met de parlementscommissie. In de persclub tegenover het ministerie ontmoet ik Hardev Singh, financieel redacteur van The Indian Express. Hij is zeer tevreden met de overgang naar een vrije markteconomie. Voor hem had het roer al twintig jaar geleden om gemogen. 'Vrije concurrentie geeft Indiërs de vechtlust om hun levensstandaard te verhogen.'

11 september

Na twee dagen heb ik het kamermeisje weten te overtuigen om mijn kamer niet vol te spuiten met insektenverdelger. De stank is ondraaglijker dan de inmiddels resistente muggen die hier rondvliegen. De spuit, een brandweerrode fietspomp waar onder het sproeiertje een ovalen blik 'haring in tomatensaus' hangt, roept slechte herinneringen op aan de tijd dat in Nederland nog geen milieuwetten bestonden. De ramp in de giffabriek van Bhopal heeft in dit hotel niet veel indruk gemaakt. Hoe zal het met het milieu zijn in India? Is dit een indicatie dat de industrie nog steeds ongezien de boel vervuilt? Straks maar eens voorleggen aan Anil Agarwal, de milieuspecialist van het Centrum voor wetenschap en milieu. De milieuman is niet erg onder de indruk van het verhaal over de spuitbus. 'Gewone Indiërs gebruiken geen insektenverdelgers, die hebben ze niet nodig. Het zijn de westerlingen zoals u die vragen om vervuiling. Ze zijn nergens tegen bestand en eisen van de hoteleigenaars dat er geen beestjes in de kamer zitten.' Agarwal is een radicale

use insect-repellents, they don't need them. It is Westerners like you who ask for pollutants. Not being resistant to anything they demand of hotel-owners that their rooms are bug-free.' Agarwal is a radical, who, against my expectations, is not a pronounced opponent of the economic reforms. Of course he expects foreign investors to try and move their polluting factories to India, but the conservationist does not think they will succeed easily. The press is alert after Bhopal.

September 16

I am leaving the capital after a week. The train will take me to Nagpur, from where I will continue my journey by car to the village of Sevagram. Mahatma Gandhi lived there for many years, and it was here, in the middle of India, that he developed his ideas about the village economy. In New Delhi it was the scientists who gave me their opinions on the reforms. The conservationist, the professor of economics, the chairman of the parliamentary committee and the financial editor. In Sevagram I hope to speak to the philosophers, Gandhi's followers who might still believe in the strength of the village economy, the kibbutz of India. I am beginning to understand why a few months ago in The Hague the Transport Minister, Jagdish Tytler, almost begged the members of the Dutch employers federation VNO to help India improve its infrastructure. 'New industries are not what we really need', the minister stated. 'What we do need is your know-how to build docks in our ports, to improve road transport.' It is as if time has been standing still here and nothing has been done for a long time. The roads have been black-topped, but the surfaces are riddled with pot-holes. Trains run reasonably on time, but rolling stock and equipment are antiquated. There are many telephones; only few are in working order. These are the results of the half-communist system, is the conclusion of many Indians to whom I present these matters. The bureaucratic monster which nipped all progress in the bud.

September 17

The telegram from the ministry did not get to the ashram. The reasons are being looked into for quite a while. It is not clear care of whom the *officer on special duty* sent the message. According to the representative of the ashram Sevagram is not a member of the Khadi Village and Industries Corporation so there is no one present from this organization. The ashram is self-sufficient, as Gandhi intended, and it does not work together with any other organizations, nor with the government. Money is accepted only from the individual visitor who wants to give something. The *officer on special duty* has done his best, but so far it has yielded little result. The press card, which was ready and waiting for me at the ministry after four days, appears not to be necessary. Gandhi's followers have lots of time to give me their opinions on the reforms without prior appointment.

September 18

The cab races through the night on its way to the airport. Seen, heard and smelled so many things in two weeks' time, yet India remains a mystery to me. What would an Indian journalist find out about our capitalist Netherlands in two weeks flat, is a thought that flashes through my mind. 'In other words' ought to reverse the assignment next year, that would be very illuminating. New Delhi is abandoned, the city looks squeakily clean under the light of the street lamps.

Cabbies are asleep next to their cars at the taxi stands. The cows, which amble about all day in the middle of the traffic, are nowhere to be seen. The plane is due in from Bombay and has half an hour's delay. Could be worse.

September 30

Have been labouring, struggling and starting over again at my keyboard for three days. Slowly I was drowning in the information given to me by so many Indians. The subject was too broad, India cannot be fathomed in only two weeks' time.

man, die, tegen mijn verwachting in, geen uitgesproken tegenstander is van de economische hervormingen. Natuurlijk verwacht hij dat buitenlandse investeerders zullen proberen hun vervuilende fabrieken naar India te verplaatsen, maar de milieu-activist gelooft niet dat zij daar makkelijk in slagen. De pers is op haar hoede na de ramp in Bhopal.

16 september

Na een week verlaat ik de hoofdstad. De trein zal me naar Nagpur brengen, waar ik morgen met de auto de reis voortzet naar het dorpje Sevagram. Mahatma Gandhi heeft er vele jaren gewoond en daar, in het midden van India, ontwikkelde hij zijn ideeën over de dorpseconomie. In New Delhi waren het de geleerden die hun visie gaven over de hervormingen. De milieu-activist, de professor in de economie, de voorzitter van de parlementscommissie en de financieel redacteur. In Sevagram hoop ik de filosofen te spreken, de volgelingen van Gandhi die misschien nog altijd geloven in de kracht van de dorpseconomie, de kibboets van India. Ik begin te begrijpen waarom de minister van Transport, Jagdish Tytler, een paar maanden geleden in Den Haag de ondernemers van het VNO bijna smeekte India te helpen met de verbetering van de infrastructuur. 'Nieuwe industrieën hebben we niet zozeer nodig', stelde de minister. 'We hebben uw kennis nodig om doks te bouwen in de havens, het wegtransport te verbeteren.' Het is of de tijd hier heeft stilgestaan en er lange tijd niets meer is gedaan. De wegen zijn geasfalteerd, maar het wemelt van de gaten in het wegdek. De treinen rijden redelijk op tijd maar het materieel is sterk verouderd. Er zijn vele telefoons, maar weinige doen het. Dat is het gevolg van het half-communistische systeem, concluderen veel Indiërs aan wie ik het verval voorleg. Het bureaucratische monster dat iedere vooruitgang in de kiem heeft gesmoord.

17 september

Het telegram van het ministerie heeft de ashram niet bereikt. Er wordt nog lang naar de oorzaak gezocht. Het is onduidelijk naar wie de *officer on special duty* een bericht heeft gestuurd. Volgens de vertegenwoordiger van de ashram is Sevagram niet aangesloten bij de Khadi and Village Industries Corporation en is er niemand van deze organisatie aanwezig. Zoals Gandhi het gewild heeft drijft de ashram op eigen kracht en gaat het geen samenwerking aan met enige organisatie noch met de overheid. Geld wordt er alleen aangenomen van individuele bezoekers die graag iets willen geven. De *officer on special duty* heeft zijn best gedaan, maar tot nu toe is het van weinig nut geweest. Het journalistenpasje, dat na vier dagen gereed lag op het ministerie, blijkt nergens voor nodig te zijn. De volgelingen van Gandhi hebben ook zonder afspraak alle tijd om me hun visie te geven op de hervormingen.

18 september

De taxi raast door de nacht naar het vliegveld. In twee weken veel gezien, gehoord en geroken, maar toch blijft India raadselachtig. Wat zou een Indiase journalist in twee weken van het kapitalistische Nederland te weten komen, flitst het door me heen. 'Met andere woorden' zou de opdracht volgend jaar eens om moeten draaien, lijkt me heel verhelderend. New Delhi is verlaten, de stad ziet er in het licht van de straatlantaarns brandschoon uit. Taxichauffeurs slapen naast hun wagen op de standplaats. De koeien, die de hele dag tussen het verkeer scharrelen, zijn in geen velden of wegen te zien. Het vliegtuig moet uit Bombay komen en is een half uur vertraagd. Het valt mee.

30 september

Drie dagen achter mijn toetsenbord zitten zwoegen, worstelen en vele keren opnieuw aan het verhaal begonnen. Langzaam zakte ik weg in de informatie die zovele Indiërs hadden gegeven. Het onderwerp was te groot, India laat zich niet in twee weken doorgronden.

Objective
Frits van Exter, *chief foreign editor, Trouw*

At the end of 1991 the Ministry for Development Cooperation, on behalf of all kinds of private organizations, addressed the Dutch citizen to smoothe away the so-called 'negative image' of the Third World. Research had shown that 85% of the population associated the Third World mostly with starvation and misery and, in fact, hardly wanted to know anymore. Something needed to be done, because there is so much more.

1.8 million guilders was made available for televised government information broadcasts, brochures, posters, billboards and evening's discussions with the slogan 'Do not let the Third World down'. On walls one could spot, for instance, a plate set against a desert background filled with green fields and a small factory surrounded by palm trees. 'If we work on it together', the slogan read, 'it will not stop at a plate of rice.'

Carrying out a survey after the campaign the Nipo market research institute came to the conclusion that the effect of the campaign had been nil. The message, quite simply, had failed to come across. The disappointed Ministry for Development Cooperation surmised that the subject matter had perhaps been too unmanagable for such a, relatively speaking, inexpensive and moderate campaign.

It is hard to say whether things had been different if the makers of the campaign had had 18 or, indeed, 180 million to spend instead of 1.8 million. The question which remained unanswered is: what did the sender really want to convey? Did he want to inform the citizen about what is really going on in the Third World or did this citizen have to be convinced that the Ministry for Development Cooperation and all the aid organizations did a very useful job? Was the campaign a truly idealistic one or was it driven only by self-interest?

It remains unclear whether the ministry succeeded in getting its message across to the media, which, after all, it holds responsible for the presentation of the 'negative image'. The posters reading 'Is the Third World yesterday's news to you?' aimed at journalists were meant to be hung in editorial rooms in order to renew the debate and perhaps stem the tide.

Now the media are like apples: there are big ones and small ones, green and red, sprayed and unsprayed, ripe and rotten apples. 'The media' does not exist, and neither does 'the apple' or 'the Third World'. They are generic terms which detract from life's rich variegation. The word 'negative' pops up fairly quickly among those concerned when journalism is discussed. Journalists seem to be more interested in what goes wrong than in any good news. This comes with the job, as the first project undertaken by In other

Verantwoording
Frits van Exter, buitenlandredactie Trouw

Aan het einde van 1991 richtte het ministerie voor Ontwikkelingssamenwerking zich namens alle mogelijke particuliere organisaties tot de Nederlandse burger om, zoals dat heet, 'de negatieve beeldvorming' over de derde wereld weg te werken. Uit onderzoek zou immers gebleken zijn dat 85 procent van de bevolking de derde wereld voornamelijk in verband brengt met honger en ellende en daar eigenlijk nauwelijks meer van wil weten. En daar moest wat aan gebeuren, want er is zoveel meer.

Er kwam 1,8 miljoen gulden op tafel voor televisiespotjes, brochures, posters, bill-boards en discussie-avonden onder het motto 'Laat de derde wereld niet vallen'. Je zag aan de muren bijvoorbeeld een schotel in de woestijn gevuld met groene akkers en een fabriekje afgezoomd met palmbomen. 'Als we er samen werk van maken', luidde de slagzin, 'blijft het niet bij een bordje rijst.'

Het onderzoeksbureau Nipo stelde naderhand een onderzoek in en stelde vast dat het effect van de campagne 'nihil' was. De boodschap was eenvoudigweg niet overgekomen. Het teleurgestelde ministerie voor Ontwikkelingssamenwerking bedacht dat het onderwerp misschien toch te weerbarstig was voor zo'n relatief goedkope en bescheiden campagne.

Het is moeilijk te zeggen of het wat uit had gemaakt als de campagnevoerders niet de beschikking hadden gehad over 1,8 miljoen maar over 18 of 180 miljoen. De vraag die echter bleef hangen is wat de boodschapper eigenlijk bedoelde. Ging het erom de burger te informeren over wat er werkelijk gaande is in de derde wereld of moest hij ervan overtuigd worden dat het ministerie voor Ontwikkelingssamenwerking en al die hulporganisaties zeer nuttig werk doen. Was het louter ideëel of puur eigenbelang?

Het is niet duidelijk of het ministerie met zijn boodschap wel wist door te dringen tot de media, die het immers verantwoordelijk stelt voor 'de negatieve beeldvorming'. Het was de bedoeling dat de speciaal voor journalisten ontworpen affiches 'Is de derde wereld oud nieuws voor u?' in de redactielokalen een plaats zouden krijgen om discussie en wellicht inkeer teweeg te brengen.

Nu is het met de media net als met appels: je hebt grote en kleine, groene en rode, bespoten en onbespoten, rijpe en rotte. 'De media' bestaan net zo min als 'de appel' of 'de derde wereld'. Het zijn verzamelnamen die afbreuk doen aan de rijke geschakeerdheid. Het woord 'negatief' valt al gauw onder belanghebbenden als het om de journalistiek gaat. Journalisten lijken altijd meer aandacht te hebben voor dingen die fout gaan dan voor het vele goede. Dat zit in de aard van het beestje, zoals het eerste project van 'Met andere woorden' in Afrika ook leerde: tot verbazing van sommigen deden de Nederlandse verslaggevers moeite iets negatiefs op te diepen. Journalisten hebben, overdreven gezegd, min of meer de taak te zoeken naar het kwaad opdat het blootgesteld en afgestraft

words, on Africa, taught us: some were surprised to see that the Dutch reporters tried hard to dig up something negative. It is, if put exaggeratedly, a journalist's job to persecute evil so that it can be exposed and punished. Good news therefore, depending on the nature of the paper, plays of necessity a secondary role somewhere in the centre pages of the newspaper. 'Quality papers' make an exception only once every so many years for a successful national team.

This seems to be a generally accepted practice when our world is concerned. Should the watchdog start to wag its tail and lick hands when the Third World is concerned? I thought that discussion was decided in the past — and that we have come to the understanding that the 'Third World' has as much claim to journalism as everyone else — but evidently there are still people, even ministeries advocating a different cause. Do they perhaps still dream about a 'constructive press' who furthers their cause with a host of positive articles on the magnificent works being erected everywhere? However, this type of person is becoming scarce in the Third World, too, where many governments do no longer muzzle journalists or keep them on a short leash, as Ineke van Kessel was pleased to observe in her analysis of In other words last year.

No doubt much is lacking from the coverage of the Third World, but when a ministry is showing concern with it because it fears the support for its policies is falling away, then something else is at issue, something improper. The Ministry for Development Cooporation was not set up to take care of public relations for the benefit of the good in the world. It should, however, invest in development aid as effectively as possible, and account for it to parliament, press and citizens.

And as for the 'negative image', what was said only recently by Mary Lazet-Dadsie, a Ghanese woman in the Netherlands, comes to mind: if an African soccer team were to win the world cup, it would contribute more to a positive image of Africa than all good intentions taken together.
Whoever followed the last world championships can hope it will not be long.

kan worden. Goed nieuws speelt, afhankelijk van het karakter van de krant, daardoor noodgedwongen een bijrol ergens op de binnenpagina's. 'Kwaliteits-kranten' maken hoogstens eens in de zoveel jaar een uitzondering voor een succesvol Nederlands elftal.

Dit lijkt een vrij algemeen aanvaarde praktijk als het om onze wereld gaat. Maar moet de waakhond opeens gaan kwispelen en likken als het de derde wereld betreft? Ik dacht dat dat een oude discussie was – dat we het er inmiddels over eens zijn dat de derde wereld net zoveel recht heeft op journalistiek als iedereen – maar kennelijk zijn er nog steeds mensen en ministeries die voor iets anders pleiten. Dromen ze soms heimelijk nog van de 'opbou-wende' pers die de zaak dient met veel positieve artikelen over prachtige werken die alom verrijzen? Maar dat is ook een uitstervend ras in de derde wereld, waar veel regeringen de journalisten niet langer gemuilkorfd aan de leiband kunnen houden, zoals Ineke van Kessel vorig jaar in haar commentaar op 'Met andere woorden' verheugd signaleerde.

Er schiet ongetwijfeld veel tekort in de berichtgeving over de derde wereld, maar als een ministerie zich daar-over druk maakt omdat het vreest dat de steun voor zijn beleid wegvalt, dan gaat het om iets heel anders, iets on-eigenlijks. Het ministerie voor Ontwikkelingssamenwerking is er namelijk helemaal niet voor om public relations te bedrijven voor het goede in de wereld. Het dient zo effectief mogelijk te investeren in ontwikkelingshulp en daar-van rekenschap te geven aan parlement, pers en burger.

En wat de 'negatieve beeldvorming' betreft moet ik denken aan hetgeen onlangs Mary Lazet-Dadsie, een Ghanese in Nederland, zei: als een Afrikaans team eens een keer de wereldbeker voetbal zou winnen, zou dat meer bijdragen aan een positiever beeld van Afrika dan alle goede bedoelingen bij elkaar.
Wie de laatste wereldkampioenschappen heeft gevolgd, kan hopen dat dat niet zo lang meer duurt.

The price of democracy
Sidharth Bhatia

Some years ago, during the early stages of Rajiv Gandhi's economic policies when the young Prime Minister's honeymoon with the elite was at its peak, a prominent chief executive of one of the largest industrial groups in the country was speaking at a small get-together. He praised Rajiv but seemed piqued that the government was not speeding up the liberalisation process. He gave the example of the Asian Tigers – small nations like Singapore and South Korea – which had progressed by leaps and bounds and added 'Unfortunately, India is a democracy, so we will have to pay the price.' This, coming from one who had never tired of speaking on every public platform about the 'authoritarian' Mrs Gandhi, seemed to shock his listeners. But there was abolustely no reason for surprise, because he was, in fact, reflecting the views of his class, which has always perceived a conflict between Indian style democracy and economic development. For several years we have heard platitudes about the Asian Tigers and the new dragons in the continent; now the buzzword is Mexico, whose experiment with liberalisation is held up as an example. But the message is always the same – democracy is a luxury we cannot afford and if one is to get on with the job, short cuts will have to be taken.

This argument is buttressed by the fact that almost all the tigers, dragons and other ferocious animals in the region have dispensed with the tedium of adhering to democratic norms and principles. Often, as in the case of Singapore, they are well disguised with a thin veneer of parliamentary debates etc.; in South Korea democratic rights have to be fought for, often on the streets. The newer examples of economies which have attracted the munificence of foreign investment, like Thailand, have always been ruled by the Army one way or the other, while Hong Kong's fig leaf of representative politics could never hide the ugly fact that the natives were ruled from London with no semblance of any voice in important matters. No wonder that China, which has promised to let the economic system of Hong Kong continue for at least 50 years after it takes over in 1997, has never bothered much with British pleas to allow more democratic freedoms and human rights. If Britain did not bother with them, why should the Chinese, who never could understand the fuss over human rights anyway.

Even in Mexico, where parliamentary democracy does exist, the political scene has been dominated by one political party, the PRI which has ruled for decades. Presidents are elected for six years after which, in the words of an avid Mexico-watcher, 'they are sent off to be Ambassadors to Australia – the further the better,' leaving the new incumbent to run the country virtually like a dictator. President Salinas too wielded immense power during his first few years and used to push through his economic policies. Opposition from critics of the

De prijs van democratie
Sidharth Bhatia

Een paar jaar geleden, tijdens de beginfase van Rajiv Gandhi's economische politiek, toen de vrijage van de jonge premier met de elite zijn hoogtepunt beleefde, sprak een vooraanstaand directeur van een van 's lands grootste industrieconcerns in kleine kring een rede uit. Hij prees Rajiv Gandhi, maar het leek hem te ergeren dat de regering het liberaliseringsproces niet bespoedigde. Hij noemde als voorbeeld de 'Asian Tigers' – kleine naties zoals Singapore en Zuid-Korea – waar de vooruitgang met grote sprongen was gegaan, en voegde eraan toe: 'Helaas, is India een democratie, dus we zullen de prijs moeten betalen.' Dit scheen zijn gehoor te schokken, omdat het uit de mond kwam van iemand die nooit een kans voorbij had laten gaan om bij elke openbare gelegenheid te spreken over de 'autoritaire' Mrs Gandhi. Er was echter geen enkele reden tot verbazing, aangezien hij slechts de mening van zijn klasse verwoordde, die altijd had gevonden dat een Indiase vorm van democratie en economische ontwikkeling op gespannen voet met elkaar stonden. Al een paar jaar hebben we nu gemeenplaatsen kunnen aanhoren over de Asian Tigers en de nieuwe draken van het continent; op het ogenblik heeft iedereen de mond vol van Mexico, dat vanwege zijn experiment met liberalisering als voorbeeld wordt gesteld. Maar de boodschap is steeds dezelfde – democratie is een luxe die we ons niet kunnen veroorloven, en als men het karwei wil afmaken, moet er wel bezuinigd worden.

Dit argument steunt zwaar op het feit dat bijna alle tijgers, draken en andere wilde beesten in de regio de vervelende gewoonte om aan democratische normen en principes vast te houden aan de kant hebben geschoven. Vaak, zoals in het geval van Singapore, blijft dat knap verborgen onder een dun vernislaagje van parlementaire debatten en wat dies meer zij; in Zuid-Korea moet er, vaak op straat, voor democratische rechten gevochten worden. Recentere voorbeelden van economieën die royale buitenlandse investeringen hebben aangetrokken, zoals Thailand, werden altijd al door het leger geregeerd, terwijl het vijgeblad van een volksvertegenwoordiging in Hongkong nooit het akelige feit kon verhullen dat de inwoners werden geregeerd vanuit Londen zonder dat ze ook maar iets van een stem in belangrijke aangelegenheden hadden. Het is geen wonder dat China, dat heeft beloofd de economie van Hongkong nog vijftig jaar ongemoeid te laten nadat het in 1997 het bestuur overneemt, zich nooit veel gelegen heeft laten liggen aan Britse verzoeken om meer democratische verworvenheden en mensenrechten toe te laten. Als de Britten zich er al niet veel van aantrokken, waarom zouden de Chinezen, die de opwinding over mensenrechten toch al nooit begrepen, dat dan wel doen.

Zelfs in Mexico, dat een parlementaire democratie heeft, wordt de politiek gedomineerd door één politieke partij, de PRI, die sinds decennia de macht in handen heeft. Presidenten worden voor een periode van zes jaar gekozen, waarna ze, met de woorden van een enthousiaste Mexico-waarnemer, 'worden uitgezonden als ambassadeurs naar Australië – hoe verder weg hoe

programme, which had the familiar pattern of privatisation of the state sector and liberalisation of patent laws, was simply brushed aside – in one case, the head of one of the country's largest and most powerful unions, was simply kidnapped from his office by security forces. Mexico's policies have received warm praise from the developed world and foreign investment has increased.

India too is now beginning to get reluctant praise from the industrialised world for the reformist policies of the Narasimha Rao/Dr Manmohan Singh combine which are widely hailed as 'pragmatic'. But there is always a caveat, a sour note. If a small country like Thailand can get upto 6 billion dollars investment per year, why should India only get a few hundred million? After all, India has everything any investor could want: skilled manpower, an industrial base, a large pool of professionals and managers and, the most tempting, it has a market of nearly 150 million people with a lot of surplus funds, dying to buy consumer goods and catch up with their counterparts in the developed world. But India has also got something else which is a bit of an inconvenience – a democratic system. It is chaotic, obstructionist and often incompetent; but it survives and thrives and at the end of the day, works well enough to thwart any ambitions anyone may have of completely taking over power. It is not unitary but pluralistic – which can sometimes slow down decision making – but it allows its citizens to have a voice, if only once every five years. Thailand, on the other hand, may have a quick and efficient bureaucracy which swiftly perceives the benefits of allowing a soft drink company to set up a plant in its country, but then it also has an army which will never allow an independent prime minister to take power; for that right, and for democracy, hundreds of students will have to sacrifice their lives.

Fortunately, in its zeal to attract foreign investment and deregulate the Indian economy, our rulers past and present, have never lost sight of the country's basic commitment to democracy. Barring the unfortunate 19 months of Emergency – which incidently was hailed by large and powerful sections of the Indian elite in the initial stages – Indian democracy has always been on course. On several occasions foreign commentators have written obituaries to Indian democracy, the last time being when Rajiv Gandhi was brutally assassinated. In spite of scores of elections at every level for the last four decades, elections which have been quite fair and free, the developed world still retains its skepticism about Indian democracy. Foreign investment still barely trickles in – the ostensible reasons being not only that the reforms may be short lived, but that India may not have political stability. In contrast, China's special economic zones are flooded with foreign capital, hiccups like Tianenmen square massacre notwithstanding because, China is seen as a 'stable' country. It is clear that foreign capital, whose primary and perhaps only concern is super profits in a laissez faire environment, would prefer political authoritarianism with economic freedom over a thriving democracy with economic regulations.

beter', en daarmee de nieuwe ambtsdrager het land praktisch als dictator laten besturen. Ook president Salinas oefende gedurende de eerste paar jaar een geweldige macht uit en drukte zijn economische politiek er gewoon door. Oppositie van critici van het programma, dat het bekende patroon liet zien van privatisering van de overheidssector en liberalisering van octrooiwetten, werd eenvoudigweg terzijde geschoven – in een geval werd het hoofd van een van 's lands grootste en machtigste vakbonden doodleuk uit zijn kantoor ontvoerd door veiligheidstroepen. Mexico's politiek is gloedvol geprezen en het aantal buitenlandse investeringen is toegenomen.

Ook India krijgt langzamerhand, zij het schoorvoetend, lof toegezwaaid van de geïndustrialiseerde wereld voor de hervormingspolitiek van het duo Narasimha Rao en Dr. Manmohan Singh. De politiek wordt wijd en zijd bejubeld als 'pragmatisch'. Er is echter altijd wel een maar, overal klinkt een valse noot. Als een land als Thailand tot zes biljoen dollar aan investeringen per jaar kan krijgen, waarom krijgt India dan niet meer dan een paar honderd miljoen? India heeft per slot alles wat een investeerder zich kan wensen: geschoolde arbeidskrachten, een geïndustrialiseerde basis, een grote reserve aan vakmensen en managers, en, het verleidelijkst van alles, een afzetmarkt van bijna 150 miljoen mensen die veelal over extra geld beschikken en staan te popelen om consumentenartikelen te kopen en zo een inhaalmanouvre te plegen op hun equivalenten in de ontwikkelde wereld. Maar India heeft nog iets anders, wat eigenlijk een beetje jammer is – een democratisch systeem. Het mag dan chaotisch zijn, dwarsliggen en vaak incompetent zijn, maar het blijft overeind en het gedijt, en uiteindelijk functioneert het goed genoeg om elke hoop op totale machtsovername die wie dan ook eventueel mag koesteren te doorkruisen. Het democratische systeem van India is niet gecentraliseerd maar pluralistisch – wat de besluitvorming soms kan vertragen – maar het staat zijn inwoners toe een stem te hebben, al is dat maar eens in de vijf jaar. Thailand mag dan een snelwerkende en efficiënte bureaucratie hebben die vlot de voordelen inziet van toestemming verlenen aan een frisdrankproducent om een fabriek neer te zetten, maar het land heeft ook een leger dat een onafhankelijke premier nooit zal toestaan de macht te grijpen.

Gelukkig hebben onze leiders, in het verleden zowel als tegenwoordig, nooit 's lands fundamentele aanhangigheid aan de democratie uit het oog verloren in hun ijver buitenlandse investeerders aan te trekken en de Indiase economie te decentraliseren. Afgezien van de ongelukkige periode van negentien maanden waarin de noodtoestand van kracht was – die overigens in de beginfasen bejubeld werd door grote en invloedrijke delen van de Indiase elite – is de Indiase democratie altijd op koers gebleven. Bij verschillende gelegenheden schreven buitenlandse commentatoren necrologieën voor de Indiase democratie. De laatste keer was bij de brutale moord op Rajiv Gandhi. Ondanks de vele tientallen verkiezingen op elk niveau de afgelopen vier decennia, verkiezingen die eerlijk en vrij waren, blijft de ontwikkelde wereld sceptisch over de democratie in India. Buitenlandse investeringen dringen nog steeds slechts druppelsgewijs door - de kennelijke redenen daarvan zijn dat de hervormingen niet alleen wel eens van

Like any other developing country, especially one which has been a colony at one time, India has its share of influential voices which share this perception. The Indian corporate through the eyes of its western counterparts. The ironies seem to completely escape them – the Indian corporate sector has in fact thrived on the 'licence raj' and many an Indian company has survived only because there is hardly any truly worldclass competition. It has milked the very system it condemns; it has enjoyed the fruits of democracy more than the 'masses' it is so contemptous of. Yet it feels stifled with the bureaucracy that the democratic system brings along with it and is impatient when the government speaks of allotting priorities in its planning. The Indian elite has no time for 'wastage' of resources of developmental projects and no thought for the social upheaval rampant consumerism will cause; it glibly talks of privatisation of the public sector while swallowing cheap institutional capital and using it wastefully; it wants an exit policy to be implemented without delay, but only for blue collar workers, not golden collar managers. It never tires of proclaiming – 'why cannot we be like Asian tigers,' but is not ready to apply the same manafacturing and management principles. And it conveniently ignores the social costs.

It is a tribute to the country's firm democratic foundations, set up by Jawaharlal Nehru at whose door many sins are being laid by today's impatient quick-fixers, that even if the current government wanted to, it cannot dismantle the superstructure. Indeed, Prime Minister Narasimha Rao is managing wonderfully to reconcile the country's economic needs and goals with its democratic principles, never forgetting that democracy, with all its flaws, is far more important than all the GDP growth statistics which may delight economists and big business. The system has its warts, yes and often they act as a drag on real growth – no one can defend a white elephant public sector and needless red tape has often strangled genuine entrepreneurship – and these warts have to be removed. But there are two ways of doing that – with scalpels or with swords. Mr Rao has chosen the slower and perhaps more painful way but it is the best way for India.

korte duur zouden kunnen zijn, maar ook dat India politiek instabiel zou zijn. China's speciale economische zones daarentegen worden overspoeld door buitenlands kapitaal, ondanks zulke oprispingen als het bloedbad op het Plein van de Hemelse Vrede, omdat China als een 'stabiel' land wordt gezien. Het is duidelijk dat buitenlandse investeerders, die als eerste en misschien enige belang het behalen van geweldige winsten in een laissez-faire-klimaat hebben, een autoritaire politiek met economische vrijheden verkiezen boven een florerende democratie die beperkende economische maatregelen kent.

Zoals in iedere zich ontwikkelende natie, en met name een voormalige kolonie, heeft India zo zijn eigen portie gezaghebbende mensen die deze mening deelt: Indiërs werkzaam in de collectieve sector die zichzelf bezien met de ogen van hun westerse evenknieën. De ironie schijnt ze volledig te ontgaan – de Indiase collectieve sector floreerde bij de gratie van de 'patentenraj', en menig Indiaas bedrijf bleef slechts overeind omdat er nauwelijks enige concurrentie op wereldniveau bestaat. De collectieve sector heeft het systeem dat hij zo verguisde uitgemolken; heeft meer van de vruchten van de democratie genoten dan de 'massa' waar hij zo op neerkijkt. Maar de collectieve sector voelt zich wel belemmerd door de bureaucratie die het democratische systeem met zich meebrengt en wordt ongeduldig wanneer de regering het heeft over het toekennen van prioriteiten bij haar planning. De Indiase elite heeft een hekel aan de 'verspilling' van middelen in ontwikkelingsprojecten en staat niet stil bij de maatschappelijke onrust die een welig tierend consumentisme zal veroorzaken; zij heeft het lichtzinnig over privatisering van de publieke sector terwijl zij goedkoop institutioneel kapitaal opslokt en het verkwistend spendeert; zij wil dat er zonder uitstel een afvloeiingsregeling wordt getroffen, maar alleen voor laaggeschoolden, niet voor hoogopgeleide managers. Zij laat niet af te verkondigen – 'Waarom kunnen wij geen *Asian Tiger* zijn', maar is niet bereid dezelfde produktie – als managementprincipes te hanteren. En ze negeert, omdat het haar beter uitkomt, de maatschappelijke kosten.

Het is een eerbetoon aan het stevige democratische fundament van het land, waarvoor de basis werd gelegd door Jawaharlal Nehru die nu veelal de schuld krijgt van degenen die met overhaaste oplossingen komen aanzetten, dat zelfs al wilde de huidige regering het, zij die superstructuur toch niet zou kunnen ontmantelen. Minister-president Narasimha Rao slaagt er wonderwel in de economische behoeften en doelen van het land in de pas te laten lopen met de democratische beginselen. Hij verliest daarbij nooit uit het oog dat de democratie ondanks al haar tekortkomingen veel belangrijker is dan alle groeistatistieken van het Bruto Nationaal Produkt ook al brengen ze economen en grote ondernemingen misschien in vervoering. Soms staat het systeem een werkelijke groei in de weg, maar niemand kan een collectieve sector die een overbodige luxe is geworden goedpraten en onnodige bureaucratie heeft vaak ware ondernemingszin de kop in gedrukt. Deze uitwassen zullen weggesneden moeten worden. Maar er zijn twee manieren waarop dat kan worden gedaan – met de lancet of met het zwaard. Mr. Rao mag dan voor de langzame en pijnlijkere manier gekozen, het is voor India wel de beste.

Diary

I had several choices before me when I decided to write this article. It could easily be an account of the economic reforms being initiated in the country by the Narasimha Rao government – an account which was not ideologically motivated but was a bland compilation of whatever has been done, in policy terms, by the government. It could be a polemical piece sharply criticising the economic programme and indeed many Indian commentators have chosen to do that in recent months. Often, the criticism has been more ideological rather than based on rational argument. One prominent writer even went to the extent of terming India a 'police state which curbed dissent', which, while no doubt a pithy comment, is far from true.

The difficulty for me was to write an article which touched new areas and provoked comment among Indians who are seen to be among the decision making class. At the same time the piece should be sufficiently accessible to a largely foreign audience. I did not want it to be a purely economic piece; I wanted it to be more of an ideas article, one which looked at the macro socio/political/economic picture of the country. At the same time, I wanted to explore certain fundamental premises of the policies that are being initiated and to examine whether we are achieving our cherished goals.

There are no statistics in the article – that was deliberate, because it would have turned the piece into just another economics argument which is what I wanted to avoid. Neither did I want to write a human interest story – that would have been reportage, not comment.

Yet another difficulty was that the piece had to have a long shelf life and would have to remain valid for at least two or three months without losing its topicality.

I hope I have succeeded in my objective – if the piece provokes some discussion and debate then I will feel my purpose has been served.

Objective

The Observer of Business Politics is a relatively new paper on the Indian horizon, having been started barely two years ago. The Observer group belongs to one of the country's leading industrial houses but has strived hard, succeeding to a large extent, to keep an independent profile.

We at the Observer have broadly supported the current government's economic reform policies, noting that these are crucial in tackling India's multifarious problems. This however does not mean that our praise has been uncritical or that we have not pointed out warts and pitfalls in the strategies adopted by the Narasimha Rao government. Indeed, on several key issues, like inflation, The Observer has been sharply critical.

Dagboek

Ik had de keus uit een aantal verschillende mogelijkheden toen ik dit artikel besloot te schrijven. Het had makkelijk een relaas kunnen worden over de economische hervormingen die in het land zijn geïntroduceerd door de regering Narasimha Rao een relaas dat de verbeelding niet ideologisch prikkelde maar een flauwe compilatie vormde van wat er in termen van beleid door de regering is ondernomen. Het had een polemisch stuk kunnen worden dat scherpe kritiek leverde op het economische programma. Dat is precies waarvoor veel Indiase commentatoren de afgelopen maanden hebben gekozen. Vaak was de kritiek meer van ideologische aard dan dat hij gebaseerd was op rationele argumenten. Een vooraanstaand schrijver ging zelfs zover dat hij India 'een politiestaat die afwijkende meningen muilkorft' noemde, wat verre van de waarheid is, al is het misschien een pittige uitspraak.

De moeilijkheid voor mij was een artikel te schrijven dat iets nieuws aanboorde en tevens reactie teweegbracht onder Indiërs die geacht worden deel uit te maken van de besluitvormende klasse. Tegelijkertijd moest het artikel voldoende toegankelijk zijn voor een voornamelijk buitenlands lezerspubliek. Ik wilde er geen puur economisch stuk van maken; ik wilde dat het meer een ideeënstuk werd, een stuk dat de macro-sociaal/politiek/economische situatie van het land belichtte. Tegelijkertijd wilde ik bepaalde fundamentele uitgangspunten van de geïntroduceerde strategieën onderzoeken, en erachter komen of we in onze doelen slagen.

Er komen geen statistieken voor in het artikel - met opzet, want ze zouden het stuk toch tot een economisch betoog hebben gemaakt, en dat wilde ik voorkomen. Evenmin wilde ik een human-interestverhaal schrijven - dat zou een reportage hebben opgeleverd, geen commentaar.

Een ander probleem was dat het stuk lang houdbaar moest zijn en voor tenminste twee à drie maanden zijn geldigheid moest bewaren zonder zijn aansluiting op de actualiteit te verliezen.

Ik hoop dat ik in mijn opzet ben geslaagd - als het stuk aanleiding geeft tot enige discussie en uitwisseling vind ik dat ik mijn doel heb bereikt.

Verantwoording

The Observer of Business and Politics is een relatieve nieuwkomer op het Indiase toneel: nog geen twee jaar geleden werd de krant opgericht. De Observergroep is eigendom van een van 's lands grootste bedrijven, maar heeft er hard naar gestreefd een onafhankelijke status te bewaren, een streven waarin zij grotendeels geslaagd is.

De Observer steunde in grote lijnen het economische hervormingsbeleid van de huidige regering, omdat we van mening zijn dat het van cruciaal belang is voor de aanpak van India's verscheidenheid aan problemen. Dit betekent echter niet dat onze lofzang kritiekloos was, of dat we de vinger niet op de gebreken en valkuilen legden van de strategische maatregelen waartoe de regering van Narasimha Rao heeft besloten. Integendeel, de Observer heeft zich over een aantal belangrijke kwesties, zoals de inflatie, zeer kritisch uitgelaten.

It is important to understand the context of the Indian government's economic programmes. When the Rao government took over the government in June 1991, India's external debt was touching and forex reserves were down to, barely enough for six weeks imports. Economists were forecasting a gloomy future, predicting that growth rates would be barely around three – four percent. Socially and politically too the past two or three years had been full of turmoil for the country – this was the fourth government in less than two years, a former Prime Minister had been assassinated, and inter-caste and inter-community strife had created deep divisions in society. India desperately needed to borrow money but commercial banks would not lend except at very high rates of interest because the country's credit rating was at a very low level. The country had little option but to go to the International Monetary Fund and the World Bank for huge borrowings.

Critics of the government's reform policies have alleged that these have been done at the behest of the IMF and restructuring will only mean that the poorer sections of society will suffer. We at the Observer disagree with this contention. The paper has continuously maintained that the policies, which are by and large independent of the IMF's prescriptions, were needed to pull India out of the sluggish economic situation it had got into. The country's large and unprofitable state-owned sector was proving a big drain on the economy while a whole plethora of regulations and red tape was stifling entrepreneurship. We see the government's programmes as necessary to shake this sleeping giant out of its slumber and let entrepreneurial forces thrive in the market place. At the same time, we have a human face, to not jettison our basic ideals and to involve the whole country, not just the elite, in the decision making process.

This article too has been written with that ideology in mind to outline the fact that while economic reforms are extremely important these should not be done in isolation but should be targetted towards the poorest of the poor. More importantly, certain basic tenets of the nation, as laid down by the founding fathers of the constitution, can never be forgotten or jettisoned. Economic reforms cannot mean only creating business opportunities but also ensuring that the benefits percolate down the line and that fundamental democratic rights are always protected.

Het is van belang de context te begrijpen van de economische programma's van de Indiase regering. Toen de regering-Rao in juni 1991 aan de macht kwam, waren de buitenlandse schuld en buitenlandse valutareserves van India gedaald tot een niveau dat nauwelijks genoeg was voor zes weken import. Economen voorspelden een sombere toekomst - ze verwachtten een groeitempo van slechts rond de drie tot vier procent. Maatschappelijk en politiek gezien waren de afgelopen twee à drie jaar roerig voor het land - de vierde regering in minder dan twee jaar tijd, een voormalige premier vermoord en de strijd tussen kasten en gemeenschappen die diepe scheuren in de samenleving veroorzaakte. India had wanhopig geld nodig maar, de commerciële banken waren niet bereid tot leningen tenzij tegen woekerrentes, en de kredietwaardigheid van het land was uiterst laag. Het had geen andere keus dan zich te wenden tot het Internationaal Monetair Fonds en de Wereldbank voor omvangrijke leningen.

Critici van de hervormingsstrategieën van de regering hebben gezegd dat de leningen werden verkregen op de voorwaarden van het IMF, en dat herstructurering slechts betekende dat de arme lagen van de samenleving zullen bloeden. De Observer is het met deze bewering niet eens. De krant is blijven volhouden dat de hervormingen, die in grote lijnen onafhankelijk zijn van wat het IMF voorschrijft, nodig waren om India uit de inerte economische situatie te trekken waarin het land verzeild was geraakt. De uitgebreide en verliesgevende overheidssector bleek de economie behoorlijk uit te hollen, terwijl een heel scala van wetten en bureaucratische regels het ondernemerschap de pas afsneed. Wij achten de hervormingsprogramma's van de regering noodzakelijk om de slapende reus wakker te schudden en de krachten van het vrije ondernemerschap op de markt tot bloei te laten komen. Tegelijkertijd hebben we een menselijk gezicht en willen we niet onze basisidealen overboord gooien, maar het hele land en niet slechts de elite in het besluitvormingsproces betrekken.

Ook dit artikel is geschreven tegen deze ideologische achtergrond, om te benadrukken dat ondanks hun grote belang de economische hervormingen niet in een isolement moeten plaatsvinden, maar op de allerarmsten afgestemd dienen te zijn. Belangrijker nog, bepaalde principiële uitgangspunten van de natie, zoals die zijn neergelegd door de oorspronkelijke ontwerpers van de grondwet, kunnen nooit worden vergeten of aan de kant worden gezet. Economische hervormingen kunnen niet slechts het creëren van mogelijkheden voor het bedrijfsleven betekenen, maar horen ook te garanderen dat de voordelen tot lagere niveaus doordringen en dat fundamentele democratische rechten te allen tijde gewaarborgd blijven.

Commentaries

In the following commentaries the journalists look back on their commission to write an article on economic liberalisation in India. They explain how they prepared for it, which aspects they concentrated on and how they operated.

Commentary of Ed Groot
(het Financieele Dagblad)

For somebody like me, who is used to writing about a perfected village such as the Netherlands, a trip to India is a great opportunity. But I must confess that at first I rather dreaded this particular job. Of course I had heard of Sikhs, the Gandhi family, the caste system and self-reliance, but I realised that my knowledge of India was very limited indeed. So what should a northerner like myself do in that hot country, except drink a lot of water?

Fortunately I found India extremely accessible. A great advantage is the prevalence of the English language, which gives access to the press, and also to many people.

In my diary I mentioned that the articles in the Indian press seem to me to be of a rather higher standard than most articles in the Dutch press. Of course, that is perhaps too succinct a statement, as standards are hard to measure. What I meant is that I have the impression that there is a very fundamental discussion on economic policy going on. Scandals, such as the scam in the Bombay stock exchange, are investigated very carefully and a lot of editorial space is devoted to them.

I wonder if that happens on the same scale in the Netherlands. A common complaint of foreigners appears to be that they have problems following the discussions in the Dutch media. It is my impression that Dutch people prefer to save their energy for fundamental debates on apartheid in South Africa, politics in Germany, England and the United States, rather than to spend it on domestic matters.

In my article, I attempted to show that the Rao government, in spite of setbacks, has managed to get something going in India that is irreversible. The irreversibility is not so much in the policy itself, but rather in the mood I sensed among business people and academics and even in the bureaucracy.

I refer to Irfan Khan of Hindustan Lever, who speaks of 'a second independence'. And I refer to the Harvard economist Jain, who recently returned to India from the United States because he is optimistic about developments in his home country.

But now that I have read the contributions of my Indian colleagues, I am beginning to doubt my own observations. Subir Roy of the 'Times of India' explains how slowly the reforms are actually being implemented. 'Frontline' even argues that the majority of the Indian people does not even want the reforms and that the government will be toppled.

Toelichting van de journalisten

In een terugblik vertellen de journalisten hoe ze zich op het schrijven van een artikel over de economische liberalisering in India hadden voorbereid, welke invalshoek ze kozen en op welke manier ze de opdracht uiteindelijk uitvoerden.

Toelichting van Ed Groot
(het Financieele Dagblad)

Voor iemand zoals ik, die gewend is over een geperfectioneerd dorp als Nederland te schrijven, is een reis naar India een buitenkans. Het heeft mij ook weer eens de gelegenheid geboden om met wat meer afstand naar het eigen land te kijken.

Toch moet ik bekennen dat ik in het begin tegen de klus heb opgezien. Ik had wel gehoord van Sikhs, Gandhi's, kasten en self reliance, maar ik realiseerde me dat ik toch wel erg weinig wist van India. Wat moet dan opeens een noorderling in zo'n warm land, behalve dan heel veel water drinken?

Gelukkig merkte ik dat India heel toegankelijk is. Dat heeft alles te maken met de Engelse taal, die je toegang geeft tot de Indiase pers maar ook tot heel veel mensen.

Ik heb in mijn dagboek gezegd dat ik de artikelen in de Indiase pers vaak van een hoger niveau vind dan in Nederland. Dat is wat kort door de bocht geformuleerd, want niveau laat zich moeilijk meten. Wat ik bedoelde is dat naar mijn indruk de discussie over het economische beleid heel fundamenteel wordt gevoerd. Ook schandalen, zoals het beursschandaal in Bombay, worden heel zorgvuldig uitgezocht en van veel commentaar voorzien.

Ik vraag mij af of dat in Nederland ook in die mate gebeurt. Van buitenlanders hoor ik nogal eens dat ze moeite hebben de Nederlandse discussies goed te volgen. Mijn indruk is dat Nederlanders hun energie liever sparen voor fundamentele debatten over de apartheid in Zuid-Afrika, over de politiek in Duitsland, Engeland en de Verenigde Staten dan over kwesties in eigen land.

In mijn artikel poogde ik in beeld te brengen dat de regering Rao, ondanks alle tegenslagen, er toch in geslaagd lijkt in India iets in gang te zetten dat onomkeerbaar is. Dat onomkeerbare zie ik niet zozeer in tastbaar beleid, maar meer nog in de stemming die ik meende waar te nemen bij zakenlieden, wetenschappers en zelfs bij het ambtelijk apparaat.

Ik verwijs naar Irfan Khan van Hindustan Lever die het over de tweede onafhankelijkheid heeft. En ook naar de Harvard-econoom Jain die terugkeert uit de Verenigde Staten omdat hij optimistisch is over India.

Maar nu ik de bijdragen van mijn Indiase collega's zie, begin ik toch weer te twijfelen aan de juistheid van mijn waarnemingen. Subir Roy maakt duidelijk hoe langzaam de hervormingen eigenlijk gaan. Sukumar Muralidharan van Frontline stelt zelfs dat een meerderheid van het Indiase volk de hervormingen helemaal niet wil en dat de regering zal vallen. Zoals gezegd, dat brengt me weer aan het twijfelen.

But with all due respect, I beg to disagree with Sidharth Bhatia's statement that the Indian democracy might deter foreign investors. Of course I have heard many complaints about the slowness of the Indian democracy, but in my experience these were always voiced by Indians and never by Western companies.

This symposium deals with comparative journalism. I believe we are confronted here with a difference in the interpretation of the behaviour of multinational companies. It seems to me as if Indian journalists view the multinationals as some kind of new colonialists. It is true they are considered to be less exploitative, but they are accused of not being prepared to pay the price of democracy in India.

The only thing that counts for international companies is that they should be able to do what they came to do: to invest, to produce and to secure a position on the Indian market. Full stop. Indian journalists seem to have problems understanding that international companies are amoral organisations in a sense. They are able to operate under a politburo as well as in a democracy. It is my impression that the Indian press is more, or even more, moralistic than the European press. It is significant that the three articles of my Indian colleagues were all commentaries.

This may be a far-fetched interpretation, but it is perhaps this same high moral standard that obstructs the introduction of a free market economy in India. The free market system is of course very unjust. No matter how hard you work, if the quality of your company's products is low or if there is no demand for them personnel cuts have to be made.

In Europe we have finally accepted, after a lot of dispute and revolution, the unjustness of the free market. We have learned that in the final analysis many more people benefit by this mechanism.

In India the unjustness of the free market system is not being accepted and it is fought with a multitude of rules and regulations. The paradox is, that all those regulations lead to poverty and a terrrible chasm between rich and poor.

However, I realise that my stay in India has been too short to truly grasp these phenomena.

Commentary of Rita van Veen
(Trouw)

After my stay of two weeks in India my colleagues in the office of 'Trouw' asked me the inevitable question: 'What did you think of India?' Ask me another! Never before was it so hard for me to find the right words. India is a country 95 times the size of Holland, with a population of more than 800 million, 350 different peoples and languages, a railway system of 62.000 kilometres. A country that is able to produce its own nuclear weapons and to send satellites into space. But in the countryside it often seems as if development stagnated centuries ago.

Maar waar ik het in alle bescheidenheid mee oneens ben is dat de Indiase democratie voor westerse onderne-mingen een reden zou zijn niet in dat land te investeren. Dat stelt Sidharth Bhatia van The Observer. Ook ik heb veel klachten over de trage democratie van India gehoord, maar mij viel op dat die altijd van Indiërs kwamen en nooit van westerse bedrijven.

Dit symposium gaat over vergelijkende journalistiek. Volgens mij is er een verschil van interpretatie van het ge-drag van multinationale ondernemingen. Ik denk dat Indiase journalisten de multinationals nog steeds zien als een soort koloniale bezetters. Weliswaar worden ze nu blijkbaar wat minder als uitbuiters gezien, nu heet het dat ze niet bereid zouden zijn de prijs voor de democratie in India te betalen.
Volgens mij is het enige dat voor internationale ondernemingen telt, dat zij moeten kunnen doen waarvoor ze komen: investeren, produceren en een positie op de markt veroveren. Niet meer en niet minder. Indiase journalisten lijken moeilijk te kunnen begrijpen dat internationale ondernemingen in zekere zin a-morele organisaties zijn, die net zo goed kunnen functioneren onder een politbureau als in een democratie. Ik heb de indruk dat India en de Indiase pers moralistischer is dan de Europese. Nog moralistischer zou ik haast zeggen. Het is opvallend dat de drie artikelen van de Indiase collega's de vorm hadden van een commentaar. Volgens mij is dat geen toeval.

Het is wat ver gezocht, maar misschien zijn het wel diezelfde hoge morele normen die invoering van de markt-economie in India zo problematisch maken. De vrije markt is immers erg onrechtvaardig. Hoe hard je ook werkt, als je bedrijf produkten maakt die niet goed genoeg zijn of waar geen vraag naar is, vallen er uiteindelijk toch ontsla-gen.
In Europa hebben we, na veel revolutie en strijd, de onrechtvaardigheid van de vrije markt geaccepteerd. We hebben geleerd dat uiteindelijk veruit de meeste mensen beter af zijn met dit mechanisme.

In India wordt de onrechtvaardigheid van de vrije markt van meet af aan niet geaccepteerd en met een enorme hoeveelheid regels en wetgeving bestreden. De paradox daarvan is dat lijdzaam wordt aanvaard dat al die regels leiden tot armoede en tot - in Europese ogen - verschrikkelijke verschillen tussen arm en rijk.
Ik besef dat ik niet lang genoeg in India geweest ben om dit soort fenomenen werkelijk te begrijpen.

Toelichting van Rita van Veen
(Trouw)

Na twee weken India kwamen mijn collega's op de redactie van Trouw met de onherroepelijke vraag: hoe vond je India? Ga maar eens aan staan. Nog nooit heb ik zo naar woorden moeten zoeken. India: een land 95 keer zo groot als Nederland, met meer dan achthonderd miljoen mensen, 350 verschillende volken en talen, een spoorweg-net van 62.000 kilometer. Een land dat zijn eigen kernwapens kan produceren en satellieten het heelal in jaagt. Maar op het platteland krijg je soms de indruk dat de fysieke ontwikkeling eeuwen geleden is gestopt.

It is also the country of Mahatma Gandhi, who infuriated the British authorities with his non-violent resistance in the struggle for independence. At the same time it is the place where violence can be so strong and ruthless that hundreds of people fall victim to it in a single day.

But what do these figures say about the soul of India? Even an experienced traveller like the Egyptian author Nawal El Saadawi found it difficult to fathom this immense country's depths. 'In discovering India,' she wrote, 'you are confronted with the same problems you encounter when discovering yourself. Although the soul is part of a human being, it takes a lot of time and trouble getting to know yourself. It is the same with India.'

A journalist does not have that time. He reads newspapers, leafs through foreign papers and magazines looking for the latest stories on the country, consults experts and gets on the plane with a briefcase bulging with information.

My mission, to write about economic liberalisation in India, took me inevitably to the big city, seat of the authorities, seat of power where policies are born, the focus of politics and the economy. In short, it took me to many offices where I talked to various Indian experts. They provided information kindly and freely, but loved to treat me to passionate discourses, which were often conflicting and left me confused.

However, India does not consist solely of offices and officials, universities and professors. I wanted to see and feel that immense countryside, where the masses of the people continue to live, so that I could get an idea of how 'economic liberalisation' affects them.

I travelled to Nagpur in Maharashtra, in hopes of getting an answer to my questions in the ashram of Sevagram. It was here that Mahatma Gandhi taught his followers how villages could build a self-sufficient economy. Today the ashram strives to uphold that tradition. It is a private enterprise, self-sufficient but producing for the market as well. They are independent of subsidies, a fact that should appeal to Mr. Rao.

Those in charge of the ashram consider liberalisation inevitable, but would like to keep foreign interests out of the picture. After all those conversations in New Delhi, I wondered if that is still possible.

In the train from Delhi to Nagpur, which took a day and a half to cover the distance, I was struck by the emptiness of the countryside. It was unexpected, as my image of India was that of one of the most densely populated countries of the world.

The villages I passed seemed bitterly poor and I wondered if people there have heard of 'economic liberalisation' or of the safety net planned to take care of the weaker social strata.

As you can see, I may have come back the wiser, but to work that wisdom into an good story is still beyond me. I comfort myself with the thought that V.S. Naipaul has spent his whole life trying to understand the land of his ancestors.

Perhaps a narrower interpretation of the commission of 'In other words' would have been advisable.

Het land van Mahatma Gandhi ook, van wie je weet dat hij de Britse overheid in de strijd om de onafhankelijkheid tot razernij bracht met zijn geweldloze verzet. En ook het land waar soms het geweld zo hard en meedogen-
loos is dat er honderden slachtoffers vallen.

Maar wat zeggen deze cijfers over de ziel van India. Zelfs een ervaren reizigster als de Egyptische schrijfster
Nawal El Saadawi had moeite dit immense land te doorgronden. 'Bij het ontdekken van India', schrijft ze, 'heb je ongeveer dezelfde problemen als bij het ontdekken van jezelf. Hoewel de ziel met de mensen verbonden is, kost het
heel veel tijd en moeite om jezelf te leren kennen. Zo is het ook met India.'

Een journalist is deze tijd helaas niet gegund. Hij leest boeken, zoekt in de buitenlandse kranten en magazines
naar de laatste verhalen over het land, gaat te rade bij deskundigen en stapt vervolgens met een stapel informatie
in het vliegtuig.

Het onderwerp van de missie: 'liberalisering van de Indiase economie', voert me onherroepelijk naar de grote
stad, daar waar de bestuurders zetelen, daar waar de macht is gevestigd, waar de plannen worden gesmeed, daar
waar de kennis over politiek en economie is samengebald. Kortom: naar de burelen om gesprekken te voeren met
Indiase deskundigen van velerlei pluimage. Ze verstrekken met liefde informatie, maar vallen graag terug in bezie-
lende betogen die helaas nogal eens haaks op elkaar staan en die me lichtelijk in verwarring achterlaten.

Maar omdat India natuurlijk niet alleen bestaat uit burelen en hoge ambtenaren, universiteiten en professoren,
wil ik ook graag iets van dat immense platteland opsnuiven, daar waar de grote massa van het volk nog steeds leeft.
Ook om te zien wat 'liberalisering van de Indiase economie' voor hen betekent.

Dus op naar Nagpur, midden in India, in de deelstaat Maharashtra, in de hoop bij de ashram Sevagram een antwoord te krijgen. Hier immers leerde Mahatma Gandhi zijn volgelingen hoe dorpen een zelfvoorzienende economie
konden opbouwen. In die ashram pogen ze die traditie hoog te houden. Het is een particuliere onderneming, die
voorziet in eigen behoeften, maar ook voor de markt produceert. Ze krijgen geen subsidie en dat moet premier Rao
aanspreken.

De leiding van de ashram acht liberalisering onvermijdelijk, maar wil het buitenland buiten de deur houden. En
ik vraag me af, na al die betogen in New Delhi, of dat nog wel mogelijk is.

In de trein van Delhi naar Nagpur, die er anderhalve dag over doet, overvalt me de grote leegte van het platteland; vreemd omdat India op mijn netvlies staat als een van de dichtstbevolkte landen ter wereld.

In de dorpen die ik zie, overheerst, althans op het oog, de bittere armoede en ik vraag me af of ze daar al van de
'liberalisering van de Indiase economie' hebben gehoord. Of van dat vangnet dat er moet komen om de sociaal
zwakkeren op te vangen.

U merkt het, ik ben er misschien wel wijzer vandaan gekomen, maar iets anders is het die wijsheid in een handzaam verhaal te vangen. Ik troost me maar met de gedachte dat V.S. Naipaul al zijn hele leven bezig is het land van
zijn voorouders te doorgronden. Bescheidenheid in de interpretatie van de opdracht van 'Met andere woorden' was
misschien beter geweest.

Commentary of Anil Ramdas
(de Groene Amsterdammer)

I never yet caught myself having a journalist's view. So this is the first time I am going to formulate one. I am handicapped in the sense that I never had any formal training as a journalist and so do not know how to differentiate genres in the jargon. I used to think the film reviews were the best part of the newspaper. I also used to study French semiotics. Roland Barthes wrote that you could see reality as a sequence of scenes, like a film. What the author or journalist does, is to describe these scenes of reality as faithfully and honestly as possible, and then to edit them as dishonestly and personally as possible to create a story. Studying anthropology taught me that the strength of a story is not determined by its broad outline, but by its details, its insignificant events, which illustrate the larger meaning in a kind of micro-cosmos.

So that is what I knew about stories on reality and then, suddenly, three years ago I was a journalist. But fortunately, I started work at 'De Groene Amsterdammer'. This newspaper wants every contributor and editor to develop a personal style, his or her own way of looking at the world. 'De Groene' is an author's paper rather than a genre paper.

I looked at how other literary authors write about the Third World. I was especially impressed with *V.S. Naipaul*. He personifies the words of Roland Barthes. Each separate scene is recorded with painful precision, but the editing shows the technique, the subjective viewpoint, the opinion of the author.

Of course, I am no *V.S.* Naipaul, and so my opinion is not subtly hidden, it is just there, sometimes even unintentionally.

I have a personal interest in India. It is the land of my ancestors and I know the culture pretty well, though I may have imbibed a transformation of it. Besides, during my studies India was one of my major subjects.

It was a difficult commission: economic liberalisation as a subject seems somewhat too large to grapple with.

So I interpreted it. Joining the global marketplace can be interpreted as joining the *Western* world. In a formal political sense India has belonged to the *Western* world for a long time, because it is a democracy with considerable freedom of the press.

Now India wants to join the *Western* world economically. But what about the difference in culture? Can India deal with *Western* culture? I do not mean *Western* christianity, *Western* literature or *Western* planning and technology, I mean *Western* style, both of form and of content. Not only the standards of consumption and appearance that prevail in the *West*, but also the behaviour, way of thinking, desires, obsessions and aspirations.

Some things India absolutely needs to take over from the *West*, such as its ideas about hygiene, but other things it should leave alone, *Western* arrogance and aggression for instance. But what about *Western* individualism, the drive for female emancipation, the pursuit of personal identity? It is impossible to say whether

Toelichting van Anil Ramdas

(de Groene Amsterdammer)

Ik heb mezelf nog nooit op een journalistieke opvatting betrapt. Dit is dan ook de eerste keer dat ik er een ga formuleren. Daarbij komt mijn 'handicap' dat ik geen formele journalistieke opleiding heb genoten en dus niet in vakjargon weet hoe ik genres moet afbakenen.

Van de kranten vond ik vroeger de filmrecencies het mooist. In die tijd las ik veel van de Franse semiotiek. Met name Roland Barthes schreef dat je de werkelijkheid ook kunt zien als een geheel van scènes, als een film. Wat de schrijver of journalist doet, is die scènes van de werkelijkheid zo natuurgetrouw en zo eerlijk mogelijk beschrijven, om ze dan zo oneerlijk en persoonlijk mogelijk te monteren tot een verhaal. De antropologie leerde me dat de kracht van een verhaal niet bepaald wordt door de grote lijn, maar door het detail, door de bijzonderheden, de kleinigheden, de onopvallende voorvallen en tekentjes, waardoor de grote betekenis in een soort micro-kosmos gellustreerd wordt.

Dat wist ik dus van verhalen over de werkelijkheid en toen was ik drie jaar geleden opeens journalist, maar gelukkig was dat bij de Groene Amsterdammer. Deze krant wil dat iedere medewerker of redactielid een persoonlijke stijl ontwikkelt, een eigen manier van kijken naar de wereld en een kenmerkende vorm. De Groene is een auteurskrant in plaats van een genrekrant.

Ik keek hoe andere literaire auteurs over de derde wereld schrijven. Vooral V.S. Naipaul trof mij erg. Hij is de verpersoonlijking van wat Roland Barthes zei. Iedere afzonderlijke scène is met pijnlijke precisie vastgelegd, maar in de montage schuilt de techniek, daar schuilt de subjectieve inbreng, daar schuilt de mening van de auteur. Ik ben natuurlijk geen V.S. Naipaul en mijn mening gaat dus niet schuil achter de subtiele montage, maar staat er vaak, meestal zelfs ongewild, plompverloren in.

Ik heb een persoonlijke interesse voor India. Mijn voorouders komen er vandaan en ik ken de cultuur van het land vrij goed, zij het dat ik haar op een vervormde wijze met me meedraag. Bovendien was India tijdens mijn studie een van mijn studie-onderwerpen.

De opdracht was wel lastig: de economische liberalisering, daar kon ik niet mee uit de voeten. Daarom ging ik haar interpreteren. De toetreding tot de markteconomie kun je opvatten als de toetreding tot de westerse wereld. Op formeel politiek gebied behoort India al lang tot de westerse wereld, omdat India een democratie is met een grote mate van persvrijheid.

Nu wil India ook op economische gebied tot de westerse wereld horen. Maar hoe zit het met het culturele vlak. Kan India overweg met de westerse cultuur? Ik bedoel niet het westerse christendom, de literatuur of de westerse planning en technologie, ik bedoel vooral de westerse stijl, qua vorm en inhoud. Dus niet alleen de normen van consumptie en uiterlijk, maar ook gedrag, denken, verlangens, obsessies en strevingen.

Er zijn dingen die India absoluut moet overnemen van het Westen, zoals de kijk op reinheid en hygiëne, en er zijn dingen die India niet moet overnemen, zoals de westerse hoogmoed en agressiviteit. Maar hoe staat het met het westerse individualisme, de drang naar geslachtelijke gelijkheid, het streven naar een persoonlijke identiteit? Je

this is good or bad for India. Thinking like this, I strayed quite far from economic liberalisation and I gave a personal interpretation to the commission.

While in India, I tried to talk to as many people as possible: sociologists, journalists, historians, artists. No politicians or civil servants, because I do not like them. I sought the company of salespeople, taxidrivers, guides, smugglers and money changers, because they keep in touch with the West.

I left much to chance, which is risky but always yields more. As soon as people know that they are being interviewed, they become formal, especially in India. They exude the formality of an ambassador and will always start to defend something: their country, their religion, their profession, or whatever, and that is rather a strain. I much prefer to just talk to someone and then, when contact has been made, I tell them what I am doing and why the conversation is important to me. That usually works quite well.

After a week of talking - I talked to six intellectuals and a dozen or so people in ordinary professions - I tried to find out if the thoughts they had voiced were somehow reflected by reality.

Since the attitude towards the West seemed to be still dominated by the well-known cliches of sex, drink, consumerism and general hedonism, I started looking for the manifestation of these things in India. I went to bars, legal and illegal, to brothels, nightclubs and other places of sexual amusement, and to all sorts of restaurants and shops where Western goods are for sale.

This is how I wrote my reportage. The question is whether it is a journalist's reportage or a strictly personal travelogue. It is both of course, if only because I am not a good reporter and am not fully aware of the requirements of the genre. But this personal element in my story certainly was a strategic choice. I was critical of Hinduism, so I safeguarded myself against raised eyebrows by confessing right at the start that I know what I am talking about since I am a Hindu myself. If I had not been, I would have introduced a friend who was. In order to have criticism come over, I should never sound like an irritated person who does not understand anything, but rather like someone who is initially willing to look at it lovingly and is disappointed nevertheless. You get more readers involved that way than when you just spring the attack on them.

I wanted to criticize European tourists, because I noticed that they do not feel comfortable in India, probably because of historical frutrations. That is why I wanted to explain that I did feel comfortable in India, and less so in Europe. It is only partly true, but it fit my story. In these passages I am emphatically personal. Much more truly personal of course, are the images, the experiences and conversations I chose to include in the article. Of the six conversations I had with intellectuals, I included fragments of only two. I did not want to drop too many names, and I wanted only comments that had a link with the kind of subject I am interested in: television, new movie heroes, those kind of metaphors.

I wanted to portray India as a tragicomedy, but seriously, without laughing at the country, because I would be laughing at myself. India is in a sense a tragicomedy with a higher purpose. Comic things happen,

kunt niet zonder meer zeggen of dat goed of slecht is voor India. Zo ben ik een eind van de economische liberalisering afgedwaald en heb ik aan de opdracht een persoonlijke draai gegeven.

In India probeerde ik in de eerste week zoveel mogelijk mensen te spreken: sociologen, journalisten, historici, kunstenaars. Geen politici of ambtenaren, want ik houd niet van politici en ambtenaren. Wel winkelverkopers, taxichauffeurs, gidsen, smokkelaars en geldwisselaars, want zij komen veel in aanraking met het Westen.

Ik liet veel aan het toeval over, wat riskant is maar altijd meer oplevert. Zodra mensen het gevoel hebben dat ze worden geïnterviewd, nemen ze, zeker in India, een formele houding aan. Ze krijgen de stijfheid van een ambassadeur en nemen altijd iets in bescherming: hun land, hun geloof, hun beroep, wat dan ook, en dat is buitengewoon hinderlijk. Veel liever begin ik gewoon met iemand te praten en vertel ik ongeveer halverwege, als de vertrouwensrelatie is gelegd, waar ik mee bezig ben en waarom het gesprek voor mij belangrijk is. Dat werkt vrij goed.

Na deze week van gesprekken, ik sprak zes intellectuelen en zo'n tien mensen uit gewone beroepen, probeerde ik uit te zoeken of de geuite gedachten terug te vinden zijn in de werkelijkheid.

Omdat uit de gesprekken bleek dat de houding ten opzichte van het Westen nog steeds wordt bepaald door clichés als seks, drank, consumptie en hedonisme in het algemeen, probeerde ik in de laatste week de beelden daarvan terug te vinden. Ik ging naar drankgelegenheden, legale en illegale, naar bordelen, nachtclubs en andere plekken van seksueel vermaak, en naar allerlei restaurants en winkels waar westerse waren worden aangeboden.

Zo is deze reportage tot stand gekomen. De vraag is of het een journalistieke reportage is en niet een strikt persoonlijk reisverhaal. Beide natuurlijk, al was het alleen maar omdat ik geen goede reporter ben en de eisen van een journalistieke reportage niet goed ken. Toch is het persoonlijke element van mijn verhaal wel degelijk strategisch gekozen. Ik leverde kritiek op het hindoeïsme, dus dekte ik me in het begin van het verhaal in door te bekennen dat ik weet waarover ik praat, omdat ik zelf ook Hindoe ben. Als ik het niet zou zijn, zou ik eerst een vriend hebben opgevoerd die het wel was. Om kritiek over te laten komen, moet ik niet klinken als een geïrriteerd iemand die er niets van begrijpt, maar als iemand die in eerste instantie bereid is er liefdevol naar te kijken en desondanks teleurgesteld raakt. Zo sleep je meer lezers mee dan als je uit de lucht komt vallen met je aanval.

Ik wilde kritiek leveren op de Europese toeristen, omdat ik merkte dat ze zich niet op hun gemak voelen in India, waarschijnlijk door historische frustraties. Daarom wilde ik ook uit de doeken doen dat ik me wèl in India op mijn gemak voel, en juist niet zo erg in Europa. Dat is maar ten dele waar, maar het kwam mij in mijn verhaal goed uit. In deze passages heb ik het uitdrukkelijk over mezelf. Veel persoonlijker zijn natuurlijk de gekozen beelden, ervaringen en gesprekken, die tenslotte in het stuk zijn komen te staan. Van de zes intellectuelen die ik sprak, heb ik alleen fragmenten van twee gesprekken opgenomen. Ik wilde niet te veel namen noemen, want dat werkt altijd storend, en ik wilde alleen uitspraken die aansloten bij het soort onderwerpen waar ik in geïnteresseerd ben: televisie, nieuwe filmhelden, dat soort metaforen.

Ik wilde India neerzetten als een tragikomedie. Maar dan op een ernstige manier, zonder het land uit te lachen, omdat ik dan mezelf zou uitlachen. India is in zekere zin ook een tragikomedie met een hoger doel. Er gebeuren ko-

like the runway being swept, and tragic things happen, like babies being put to sleep in the street. It is all a struggle for dignity. I witnessed it for two weeks and people who are interested in the Third World witness it daily. I have tried to show this, in a scientific, journalistic and literary manner. Which of these has the upper hand I do not know, and I must admit I do not really care.

Comment by Sidharth Bhatia
(The Observer)

The argument 'does Third World journalism exist' goes on in the minds of Indian and Western journalists all the time. In India journalists and others tend to be a bit sensitive about what is seen as Western journalism: reports only about floods, earthquakes and mass killings in their own subjective way. Therefore threehundred people dead in a train accident in India merits three paragraphs in an American paper, while two people dead in the West merits a much longer story, so these sensitivities have always been there.

A symposium like this gives a chance to set forth in a more formal setting an argument that journalism has certain universal values. I don't want to go into a long discussion either about the economic reforms or about comparative journalism. I want to give you an idea of how Indian journalism today, or certain sections of it, operates. This whole symposium does need some perspective on what Indian journalism has come to be today.

First of all: economic journalism in India is a relatively new phenomenon. For the last thirty, forty years business stories were relegated to the back pages. In the last five years, with the growth of business, the stock market and economic activity, and with the liberalization since the early eighties, economic journalism has grown drastically. One sees far more newspapers covering business stories. There are a lot of business magazines, special interest publications. There are something like 75 publications, with a total circulation which has grown from about two million in the early eighties to about fifteen million now. There is a certain sector which has emerged to service this new interest area. People have become more interested in economic stories. The stock market scandal today warrants front page coverage day after day for six months. In India we are obsessed by political developments of the most micro kind. Will this chief minister stay on until the day after tomorrow? So we have started to look at economic activities.

This has thrown up its own interesting challenges. One is that we do not have enough business and economics journalists. So this area needs to be looked at. Second is that industrialists have moved into the media in a very big way. They have very closely defined interests in their particular industries and in economic activity and there is a danger that they will start using their publications to influence government decisions which help their industries.

So that is another thing that has happened. I don't want to be moralistic about it, but it is important for you to understand that business journalism, English business journalism to narrow the field, is an elitist

mische dingen - het schoonvegen van de landingsbaan - en er gebeuren tragische dingen, zoals kleine kinderen die op straat te slapen worden gelegd. Het geheel is een strijd om de waardigheid. Dat gebeurde voor mij gedurende twee weken en het gebeurt dagelijks met mensen die geïnteresseerd zijn in de derde wereld. Dat probeerde ik in beeld te brengen, op een wetenschappelijke, journalistieke èn literaire manier. Welke de overhand heeft gehad weet ik niet, maar dat vind ik niet zo belangrijk.

Toelichting van Sidharth Bhatia
(The Observer)

De vraag 'bestaat er specifieke derde-wereldjournalistiek?' houdt Indiase en westerse journalisten vaak bezig. In India zijn journalisten en anderen een beetje overgevoelig voor wat als westerse journalistiek wordt gezien: subjectieve reportages over overstromingen, aardbevingen en massamoorden. Driehonderd doden bij een treinongeluk in India krijgen drie alinea's in een Amerikaanse krant, terwijl twee doden in het Westen veel meer ruimte krijgen. Die overgevoeligheid heeft altijd al bestaan.

Een symposium als dit biedt een kans om in een meer formele context te stellen dat de journalistiek bepaalde universele waarden kent. Ik wil geen uitgebreide discussie aangaan over de economische hervormingen of de vergelijkende journalistiek. Ik wil u een idee geven van hoe de hedendaagse Indiase journalistiek, of bepaalde sectoren daarvan, opereert. Dit symposium heeft mijns inziens behoefte aan meer inzicht over wat de Indiase journalistiek tegenwoordig inhoudt.

Ten eerste: economische journalistiek is in India een relatief nieuw verschijnsel. In de afgelopen dertig, veertig jaar kregen zakelijke stukken een plaatsje op de laatste pagina's. Maar in de afgelopen vijf jaar, met de groei van het bedrijfsleven, de aandelenbeurs en de economische activiteit in het algemeen, en met de liberalisering sinds begin jaren tachtig, is de economische journalistiek enorm uitgebreid. Er zijn veel meer kranten die stukken over het bedrijfsleven opnemen. Er zijn veel economische tijdschriften en er verschijnen 'special interest'-bladen. Er zijn nu zo'n 75 publikaties met een totale oplage die groeide van zo'n twee miljoen begin jaren tachtig tot ongeveer vijftien miljoen nu. Er is een bepaalde sector ontstaan die in deze nieuwe informatiebehoefte voorziet. Men heeft meer belangstelling voor economische artikelen. Het huidige beursschandaal is een half jaar lang dagelijks goed voor voorpaginakost. In India worden we volkomen in beslag genomen door politieke ontwikkelingen op micro-niveau. Zal deze minister aanblijven tot overmorgen? En nu kijken we dus ook naar economische activiteiten.

Dit heeft voor interessante uitdagingen gezorgd. We hebben bijvoorbeeld niet genoeg redacteuren voor de financiële en economische berichtgeving. Daar moet dus iets aan gedaan worden. Ook is er het feit dat de industriëlen op grote schaal de media binnengestroomd zijn. Zij hebben gedefinieerde belangen in hun specifieke produktiesectoren en in de economische activiteit. Het gevaar bestaat dat zij hun publikaties zullen gebruiken om de besluitvorming van de overheid ten gunste van hun industrie te beïnvloeden.

development, it is a very elitist small decision-making community, consisting of maybe a few hundred thousand, which decides everything. It is to them that this English language journalism appeals.

All the arguments we have been having about changes, all the arguments about reforms, and the word reforms is used very cleverly here, all the arguments about the liberalization process are held within this community. Once we understand that, I think it will help us realize that the vested interests of the owners, of the readers, of the middle classes, which number about 150 million today, are so closely intertwined that economic journalism, journalism per se, is only related to macro level activity.

For example, the stock market scandal of autumn 1992 concerns itself with the effects it has on the people who actually perpetrated the scam. Not the people who felt the net effects of the scam. A bank has gone bust. The newspapers will report about how the directors are affected, rather than the depositors. This thing has not substantially changed. All the people who are on the covers of magazines are the directors of the banks and directors of companies etcetera. I am not making a value judgment, but in this framework we should understand that journalism in India is still obsessed with the decision-making process rather than the net effects process. Once we understand that, I think we will be able to process this symposium with far more understanding.

The second thing about operating in India is that it is difficult to come by hard data. I think my Dutch colleagues have a slightly more sympathetic point of view: they say people are very accessible, information is easy to come by. Yes, what is easy to come by is opinion.

This is a matter of great concern to most Indian journalists. They have difficulties ringing up a company and finding out its production figures, which after all are accessible to the public and to the shareholders, but have no problems getting access to the managing director, because he knows he is going to get his name in the papers. So all he will talk about is, we welcome the liberalisation etcetera, of course. But when he goes to the government he opposes it tremendously. That is the other area. So we are still in a learning process.

I want to confine my remarks only to journalism. I did not come here to defend my article, which I leave to you. I think that it is important to understand that this journalism has still retained a peculiar Indian flavour, in that we still have these problems getting figures, we still have problems getting governments to talk about what they want to do. But it is a growth area and there is an extremely high level of professionalism in the media, which is unique for a Third World country, for want of a better phrase.

It is rapidly moving in the direction of becoming even more professional, as more and more journalists are coming into the business. Journalism today is a very serious rival career option as compared to other things.

I think it will only be for the better as more journalists start to realize that business journalism is not boardroom journalism, but that it is actually journalism about the people who eventually get affected. Not in terms of GDP or JNP or per capita statistics, not as figures but as actual people.

Ik wil niet moralistisch doen, maar het is wel belangrijk dat u begrijpt dat de economische journalistiek, de Engelstalige economische journalistiek om precies te zijn, een elitaire aangelegenheid is. Het gaat om een zeer kleine groep die bestaat uit misschien een paar honderdduizend mensen, die alles beslist. Op die groep is de Engelstalige journalistiek toegesneden.

Alle discussies die we gehad hebben over veranderingen, over hervormingen, en het woord hervormingen wordt hier slim gebruikt, alle discussies over het liberaliseringsproces worden binnen deze groep gevoerd. Als we dat inzien, beseffen we dat de belangen van de eigenaars en van de lezers - de middenklasse die momenteel uit 150 miljoen mensen bestaat - zo verstrengeld zijn dat de economische journalistiek, en trouwens de journalistiek überhaupt, alleen bezig is met activiteiten op macro-niveau.

Het beursschandaal van herfst 1992 gaat bijvoorbeeld over de effecten ervan op de mensen die de zwendel in feite in touw hebben gezet. Niet over de mensen die het netto resultaat van die zwendel op hun bord kregen. Een bank gaat over de kop. De krant schrijft eerder over de gevolgen voor de directeuren dan over de gevolgen voor de deposanten. Dat soort dingen is niet wezenlijk veranderd. De koppen op de omslagen van de tijdschriften zijn van bankdirecteuren en president-directeuren. Ik geef geen waarde-oordeel, maar in deze context moeten we begrijpen dat de journalistiek in India nog steeds vooral bezig is met het besluitvormingsproces en niet zozeer met het netto-opbrengst-proces. Als we dat begrijpen, denk ik dat we dit symposium beter tot ons kunnen laten doordringen.

Het tweede punt met betrekking tot ons werk in India is dat harde feiten moeilijker te vergaren zijn. Ik geloof dat mijn Nederlandse collega's hier iets positiever over denken, want zij zeggen dat de mensen zo toegankelijk zijn en dat de informatie voor het oprapen ligt. Ja, wat inderdaad voor het oprapen ligt is visie. Dat baart de meeste Indiase journalisten grote zorgen. Het is moeilijk om een bedrijf op te bellen en de produktiecijfers op te vragen, die tenslotte toch openbaar zijn voor het publiek en voor de aandeelhouders, maar het is geen probleem om de directeur te spreken te krijgen omdat die weet dat zijn naam in de krant komt. Dus hij wil alleen vertellen dat de liberalisering een prima ontwikkeling is, enzovoort. Maar tegenover de regering is hij een brok verzet. Dat is de andere kant. Dus we zijn nog steeds bezig met een leerproces.

Ik beperk mijn opmerkingen tot de journalistiek. Ik sta hier niet om mijn artikel te verdedigen, dat laat ik aan u over. Ik geloof dat het belangrijk is dat we begrijpen dat dit soort journalistiek nog steeds een typisch Indiaas smaakje heeft, voor zover we nog problemen hebben met het op tafel krijgen van cijfers en met het gebrek aan openheid van de kant van de regering over haar plannen. Maar er zit vooruitgang in en de media staan op een buitengewoon hoog professioneel niveau, wat uniek is voor een derde-wereldland, om die term maar te gebruiken.

Dat niveau wordt nog steeds professioneler, en er komen nog steeds journalisten bij. Vandaag de dag is de journalistiek een serieuze carrière-mogelijkheid.

Ik geloof dat het goed is dat steeds meer journalisten beseffen dat economische journalistiek geen directiekamer-journalistiek is, maar dat het journalistiek is die over mensen gaat die uiteindelijk met de gevolgen te maken hebben. Het gaat niet over het Bruto Nationaal Produkt, of over de cijfers per inwoner, maar over echte mensen.

Comment by Subir Roy
(The Times of India)

I'll give you some idea as to how journalistic activities in the Times of India have changed within the last few years. From that you can judge how I perceive Indian journalism today and Western journalism on India or developing countries.

In the first place the leading sections of the Indian press nowadays are run much more professionally in a very business sense of the word. Journalists are more conscious of market slots and market niches, and try to cater to the perceived needs of the readers. Until five years ago the leading journalists in the country wrote and reported on what they thought were simply and straightforwardly matters of public interest.

This constitutes the big change that has taken place - the way leading Indian newspapers view their work, and this unconsciously has been a kind of precursor to the so-called economic liberalization or restructuring that has gone on. So the market place is much more important to leading Indian journalists today, than it was even until five years ago.

From this I draw my first conclusion: the way in which Indian journalists work or view their scenario and the way in which Western journalists coming to India view the scenario are not all that different. Today the gap is much smaller than it used to be.

Concurrent with the change in attitude on the part of Indian journalists, there is also a greater acceptance of what you recognize as the universal values of journalism. Journalism knows no frontiers. It has to be faithful to its own professional ethics and that is it. It has not come about entirely, but there is no doubt that the movement is in that direction.

Here again the Times of India is a very good case study. It is the oldest Indian paper - 150 years old. Its critics say that it is an, or the establishment paper. The marketing line put out by the Times of India is to say, 'We are not an establishment paper, we are the establishment. Governments come and governments go, but we go on.' When in our view a government ceases to work for the national interest, then we reject it. This is the mindset and with the gradual introduction of the logic of the market place, with the greater opening up of Indian society, with satellite television coming and with Western newspapers and magazines, we are much more readily accessible. Indian journalists today worry much less about the peculiar, typical or unique Indian situation and how it needs to be addressed differently.

Developmental journalism is at a discount in India today. In the past there was no question: if there was a choice between professional and patriotic considerations, whether it was good to write a particular piece at a particular time for political stability or not, in the past those who ran the Times of India would have absolutely no problem in deciding. They were ultimately and in the final analysis very responsible.

Today they are not so responsible. I would not say that in a choice between professional considerations and patriotic considerations the balance would now automatically come down on the professional side, but it

Toelichting van Subir Roy
(The Times of India)

Ik probeer u een idee te geven van hoe de journalistiek in de afgelopen vijf jaar bij The Times of India veranderd is. Daaruit kunt u opmaken hoe ik tegen de huidige Indiase journalistiek en de westerse journalistiek over India of andere ontwikkelingslanden aankijk.

Om te beginnen wordt een groot deel van de Indiase pers nu veel professioneler en zakelijker gerund. Men is zich meer bewust van gaten in de markt en probeert in de waargenomen behoeften van de lezers te voorzien. Tot vijf jaar geleden schreven vooraanstaande journalisten alleen over wat zij dachten dat zaken van algemeen belang waren.

Dit is de grootste verandering die heeft plaatsgevonden, de manier waarop toonaangevende Indiase kranten naar hun werk kijken, en dit is onbewust een aanloop geweest tot de zogeheten economische liberalisering of herstructurering die gaande is. De huidige markt is voor die Indiase journalisten van veel groter belang dan voor die tijd.

Hieruit trek ik mijn eerste conclusie: er zit weinig verschil tussen de manier waarop Indiase journalisten werken en een opdracht uitvoeren en de wijze waarop westerse journalisten die naar India komen hun opdrachten aanpakken. Die afstand is veel kleiner dan vroeger.

De mentaliteitsverandering bij de Indiase journalisten gaat samen met een bredere aanvaarding van de universele waarden van de journalistiek. De journalistiek kent geen grenzen. Zij moet trouw zijn aan haar eigen beroepsethiek en verder niets. Zover is het nog niet helemaal, maar het gaat ongetwijfeld die kant op.

The Times of India is een goed voorbeeld. Het is de oudste krant van India, 150 jaar oud. Critici zeggen dat het een, of dè krant van het establishment is. De slogan van The Times of India zelf is juist 'Wij zijn geen krant van het establishment, wij zijn het establishment. Regeringen komen en gaan, maar wij gaan door.' Als wij menen dat een regering niet meer bezig is voor het nationaal belang, dan verwerpen we haar. Door de geleidelijke invoering van de marktlogica, de groter wordende openheid van de Indiase samenleving, door de komst van de satelliet-televisie, westerse kranten en tijdschriften, staan we veel meer open. Tegenwoordig maken Indiase journalisten zich minder druk over de unieke, specifieke en typisch Indiase situatie en hoe die wellicht anders moet worden aangepakt.

De journalistiek die zich bezighoudt met ontwikkelingsproblematiek staat in India momenteel niet hoog aangeschreven. In het verleden was het geen vraag: als er een keus gemaakt moest worden tussen professionele en patriottische overwegingen, of het goed was voor de politieke stabiliteit om in een bepaalde periode een bepaald stuk te publiceren of niet, dan was die beslissing voor degenen die het voor het zeggen hadden bij The Times of India absoluut niet moeilijk. Ze droegen uiteindelijk een heel grote verantwoordelijkheid.

Vandaag de dag is dat minder het geval. Ik zeg niet dat de keuze tussen professionele overwegingen en het landsbelang nu automatisch zou doorslaan naar het professionele belang, maar er is veel veranderd. De overwegin-

has changed quite a bit. So that so-called patriotic, Third World, or developmental considerations weigh much less with us than they used to until five years ago.

I have gone through what my Dutch friends have written, and I was very surpised that there are so many similarities between their observations and mine. As a matter of fact, when I met Ed Groot for the first time I told him that there were paragraphs in his piece that I could have written. Of course he was very modest and he said: 'Well, I read your paper when I wrote it'.

We come to the final question: is this kind of excercise redundant? Absolutely not. I think that for a journalist unfamiliar with India, the first thing he has to keep in mind is that it is a very complex entity, which takes a very long time to grasp. Therefore one shouldn't with great speed arrive at hasty conclusions. I think this is a universal truth and it gets more important the more complex, diverse, or even geographically bigger a society is.

A journey through India today is still like a journey through time. Parts of India are in different centuries, different millennia. The diversity is all important and therefore one has to spend a lot of time to get to know even the basics in order to come to some valid conclusions. So that complexity remains. There is nothing uniquely Third Worldish. In India these days we have less time for it.

With the government following the liberalisation or restructuring policy, the Indian way of development has now officially been rejected. I think some of these changes are irreversible. So the uniqueness of the Indian situation has probably been exaggerated in the past.

It may be much more useful to find parallels in other countries and societies.

Comment by Sukumar Muralidharan

(Frontline)

One point that is made is that we have chosen the commentary format. Why is it generally so that Indian journalists prefer the commentary format over the reportage? I think in this case there is a simple answer: the problem itself is of a general character, we were expected to write on a very complex process of liberalisation, which is a broad-range front. It is not the moral fervour of the journalistic profession in India that is responsible for this.

I do not deny that there is a tendency to be moralistic in the Indian press, maybe in other parts of the world also, but it is not that we are exclusively concerned with macro-level phenomena. We also have great concern with smaller levels of analysis, for instance the scam that has recently been discovered in the Bombay stock exchange. Now the raging topic of the day in journalism is whether this security scandal was a result of liberalisation, or whether it took place because of liberalisation, or whether it took place in spite of liberalisation. Very interesting theories are coming up, and investigations are being made into the kind of po-

gen van landsbelang, de derde wereld, of het ontwikkelingsproces wegen bij ons nu minder zwaar dan in de tijd tot vijf jaar geleden.

Ik heb de stukken van mijn Nederlandse vrienden gelezen, en het heeft me zeer verbaasd dat er zoveel overeenkomsten zijn tussen hun waarnemingen en de mijne. Toen ik Ed Groot voor het eerst ontmoette, vertelde ik hem dat er stukken in zijn artikel voorkwamen die ikzelf geschreven had kunnen hebben. Natuurlijk was hij heel bescheiden en zei hij: 'Ik las dan ook jouw krant toen ik aan het schrijven was.'

We komen nu toe aan de laatste vraag, heeft dit soort uitwisseling wel zin? Beslist wel. Ik geloof dat een journalist die India niet kent in gedachten moet houden dat het een zeer complex geheel is, dat zeker niet in korte tijd doorgrond kan worden. Daarom moet men geen overhaaste conclusies trekken. ik geloof dat dit een universele waarheid is,die belangrijker wordt naarmate een samenleving complexer, diverser en zelfs ook geografisch groter is.

Een reis door het huidige India is nog steeds een reis door de tijd. Sommige delen van India leven in een andere eeuw, een ander millennium. Die diversiteit is belangrijk en men moet beslist de tijd nemen om zich erin te verdiepen om steekhoudende conclusies te kunnen trekken. Die complexiteit is dus een gegeven. Daar is niets uniek derde-wereldachtigs aan. Tegenwoordig hebben we daar in India minder tijd voor.

Met de nieuwe liberalisering of het herstructureringsbeleid dat de regering nu volgt is het Indiase ontwikkelingsmodel officieel verlaten. Ik denk dat sommige veranderingen onomkeerbaar zullen zijn. Het unieke van de Indiase situatie is naar alle waarschijnlijkheid in het verleden sterk overdreven.

Het kan veel nuttiger zijn om op zoek te gaan naar parallellen met andere landen en samenlevingen.

Toelichting van Sukumar Muralidharan
(Frontline)

Waarom hebben wij de vorm van het commentaar gekozen hebben. Waarom kiezen Indiase journalisten in het algemeen liever het commentaar dan de reportage? Het antwoord is in dit geval eenvoudig, namelijk omdat het probleem zelf zeer algemeen van aard is. Wij moesten over het zeer complexe proces van liberalisering schrijven, wat een zeer breed terrein is. Ik geloof niet dat de keuze te maken heeft met een morele verontwaardiging van de journalistieke beroepsgroep in India.

Ik ontken niet dat er een moralistische tendens in de Indiase pers is, en misschien ook elders, dat wij uitsluitend bezig zijn met verschijnselen op macro-niveau. Maar we besteden wel degelijk ook aandacht aan minder omvattende analyses, bijvoorbeeld naar aanleiding van de zwendel die onlangs ontdekt is op de beurs van Bombay. Het gesprek van de dag in de journalistiek is nu of dit schandaal een gevolg was van de liberalisering, of dat het door de liberalisering kon gebeuren, of dat het ondanks de liberalisering kon gebeuren. Er worden interessante theorieën gelanceerd en er wordt een onderzoek ingesteld onder andere naar de positie die het ministerie van Financiën en

sition that the Finance Ministry, the Central Bank of the country and so on took, when certain indications were available that something very odd was going on in the stockmarket. So this is still very much a concern of the micro level reportage.

I think we have to be honest to ourselves: when we are using a moral and ethical judgement it should be very clearly stated. I would say that ethical and ideological commitmments are especially pertinent when we are talking about a phenomenon like economic liberalisation. They are integrally part of the professional equipment of the journalist.

Why is that? The short answer is that economic liberalisation is not a painless process. It hurts several sections of the people. It supposedly benefits certain other sections, but the dominant theory at the moment in India is that it will benefit all while hurting just small sections for a very brief period of time. I think this needs to be looked at very carefully and we need to get out of our habit of looking at economic policy as something driven by personal idiosyncrasies. It is for instance very fashionable to say that for forty years we adopted a model of central planning in economy just because Jawarhalal Nehru, our first and longest serving prime minister, and also the advisers that he kept, were all influenced by the Fabian socialist school of Sidney and Beatrice Webb.

This is erroneous. We have to understand the underlying processes of political coalition building which go into the formulation of economic policy. We have to understand it in terms of the newly independent state, the multi-cultural, the multi-ethnic state with a central government which gives it a kind of cohesion, which serves as a redistributive centre, from which the disparities could be ironed out.

Now, the mere fact that over the last one year we have seen an increasingly vehement rejection of this whole paradigm of development, shows that it has failed. But we have to be realistic about the objectives of the central planning paradigm that was in use in India and we have to be fair to its objectives and what it was seeking to achieve, but if there were problems in the procedure and in the implementation that is a separate matter. There is still no case for rejecting that whole paradigm of development wholesale. But that, unfortunately, is the fashionable view in India, in the media especially.

It is a view that my newspaper does not subscribe to, and we have consistently sought to establish the point that this liberalisation process is seeking to invent a consensus that does not exist, through the use of the media, such as state-controlled television, it is trying to impose a consensus, in a sense. It is not as if it evolved from the people themselves. It is going to hurt certain people much worse than we are prepared to concede.

You may call it a moral and ethical judgement and commitment, but I think that the fact that within two years of liberalisation food prices have increased almost 40 percent whereas the overall rate of inflation is 20 percent, this is a matter of very serious concern in a country where 65 percent of the population is without assets, without security of tenure, without any kind of security of employment, and without the po-

de Centrale Bank innamen toen er aanwijzingen waren dat er iets vreemds aan de hand was op de aandelenbeurs. Dus dat is allemaal reportagewerk op micro-niveau.

Ik geloof dat we eerlijk moeten zijn tegenover onszelf: als wij een moreel en ethisch oordeel vellen moeten we dat er duidelijk bijzeggen. Ik geloof dat ethische en ideologische stellingnamen bij uitstek gepast zijn als we het over economische liberalisering hebben. Ideeën vormen een integraal onderdeel van de professionele uitrusting van de journalist.

Waarom juist in dit geval? Omdat economische liberalisering geen pijnloos proces is. Verschillende sectoren van de bevolking zullen eronder lijden. Bepaalde andere sectoren schijnen ervan te gaan profiteren, maar volgens de theorie die momenteel in India opgeld doet zullen ze er allemaal van profiteren en zullen er slechts kleine groepen zeer kort onder lijden. Ik geloof dat we hier uitgebreid bij stil moeten staan. We moeten de gewoonte laten varen om economisch beleid te beschouwen als iets dat gestuurd wordt door persoonlijke eigenaardigheden van machthebbers. Het is bijvoorbeeld in de mode om te zeggen dat wij het model van centrale-economieplanning hebben gekozen, alleen omdat Nehru, onze eerste en langst regerende premier, en zijn adviseurs, beïnvloed waren door de socialistische ideeën van de Fabian Society van Sidney en Beatrice Webb.
Dat is onjuist. We moeten de processen van politieke coalitievorming die ten grondslag liggen aan de formulering van een economisch beleid goed begrijpen. We moeten ze in het licht zien van de pas onafhankelijk geworden staat, de multi-culturele, multi-ethnische natie met een centrale regering die daar verband in bracht en die diende als een herverdelingscentrum, van waaruit de discrepanties konden worden gladgestreken.

Uit het feit alleen al dat wij het afgelopen jaar een steeds sterkere verwerping van dit hele paradigma van ontwikkeling hebben gezien, blijkt dat het gefaald heeft. Maar we moeten realistisch zijn over de doeleinden van dat paradigma van centrale planning. We moeten dat geen onrecht doen, ook niet datgene wat ermee werd nagestreefd. De problemen die ontstaan zijn in de procedures en de uitvoering staan daar los van. We hoeven het paradigma van ontwikkeling nog niet in de prullenmand te gooien. Jammer genoeg is dat wel de heersende opvatting, vooral in de Indiase media.

Het is een opvatting die niet door mijn krant gedeeld wordt. Wij hebben consequent geprobeerd duidelijk te maken dat dit liberaliseringsproces een consensus wil opleggen, door middel van de media, onder andere middels de door de regering gecontroleerde televisie. Die zogenaamde consensus komt niet uit de bevolking zelf. Bepaalde groepen zullen er veel meer onder lijden dan wij nu willen inzien.

Misschien is dit een moreel en ethisch oordeel, maar het feit dat in de twee jaar van de economische liberalisering de voedselprijzen met 40 procent gestegen zijn, terwijl de inflatie met 20 procent gestegen is, vind ik een ernstige zaak in een land waar 65 procent van de bevolking geen bezit heeft, geen zekerheden voor onderdak of arbeid, en waar de politieke organisatie, om loonsverhogingen af te dwingen die in overeenstemming zijn met de

litical organisation to bargain for wage-increases that are commensurate with the inflation. So the inarticulate sections of the country are, by definition, underrepresented, disenfranchised, and we do ourselves a great disfavour by continuing to neglect the interests of these sections.

The long term view of the changing nature of the political coalition that is ruling in the country must be accompanied by an understanding of the global realities. It is not as if we are dealing with an unchanging international environment. The typical examples that the advocates of liberalisation today bring forward are those of Britain and the US in the 1980s when they went into a turn towards a market-oriented economy and they had supposedly a great deal of success.

But look at the situation now, it is not as if the success has been unqualified or that it has been of a very durable nature. It was a purely transient phenomenon, built upon a massive incurrence of debt by the US, which today is pushing them into a recession, which is turning the entire global environment inclement.

The entire global environment for economic growth is today more unfavourable than at any time since World War II. And this has obvious implications for the Indian liberalisation programme, which our policy makers, unfortunately, do not look at very seriously. The liberalisation programme continues to be based on growth of exports, which is unrealistic, considering that the world economy is in a bit of a slump. The second premise is that flows of international credit will be at high levels, which again I think is unrealistic because the international banks are going through a major restructuring process: they are all venting their capital, and cutting lending and trying to cut the exposure to highly leveraged transactions and sovereign lending and so on.

So these are factors which in a sense, either because we have too narrow a vision in the media, or we have too many western interests, have not been looked at very seriously. It has been the effort of my paper and myself to look at the broader complexities of the liberalisation process, the political determinants, the international environment, which are not normally given the attention due to them.

inflatie, ontbreekt. Bevolkingsgroepen die niet voor zichzelf op kunnen komen, zijn per definitie ondervertegenwoordigd en hebben geen stem. Wij bewijzen er onszelf geen dienst mee als we hun belangen blijven verwaarlozen.

Als we op de lange termijn kijken naar de veranderingen binnen de politieke coalitie die dit land bestuurt, moeten we ook de globale realiteit onder ogen zien. Het is niet zo dat het internationale klimaat stabiel is. De voorbeelden die de voorstanders van liberalisering aanhalen zijn die van Engeland en de V.S. in de jaren tachtig, toen die landen zich op de vrije markt bewogen en daarmee veel succes leken te hebben.

Maar kijk nu eens goed naar de toestand daar. Het succes was bepaald niet volledig of duurzaam. Het was van voorbijgaande aard, en kon behaald worden doordat de V.S. enorme schulden was aangegaan. Schulden die de V.S. nu de recessie injagen, waardoor het hele economische klimaat verslechtert.

Het klimaat voor economische groei is momenteel ongunstiger dan ooit tevoren in de periode na de Tweede wereldoorlog. Dat brengt concequenties met zich mee voor het liberaliseringsprogramma, waar onze beleidsmakers helaas niet serieus bij stilstaan. Het programma is nog steeds gebaseerd op de groei van de export. Dat is niet realistisch gezien het feit dat de wereldeconomie er niet florissant voorstaat. De tweede premisse is dat er voldoende internationaal krediet zal blijven toestromen, wat wederom niet realistisch is, omdat de internationale banken een herstructureringsproces doormaken: ze brengen hun kapitaal onder, beperken hun kredietverlening, hun risico's en hun autonome operaties.

Dit zijn de factoren waarmee niet serieus rekening wordt gehouden, hetzij omdat de media een te beperkte blik hebben, hetzij omdat we teveel belangen hebben in het Westen. Mijn krant en ook ikzelf hebben gepoogd de vèrstrekkende consequenties van het liberaliseringsproces, die niet de aandacht krijgen die ze verdienen, zoals de beslissende politieke factoren en het internationale klimaat, tegen het licht te houden.

Analyses

by Kristoffel Lieten

'In other words' today concentrates on an old theme: part of the world leads the way in economic development and possibly social knowledge; the question arises of how the countries that remained behind can be helped, or rather less paternalistically, can be supported.

Journalists and scientists have always had opinions on this matter and summarizing the prevailing trends of thought in the past fifty years I can only conclude that we have been wrong remarkably often, even though we were absolutely convinced of being right at the time.

From time to time policies have been collectively and radically adjusted. The last adjustment took place around 1980. Marx was already 'out' and the monetarist ideas of Milton Friedman brushed aside the economic theories of Keynes, which had so clearly left their mark on the Western success story. Liberalisation became the new paradigm for development strategies. According to the International Monetary Fund (IMF) and the World Bank, liberalisation is the only solution for development.

The Indian liberalisation must be tested carefully, however. First of all because a change in thought is becoming apparent worldwide. The Trade and Development Report 1992 (IV) of UNCTAD, for example, argues the case for this change: 'The global economy thus appears to be at an impasse, with the private sector in most major economies unable to take the lead in reigniting growth. This is precisely the context in which it is most apt to adopt Keynesian policies of raising government spending in order to stimulate private consumption and investment demand.'

A careful approach is necessary also because a policy of liberalisation was first introduced, if hesitantly, in India several years ago. The Rao government finalized the breakthrough of this policy which had been initiated as early as 1981. In that year Indira Gandhi negotiated the first IMF loan for India.

In December 1984 Rajiv Gandhi, who had succeeded his assassinated mother two months before, won a massive victory in the parliamentary elections. In newspaper articles at the time, he was said to have woken up a sleeping giant and he was called the symbol of a new future, which would no longer be shaped by the old guard, corrupted and averse to change as it was. Rajiv was going to spearhead the modern India of the 21st century.

Analyses

door Kristoffel Lieten

'Met andere woorden' roert een oud thema aan: een deel van de wereld loopt voorop in economische ontwikkeling en mogelijk ook in sociale kennis, en hoe kan de achtergebleven landen een helpende, of - minder paternalistisch - ondersteunende hand worden toegestoken?

Journalisten en wetenschappers hebben altijd uitgesproken meningen over deze materie gehad en als ik de stromingen in de laatste halve eeuw samenvat, kan ik slechts tot één conclusie komen: het is opmerkelijk hoe we herhaaldelijk de plank hebben misgeslagen en hoe we er toch telkens van overtuigd waren dat we het absoluut bij het rechte eind hadden.

Regelmatig werd het beleid in de wereld collectief en radicaal bijgesteld. De laatste bijstelling vond omstreeks 1980 plaats. Marx was toen al 'uit', en met de monetaristische denkbeelden van Milton Friedman werden de economische theorieën van Keynes, die zo duidelijk een stempel hadden gedrukt op de Westeuropese successtory, van tafel geveegd. Liberalisering werd het nieuwe paradigma voor de ontwikkelingsstrategie. Volgens het Internationaal Monetair Fonds (IMF) en de Wereldbank is liberalisering de enige oplossing voor ontwikkeling.

De Indiase liberalisering moet echter voorzichtig worden getoetst. In de eerste plaats omdat zich in het mondiale denken een kentering begint af te tekenen. Het 'Trade and Development Report 1992 (IV)' van de UNCTAD bijvoorbeeld, pleit duidelijk voor een omslag: 'De wereldeconomie lijkt dus in een impasse te verkeren, nu de particuliere sector in de grote industrielanden niet in staat blijkt de groei opnieuw aan te wakkeren. Dit nu is de context waarin het raadzaam lijkt Keynesiaanse modellen te hanteren waarbij overheidsuitgaven worden opgevoerd om particuliere consumptie en investeringen te stimuleren.'

Voorzichtigheid is ook geboden omdat liberalisering al een aantal jaren, zij het aarzelend, in India tot beleidslijn is gemaakt. Met het aantreden van de regering Rao vond de definitieve doorbraak plaats van het beleid dat al in 1981 op de rails was gezet. In dat jaar sloot Indira Gandhi de eerste grote lening voor India bij het IMF.

In december 1984 behaalde Rajiv Gandhi, nadat hij twee maanden daarvoor zijn vermoorde moeder had opgevolgd, een massale overwinning in de parlementsverkiezingen. Kranteberichten uit die tijd meldden dat hij de slapende reus had wakker geschud, dat hij het symbool was voor een nieuwe toekomst, een toekomst die niet langer bepaald zou worden door de oude garde, gecorrumpeerd en wars van vernieuwingen. Rajiv zou de doorbraak van India naar de eenentwintigste eeuw tot stand brengen.

De nieuwe regering werd door het Westen met grote instemming begroet. Een aantal Nederlandse ministers bezocht India en ook het Koninklijk paar bracht een officieel bezoek. Gelijk aan de meeste Indiase media, ontbrak het in die tijd in de Nederlandse berichtgeving niet

The new government was approvingly welcomed in the West. Several Dutch ministers visited India and the Royal Couple paid the country an official visit. Both Indian and Dutch media did not lack for rhetoric: the country was on the brink of a gigantic revolution and it would be swept along in the pursuit of progress.

The installation of the Rao government in 1991 was again seen as a new start, a radical change, a sleeping giant waking up. This historical perspective is highlighted only in one of the articles of this project (Frontline). Most of the participating journalists do not go beyond current events.

In spite of the fact that India has an impressive population figure, it appears that few Dutch journalists are familiar with its historical context and the dissension on economic and political issues. This gap is a structural problem. Poverty is all too often synonymous with invisibility. The media, ranging from newspapers to television, from fiction to film, are generally focused on the affluent male culture of the West. The initiative of 'In other words' should have a stimulating effect on a possible change of course.

In spite of the Dutch government campaign 'If we work on it together' developing countries receive little attention in the media, in international economics and even in the official development aid circuit. It is only sporadically that India attracts attention, and then only because of religious rioting or other negative developments that help to reinforce the hardly cheering image that persists of developing countries. In my time as a radio correspondent in India, I was often contacted from the Netherlands when there were reports of rioting. But there was no space open in the programme when several hundred thousand people took part in demonstrations against economic liberalisation or religious strife. If there were no significant casualties, news on an imminent strike of hospital nurses in Holland would get priority. Of course this is an important issue, but what happens in a country like India is at least equally important for European society in the long run.

The impact of the programme of structural adjustments that is being introduced in India cannot really be predicted. But we can be certain that the effects on Western society will be great. If India should slip down into the direction of many African and South American countries, the military and humanitarian effects and growing instability will be incalculable. If, on the other hand, India's economy should blossom, the European markets will feel the change and the disruption of the ecological balance will be accelerated by the rise in consumption in India. Limitless consumerism would herald the end of history. If one in every three persons in India, as in Europe, would own a car and use it as freely as happens here, the resources of the earth would soon vanish.

aan gezwollen taal: het keurslijf zou eindelijk worden afgelegd, een gigantische omwenteling zou worden doorgevoerd, het land zou meegaan in de vaart der volkeren.

Het aantreden van de regering Narasimha Rao in 1991, werd óók omschreven als een nieuw begin, een radicale breuk, als een slapende reus die wakker werd. Dit historische perspectief is slechts in één van de deelnemende artikelen (Frontline) terug te vinden. De meeste journalisten blijken zich tot de actualiteit te beperken.

Ondanks dat India een imponerend bevolkingsaantal heeft, blijken weinig Nederlandse journalisten de historische context van India en zijn economische en politieke richtingenstrijd in hun vingers te hebben. Deze lacune is een structureel probleem. Armoede is maar al te dikwijls een synoniem voor onzichtbaarheid. De media - van krant tot televisie, van bellettrie tot film - richten hun aandacht voornamelijk op de rijke mannenwereld in het Westen. Van een initiatief als 'Met andere woorden' mag dan ook een stimulerende werking worden verwacht.

Ondanks de campagne van de Nederlandse overheid 'Als we er samen werk van maken' komen in de media, in het internationale economische verkeer en ook in de officiële ontwikkelingshulp, de ontwikkelingslanden er uiterst karig vanaf. India weet sporadisch de aandacht te trekken. In de regel gaat het dan om godsdienstconflicten of om andere negatieve ontwikkelingen die er toe bijdragen dat het weinig verkwikkelijke beeld van een ontwikkelingsland wordt bevestigd.

Als radiocorrespondent in India heb ik ervaren hoe ik herhaaldelijk vanuit Nederland werd gebeld als er bijvoorbeeld rellen waren. Maar er was geen programmaruimte als enkele honderdduizenden mensen hadden deelgenomen aan een demonstratie tegen het liberaliseringsbeleid, of voor godsdienstvrede. Het commentaar van de redactie was dan - nadat ik de vraag of er ook doden waren gevallen met nee had beantwoord - dat het nieuwsprogramma vol zat met bijvoorbeeld een nakende staking van verpleegkundigen. Een staking van verpleegkundigen is voor de westerse samenleving natuurlijk belangrijk, maar wat er zich in een land als India afspeelt, is op middellange en lange termijn voor diezelfde samenleving eveneens belangrijk.

De impact van het structurele aanpassingsbeleid dat sinds enkele jaren in India met verve wordt doorgevoerd is niet goed te voorspellen. Wel voorspelbaar is dat de effecten voor de westerse samenleving groot zullen zijn. In het negatieve geval - als India afglijdt in de richting van veel Afrikaanse of Zuidamerikaanse landen - zijn de militaire en humanitaire gevolgen en de zich uitdijende destabilisatie niet te overzien. In het positieve geval zullen de Europese markten verstoord raken en zal, door de consumptieve groei in India, het ecologisch evenwicht in versneld tempo worden ontwricht. Het ongebreidelde consumeren zou meteen het einde van de geschiedenis inluiden. Als net als hier, een op de drie Indiërs over een auto zou beschikken en die even zorgeloos zou gebruiken, zou de aarde snel leeggebrand zijn.

These problems can hardly be given full scope in a newspaper article. But in their contributions two Indian journalists consider them. The diaries make clear why they chose to write essays, and discussed the macro-social, political and economic situation of the country. The articles in 'The Observer' and in 'Frontline' are illustrative of the critical, or very critical, reaction to the liberalisation policy. 'The Observer' is owned by one of the most dynamic industrial corporations in India. The journalist of this newspaper, Sidharth Bhatia, advocates the free market system and the measures necessary 'to drag India from its economic inertia and wake the sleeping giant'.

Free entrepreneurship and the elimination of the state as a regulating power, would also mean a radical break with the Indian ideology, which kept the sleeping giant strong and gave him a 'human face'. Sidharth Bhatia in his commentary denounces the smart businessmen who want to discard all ideology, everything that Jawaharlal Nehru stood for: 'certain principles of the nation, as set down by those who drew up the constitution, must never be forgotten or put aside'.

This is a problem, because as he reflects on the political structure in the NIC-countries (Newly Industrialized Countries) and refers to comments of some Indian industrialists, Bhatia realizes that foreign and possibly also domestic capital is concerned only with making super profits, and prefers political authoritarianism in a laissez faire environment over economic regulations within a pluralistic environment. Bhatia stands up for some democratic discomfort.

In line with 'Frontline' principles, Sukumar Muralidharan in his essay speaks out against the simplification of the discussion about liberalisation. He agrees with UNCTAD in that the Indian economy should be opened up and that globalization is vital. But he is against liberalisation and very sceptical of the high expectations raised by its advocates. His is a historical and situational approach. Knowledge of the world economy, of conjunctural developments and political relationships is indispensable. He paints a rather gloomy picture of the global economic situation. India, acting from a position of weakness, is soliciting the patronage of external powers, but should take into account adverse circumstances, such as a deep-rooted malaise, the recession in the three OECD-regions, and the dozens of other developing countries competing for a niche in the global marketplace. In short, hard times are ahead and as more liberalisation is imposed, the population is going to have to foot the bill.

Concern with the fate of the poorest of the poor in India may be expected from the staff of the daily 'Trouw'. This newspaper with its outspoken Christian-Protestant background is bound to pay attention to the humanitarian aspects of economic policy and to independent develop-

Deze problematiek valt natuurlijk niet te overzien en kan in een kranteartikel meestal slechts casueel aan de orde kan komen. In de bijdragen van twee Indiase journalisten komt de brede problematiek echter wel aan de orde. Uit de dagboeken blijkt waarom voor een ideeënstuk is gekozen, een stuk dat macro-sociaal, politiek en economisch de situatie van het land belicht.

De stukken in The Observer en in Frontline zijn exemplarisch voor een kritische tot zeer kritische reactie op het liberaliseringsbeleid. The Observer is eigendom van een van de meest dynamische industriële vennootschappen in India. De journalist van deze krant, Sidharth Bhatia, spreekt zich uit vóór het model van de vrije markt en vóór de nieuwe maatregelen die noodzakelijk zijn om 'India uit de inerte economische situatie te trekken (en) de slapende reus wakker te schudden'.

Het vrije ondernemerschap en het uitschakelen van de overheid als regulerende kracht, zou echter ook betekenen dat radicaal wordt gebroken met het Indiase ideeëngoed, waardoor de sluimerende reus krachtig bleef en dat hem 'een menselijk gezicht' heeft gegeven. Het commentaar van Sidharth Bhatia richt zich tegen de snelle jongens die alle ideeën overboord willen zetten, alles waar Jawaharlal Nehru voor heeft gestaan: 'bepaalde principiële uitgangspunten van de natie, zoals die zijn neergelegd door de oorspronkelijke ontwerpers van de grondwet, kunnen nooit vergeten of aan de kant worden gezet'.

Hier wringt de schoen, want reflecterend op de politieke structuur in de NIC-landen (Newly Industrialized Countries) en verwijzend naar uitspraken van sommige Indiase ondernemers, realiseert Bhatia zich dat het buitenlandse en mogelijk ook binnenlandse kapitaal, uit is op megawinsten en een autoritaire laissez-faire politiek verkiest boven een enigszins gereguleerde economie binnen een pluralistische omgeving. Bhatia breekt een lans voor een beetje democratisch ongemak.

Overeenkomstig het beleid van Frontline is Sukumar Muralidharan in zijn essayistische bijdrage tegen het gemak waarmee over liberalisering wordt gepraat. Gelijk aan UNCTAD pleit hij voor meer openheid in de Indiase economie en globalisering. Maar hij is tegen liberalisering en zeker tegen de hooggestemde verwachtingen. In zijn argumentatie gebruikt hij een historische en situationele benadering. Hij vindt kennis van de wereldeconomie, van conjuncturele ontwikkelingen en van machtsverhoudigen, hierbij van essentieel belang. Zijn essay gebruikt hij mede om de alles behalve rooskleurige mondiale situatie te schetsen. India, dat zich nu vanuit een zwakke positie openstelt voor buitenlandse invloeden, moet met tegenwerkende omstandigheden rekening houden: een diepgewortelde malaise, recessie in de drie OESO-regio's, en tientallen ontwikkelingslanden die met elkaar concurreren om een plaatsje op de markt te veroveren. Kortom, er is slecht weer op komst en hoe meer liberalisering, hoe meer de bevolking het gelag zal moeten betalen.

ment. Rita van Veen took a briefcase full of information along on her trip to India. From it she concluded that the Indian economy was in bad shape. Nehru's ideal, self-sufficiency and state intervention to effect eradication of poverty, has foundered. Inefficiency, the immense bureaucracy and strict economic regulation should be discarded, but will the situation for the workers and the millions of poor improve at all, she wonders. Will India not become too dependent on other countries? To her it is clear that major changes are due, but which? Multinationals show no consideration for ordinary people and India must find its own solution. What exactly that solution should be, is not clear.

The development model applied successfully in West-Bengal and Kerala, especially in the fields of land reform and literacy development, was overlooked by all the journalists. The Dutch media may not want to highlight such 'leftist' experiments. Even Nehru's paradigm may have been too 'leftist', though to describe it, as Dutch journalists have been known to do, as 'military socialism' or 'paternalistic state socialism' or 'semi-communism' is taking things a little too far. During the Cold War it was normal to describe a policy such as Nehru's in these terms, but Mr. Jan Pronk, Netherlands Minister of Development Cooperation, has indicated in the publication 'A World of Difference/A new framework for development cooperation in the 1990s' that the radical school of thought is not necessarily doomed, 'On the contrary, liberated from the pressure of East-West politics, it may revive... As the ideological dichotomy disappears, the discussion on development politics will become more rational... The tensions between state and private initiative and between planned economy and market economy will not be those between political-economic alternatives, but those between variations of the same basic model.'

Nehru's paradigm has failed, all the journalists write, but would it not have been useful to focus here on some of the positive aspects of this paradigm? In spite of pauperization and deterioration the national budgets have always included large allocations for free health care, free education, subsidies on transport and food, employment creation programmes, low inflation etc. The lower strata of society in India remained poor and oppressed, but without these policies their misery might have been much worse.

In line with her newspaper's characteristic background, Rita van Veen was the only Dutch journalist to travel all the way to Sevagram in Gujerat, to ask the remaining Gandhians what the Indian solution should be.

For various reasons, harking back to tradition, to the Tolstoian village economy of Mahatma Gandhi, does not seem a realistic proposition in this new age. Nehru's alternative, based on land reform, import substitution, macro planning and state intervention, is also rejected now. So

Een zekere bezorgdheid om het lot van de allerarmsten in India mag men bij redacteuren van het dagblad Trouw verwachten. Trouw is een krant die vanuit een christelijke achtergrond oog wil hebben voor de humanitaire kant van economisch beleid en voor onafhankelijke ontwikkeling.

Rita van Veen nam een tas vol boeken en statistieken mee. Daaruit begreep ze dat het met de Indiase economie slecht gesteld is. Het ideaal van Nehru, de ontwikkeling op eigen kracht en overheidsinterventie gericht op armoedebestrijding, heeft niet gewerkt. Inefficiency, bureaucratisering en het keurslijf moeten overboord. maar zal, zo vraagt Rita van Veen zich af, de situatie voor de arbeiders en de honderden miljoenen armen er niet eerder op verslechteren? Zal India niet afhankelijker worden van het buitenland? Voor haar is het duidelijk dat het roer om moet, maar waar? Multinationals houden geen rekening met gewone mensen en India zal zijn eigen oplossing moeten bedenken. Hoe die oplossing er uit moet zien is niet duidelijk.

Het model dat in West-Bengalen en Kerala met een niet geringe mate van succes is toegepast, zeker op het terrein van landhervormingen en alfabetisering, kreeg geen aandacht van de journalisten. Waarschijnlijk is dit model voor de Nederlandse media te links. Ook het model van Nehru is van een te linkse signatuur, alhoewel het natuurlijk wat ver gaat om dit model, zoals de Nederlandse journalisten doen, als 'militair socialisme', als 'een paternalistisch staatssocialisme' of als 'half-communistisch' te omschrijven. In de Koude oorlog was het normaal om een beleid als dat van Nehru met dergelijke termen te omschrijven, maar Jan Pronk, minister voor Ontwikkelingssamenwerking, geeft in 'Nieuwe Kaders voor Ontwikkelingssamenwerking in de Jaren Negentig' (51 en 54) aan dat de radicale denkrichting niet hoeft te verdwijnen: 'Integendeel, wellicht kan zij bevrijd van de Oost-West-ballast zelfs weer opleven.... Met het verdwijnen van de ideologische tweedeling zal de ontwikkelingspolitieke discussie rationeler worden.... De spanning tussen overheid en particulier initiatief en tussen plan en markt zal zich voortaan niet voordoen als één tussen politiek-economische alternatieven, maar als één tussen varianten van het zelfde basismodel'.

Nehru's model is vastgelopen, stellen alle journalisten, maar hadden de positieve kanten van dat model niet meer aandacht kunnen krijgen? Ondanks alle armoede en verpaupering, zijn er in de begrotingen altijd grote bedragen opgevoerd voor gratis gezondheidszorg, gratis onderwijs, transport- en voedselsubsidies, programma's voor werkverschaffing, lage inflatie, enzovoorts. Voor de grote onderlaag in India bleven armoede en onderdrukking troef, maar zonder het gevoerde beleid was de misère mogelijk veel groter geweest.

Als enige Nederlandse journalist, conform het karakter van haar krant, heeft Rita van Veen de lange en moeilijke afstand naar Sevagram of 'Dienstbetoondorp' in Gujerat afgelegd om daar van de overgebleven Gandhianen te vernemen hoe het dan wel moet. Bij Indiase journalisten zal die reis niet zo direct voor de hand liggen.

much the better, two of the journalists, Subir Roy and Ed Groot, who, in line with the character of their newspapers applaud liberalisation, seem to think. In contrast with the other two Indian journalists, the one of 'The Times of India' ignores the problematic aspects of the liberalisation policy. So does Ed Groot of 'het Financieele Dagblad'. The ideological choice in favour of liberalisation had been so obvious to him in the first place, it is explained in his 'Objective', that the question whether he had made ideological choices in his approach of the subject did not seem relevant. He just wanted to report on matters important to Dutch trade and industry and to take a closer look at the social and cultural environment that businesses are likely to encounter.

That environment is described to a degree in his diary, but the purpose of the article is to answer the question which factors might impede the success of the liberalisation policy. It has become an inquiry into the impediments and they are not lacking: the government is not going far enough, it should take more measures, or rather, abolish more rules and regulations, but it is held back by politicians, bureaucrats and most of all, the trade unions. Because of the interaction of these social forces in this immense country, India remains a 'caged tiger'. Ed Groot ends his story with the metaphor of India as a tightrope walker. And since these artists never move very fast, the writer suggests that real liberalisation in India and real openings for foreign investors may take some time materializing.

In its long history 'The Times of India' has always closely followed the government line. In the past few years this support has diminished and especially the affiliated paper 'The Economic Times' has published several analyses slashing the new policy of Narasimha Rao. But Subir Roy is unambiguous about his views. The abolition of regulations should be accelerated if anything, even though he admits that some setbacks have occurred. Immobile, gloomy, discouraging, stagflation, very low growth level, these are some of the qualifications used in his well-founded story. Internal and external liberalisation are both applauded, and the future hinges on the next budget.

As is explained in its 'Objective', the political position of 'de Groene Amsterdammer' is 'left and liberal' and it prefers original slants. This political position is hard to trace in Anil Ramdas' article, but the original slant is more than accounted for in the sense that conversations and experiences concerning economic liberalisation are soon abandoned and replaced by an exploration of the seamy side of life, the whores and pimps of Bombay. It is a sickening reality.

Sickening of India is something that happens to many a journalist. A journalist who lived in India for four years wrote a retrospective article on his return with the meaningful title: 'A giant stinking of arrogance' ('Elsevier' 21-04-1990 and 'Knack' 02-05-1990). Indian apartheid is ruthless, misery is everywhere, the country is a prototype of human failure and foreigners are

Om tal van redenen lijkt de teruggreep naar de zuivere traditie, de Tolstojaanse dorpseconomie van Mahatma Gandhi, geen realistisch voorstel in het nieuwe tijdsgewricht. Nehru's alternatief, geënt op landhervormingen, invoersubstitutie, macro-planning en staatsinterventie, wordt ook overboord gegooid. En dat is maar goed ook, vinden twee journalisten, Subir Roy en Ed Groot, die conform het karakter van hun kranten de liberalisering toejuichen. In tegenstelling tot de twee andere Indiase artikelen wordt in The Times of India het liberaliseringsbeleid gedeproblematiseerd. Dat gebeurt ook in het Financieele Dagblad. De ideologische keuze voor liberalisering door Ed Groot was al zo duidelijk ingezonken, zo staat het in de verantwoording, dat hij met de vraag of er in zijn benadering ideologische keuzen zijn gemaakt, niet uit de voeten kan. Hij wilde gewoon verslag doen van die zaken die voor het Nederlandse bedrijfsleven van belang zijn en wilde kijken naar de maatschappelijke en culturele verhoudingen waarin bedrijven moeten werken.

Van die verhoudingen is in het dagboek een en ander terug te vinden, maar het artikel wil vooral een antwoord geven op de vraag welke factoren het succes van de liberalisering in de weg staan, een onderzoek dus naar de hinderkrachten en die blijken in voldoende mate aanwezig te zijn: de regering gaat niet ver genoeg, zij zou nog meer maatregelen moeten nemen, of liever, nog meer wetten moeten afschaffen, maar zij deinst terug voor de politici, de bureaucraten en vooral voor de vakbonden. Als gevolg van die maatschappelijke krachten in een onmetelijk land, blijft India toch enigzins een 'gekooide tijger'. Ed Groot besluit zijn verhaal met de metafoor van India als koorddanser. Aangezien koorddansers niet snel lopen lijkt de schrijver te suggereren dat echte liberalisering in India en echte mogelijkheden voor het buitenlandse bedrijfsleven nog op een verdere invulling wachten.

In zijn lange geschiedenis heeft The Times of India zich altijd nauw bij het regeringsbeleidaangesloten . De laatste jaren is die beleidsondersteuning enigzins afgezwakt en zeker in de zusterkrant The Economic Times zijn krachtige analyses tegen het nieuwe beleid van Narasimha Rao gepubliceerd. Voor Subir Roy is over het uitgangspunt echter geen discussie mogelijk. De afbraak van regulerende beperkingen moet nog sneller gebeuren, ook al geeft hij toe dat een aantal tegenslagen zich hebben opgestapeld. Onbeweeglijk, somber, ontmoedigend, stagflatie, zeer lage groeivoet, dit zijn enkele kwalificaties in zijn goed onderbouwde verhaal. Interne en externe liberalisering worden toegejuicht: het wachten is op de toekomst, op de volgende begroting.
Volgens de toelichting kiest de Groene Amsterdammer voor een links-liberale politieke signatuur en voor een originele invalshoek. Van het eerste is weinig terug te vinden in het artikel van Anil Ramdas. Van het tweede uitgangspunt is er meer dan voldoende, in die zin dat gesprekken en ervaringen met liberalisering, na een obligate introductie over het onderwerp, snel de plaats

not welcome. All this was explained by the caste system and the fatalistic implications of karma: 'Living out one's karma is no light matter. Masses of sour faces stare at you everywhere. A crowd of laughing Indians is a rarity.'

Anil Ramdas has similar experiences, but he has the added talent of knowing without knowledge. A visit to a nightclub where sexual intercourse is coarsely imitated leads him to muse: 'An imitation of what goes on in millions of bedrooms here. My sympathy goes out to all the women, who will be snapped at by these men later on.' And when he drives past some villages, he intuitively knows the devastating effects of Indian tradition, the caste system that praises backwardness as an asset and blocks development.

These are stereotypes of India that are not found in the writings of the other Dutch journalists, though Ed Groot attributes part of the misery to Hindu fatalism and isolationism. Like Rita van Veen, he has seen the holy cows, but both refrain from diatribes against the revolting fatalism of Hinduism and Islam. On the contrary, in their diaries they express a certain appreciation of the peace and quiet in the midst of chaos, and of the diligence they observe. Their views are not strong, as two weeks are insufficient for getting to know this mysterious country. What I did, writes Rita van Veen, was 'to exchange words'.

To exchange words. Questions can have many answers and a lot depends on the partners in the conversation. Ed Groot was ideologically the most consistent in choosing his partners. Though he did talk to a leftist economist from Nehru University, the stronghold of Marxists and Keynesians, he terms the gist of the conversation 'of doubtful credibility'. Other people he interviewed, Netherlands embassy staff, civil servants in the Ministry of Finance and businessmen - most of them Dutch - argue in favour of liberalisation. This is why his article seems to breathe a general acceptance of the new policy.

This may be a logical viewpoint for a newspaper like 'het Financieele Dagblad', but in order to get a fuller picture of what is going on in India, it is useful to listen to the points opponents are putting forward. They get plenty of space in the Indian newspapers, particularly in a magazine like Frontline.

It is true that the printed press in India, as Ed Groot rightly observes in his diary, maintains a higher standard than its Dutch counterpart. At least it presents a wider range of opinions, and that applies to the issue of liberalisation as well. Of course Indian journalists do not operate in the same way as Dutch visiting journalists do. Their knowledge about their country and its economy is assumed and they confine themselves to analytical, essayist contributions. They do not

inruimen voor een zoektocht naar de zelfkant van de samenleving, de hoeren en souteneurs van Bombay. Het is een werkelijkheid om misselijk van te worden.

Misselijk worden van India, dat is menig journalist overkomen. Een journalist die vier jaar in India verbleef, schreef na terugkomst een terugblik onder de veelzeggende titel: 'Een reus die stinkt in eigen arrogantie' (Elsevier 21-04-1990 en Knack 02-05-1990): de Indiase apartheid is genadeloos, de ellende ligt op straat, het land is een uitverkoop van menselijk falen en de buitenlander is niet welkom. Dit alles werd verklaard uit het kastenstelsel en de fatalistische gelatenheid van het karma: 'Dat het dragen van het karma niet meevalt blijkt wel uit de massa van zure gezichten die je overal aanstaart. Een menigte lachende Indiërs is een zeldzaamheid'.

Anil Ramdas heeft soortgelijke ervaringen, maar bovendien heeft hij de gave om te weten zonder te kennen. Een bezoek aan een nachtclub waar op een botte manier de geslachtsdaad wordt nagebootst, leidt hem tot de overpeinzing: 'Een nabootsing van wat hier in miljoenen slaapkamers gebeurt. Mijn medeleven gaat uit naar al die vrouwen die straks door deze mannen zullen worden afgesnauwd'. En als hij langs de dorpen rijdt, kent hij intuïtief de verwoestende werking van de traditie, het kastensysteem dat de achterlijkheid prijst als een verworvenheid en dat de ontwikkeling blokkeert.

Het zijn twee stereotypen van India die bij de twee andere Nederlandse journalisten nauwelijks zijn terug te vinden, alhoewel Ed Groot een deel van het onheil toeschrijft aan de gelatenheid en de afsluiting van de hindoe-cultuur. Net als Rita van Veen heeft hij wel de heilige koe gezien, maar geen van beiden gaat zich te buiten aan boutades over het weerzinwekkende fatalisme van het hindoeïsme of de islam. Integendeel, uit hun dagboeken spreekt een zekere waardering voor de rust en de kalmte in de chaos, en voor de werkijver. Zij onthouden zich van al te boude uitspraken want twee weken is onvoldoende om het raadselachtige land te leren kennen. Wat ik gedaan heb, schrijft Rita van Veen, was 'woorden met anderen'.

Woorden met anderen. Op vragen zijn veel antwoorden mogelijk en kan men te rade gaan bij veel verschillende gesprekspartners. Vanuit zijn ideologische keuze was Ed Groot daarin het meest consistent. Weliswaar sprak hij ook met een linkse econoom van de Nehru-Universiteit, het bolwerk van marxisten en Keynesianen. Hoewel die enkele zinnige dingen te vertellen had, was het gesprek toch 'van twijfelachtige geloofwaardigheid'. Zijn andere gesprekspartners, bij de ambassade, op het ministerie en in het - voornamelijk Nederlandse - bedrijfsleven, zijn fervente pleitbezorgers van de liberaliseringsgedachte. Daarom komen in zijn stuk nauwelijks tegengeluiden aan bod.

Voor een krant als het Financieele Dagblad is dit mogelijk een logisch uitgangspunt. Voor volledigere informatie over wat in India speelt, zijn ook argumenten van de andere kant zinvol en verrijkend. In de Indiase kranten zijn die argumenten volop aanwezig, zeker in een blad als Frontline.

turn to 'the man in the street', but they have richly variegated secondary material. Most Indian journalists are university trained. They are familiar with theoretical aspects, but their style is often too ponderous, too scientific. Since the Indian readership generally belongs to the well-educated middle classes, this is no serious objection, but reporting lacks a certain journalistic craftsmanship. Dutch journalists have one up on them in this respect. They are aiming to write an 'easy read' and invite the reader to get involved in their story. That is why they start with whirring fans, stuffy rooms and the question why India did so badly at the Olympic Games. They go on to write about the people they meet and their comments insofar as they are relevant to the story. In preparation to their visit, even the best of them have not talked to India experts or studied economic issues extensively, which has caused some avoidable mistakes. The articles are surely 'easy reads', but are rather lacking in depth.

This difference is of course related to the different nature of the articles: essays on the one hand, reportage on the other. But it may also be a general trait, Dutch journalists get a better practical training whereas their Indian colleagues have more of a theoretical and scientific background. Perhaps in India practical training in journalism should be provided, and in the Netherlands an academic post-graduate course in development economics or sociology for journalists may be needed.

The interviews with prominent persons - often the main source of information for Dutch journalists - produce information supporting the prevailing views on policy, in this case liberalisation. The hollowness and bias behind those views are covered up with myths.

Myths are abundant. I want to mention two of them specifically, as they are used in some of the articles. South Korea and Taiwan are presented as textbook examples of liberalisation policy. In the past decades production has shot up in both countries, but the basis for this success was laid in the fifties and sixties when a number of radical measures were imposed: radical land reforms, explicit state intervention continuing even to this day, and protectionist stimulation of their own industries. Besides, a lot of development aid was pumped into them and they were able to profit from a rapidly expanding world economy.

Circumstances have changed now and Muralidharan rightly wonders whether a liberalisation based on the South Korean myth is the right option for India, which is jostling for space on the world market with many other developing countries.

Again opinions differ on the question whether India has done well or badly since its independence. But there is a general consensus that India should go all out now. The system of protection and state intervention has led to many evils and promoted inefficiency and corruption in

De geschreven media in India hebben, zoals Ed Groot in zijn dagboek terecht opmerkt, een hoger niveau dan de Nederlandse kranten. Zij hebben in elk geval een bredere schakering aan meningen, en dat geldt ook voor de noodzaak van liberalisering. Indiase journalisten gaan uiteraard anders te werk dan bezoekende Nederlandse. De kennis over hun land en over hun economie hebben ze al in huis en ze volstaan met analytische, essayistische bijdragen. Daarvoor gaan ze niet op zoek naar de man of de vrouw in de straat en kunnen ze putten uit een rijke schakering aan secundair materiaal.

Indiase journalisten hebben over het algemeen een universitaire opleiding genoten. Ze beheersen daarom de theoretische aspecten, maar hun schrijfstijl is - anders dan bij de Nederlandse journalisten - te zwaar, te wetenschappelijk. Het Indiase lezerspubliek behoort doorgaans tot de goed opgeleide middenklasse dus is dit geen onoverkomelijk probleem. In de verslaggeving wreekt het gebrek aan journalistieke ambachtelijkheid zich echter duidelijk. Op dit terrein hebben de Nederlandse journalisten een streepje voor. De Nederlandse journalisten zijn uit op het schrijven van een licht verteerbaar verhaal en nodigen de schrijver uit tot verder lezen. Zij beginnen hun verhaal met snorrende propellors, benauwde kamers en met de vraag waarom India op de Olympische Spelen er zo bekaaid vanaf kwam. Zij gaan verder met het beschrijven van de mensen die ze tegenkomen en die ze voor het verhaal relevante uitspraken laten doen. In het beste geval is het aantal gesprekken met India-kenners, ter voorbereiding van het bezoek, of het grondig bestuderen van de problematiek, beperkt gebleven, hetgeen tot enkele vermijdbare miskleumen heeft geleid. De artikelen lezen lekker weg, maar de diepgang laat het enigzins afweten.

Dit verschil heeft natuurlijk te maken met de verschillende aard van de stukken: essays, reportages. Mogelijk is dit verschil ook in het algemeen van toepassing: de Nederlandse journalisten hebben een betere ambachtelijke opleiding achter de rug, hun Indiase collega's kregen meer wetenschappelijke bagage mee. In India kan gedacht worden aan gedegen opleidingen voor de journalistiek, in Nederland is wellicht behoefte aan een universitaire vervolgopleiding ontwikkelingseconomie of -sociologie voor journalisten.

Uit gesprekken met leidinggevende personen - voor de Nederlandse journalisten vaak dè informatiebron voor artikelen - krijgt men informatie die de vigerende beleidsopvatting - in dit geval de liberalisering - ondersteunt. De voosheid en de vooringenomenheid achter die beleidsopvatting wordt met een aantal mythes toegedekt.

Mythes zijn er in overvloed. Twee daarvan wil ik expliciet noemen, omdat ze in een aantal artikelen opduiken. In de eerste plaats gebruikt men Zuid-Korea en Taiwan als schoolvoorbeelden van het liberaliseringsbeleid. Beide landen kenden een adembenemend groeitempo, maar de basis voor dit succes werd in de jaren vijftig en zestig gelegd met een aantal radicale beleidsmaatregelen: verregaande landhervormingen, expliciete staatsbemoeienis die tot de dag van

many fields. It seems that in order to expose these, the baby will be thrown out with the bath water. The state-owned industries are being portrayed as the source of all evil, but this is another myth. A distinction must be made between production industries and public utilities, such as water, electricity and transport companies. If the latter should become paying concerns, prices of essential goods and services would rise sharply and the Social Adjustment Programme would lose its human face.

The assumption that the production industries are losing money systematically is incorrect. In spite of huge investments and price controls, half of them is making profits and they pay more in capital levy than all private enterprises put together. In addition, state-owned industries have been largely responsible for the development of technological skill and for the creation of opportunities for employment in industry (an increase of almost 2% since 1980, while the private sector faced a net drop of 0.6%).

Myths become arguments and are used as evidence. Their strength is that they belong to the collective memory and serve as points of reference for both journalist and reader. This is true both in India and in the Netherlands. The difference lies in the collective opinion on policy. Ten years ago two of these Indian articles could not have been written because their contents were not in line with Indian policy and accompanying myths, one of them being that the country was working on and would be served best by independent development and a planned economy.

Now that internal and external liberalisation is being realized, the Indian media have adjusted their editorial policy. In most cases their message has become comparable to that of Dutch newspapers. Indian journalism shows a trend, not in its style as yet but certainly in its use of arguments and metaphors, in the direction of Dutch journalism. But India still has the advantage of a more variegated press, exemplified by The Hindu/Frontline group, which instead of the metaphor of the wakening giant or elephant, points to the danger of the elephant ruining the china shop.

vandaag voortduurt, en beschermende stimulering van de eigen bedrijven. Bovendien kregen die landen een grote hoeveelheid ontwikkelingshulp en profiteerden ze van een snel expanderende wereldeconomie.

De omstandigheden zijn veranderd en Muralidharan vraagt zich terecht af of een op de Zuidkoreaanse mythe gebaseerde liberalisering soelaas kan brengen aan India, dat met zoveel andere ontwikkelingslanden een gevecht om een plaats op de wereldmarkt moet aangaan.

Over de vraag of India het er sinds de onafhankelijkheid goed of slecht vanaf heeft gebracht, bestaan verschillende meningen. Wel is iedereen het er over eens dat India nu de zeilen moet bijzetten. Het systeem van bescherming en staatsinterventie heeft tot een aantal misstanden geleid en op een aantal terreinen inefficiëntie en corruptie in de hand gewerkt. Om die misstanden uit de weg te ruimen, dreigt nu het kind met het badwater weggegooid te worden. De staatsbedrijven worden als de grote boeman ten tonele gevoerd. Dit is een tweede mythe. Er moet namelijk onderscheid gemaakt worden tussen produktiebedrijven en staatsbedrijven die een openbare nutsfunktie hebben (waterleiding, elektriciteit, transport, enz). Als deze bedrijven winstgevend worden, betekent dat een scherpe verhoging van de prijzen van basisgoederen en -diensten. Het zou een SAP (Social Adjustment Programme) zonder menselijk gezicht worden.

Dat de produktiebedrijven stelselmatig verlies zouden lijden is onjuist. Ondanks enorme investeringen en ondanks de gecontroleerde prijzen, maakt de helft van de produktiebedrijven in de staatssector wel degelijk winst en betaalt ze meer vermogensbelasting dan het particuliere bedrijfsleven. Bovendien waren de staatsbedrijven in grote mate verantwoordelijk voor de opbouw van een eigen technologische bekwaamheid en voor industriële werkgelegenheid (sinds 1980 nog een groei met bijna 2 % tegenover een netto achteruitgang met 0.6% in de privé-sector).

Mythes worden als argumenten, als bewijsmateriaal gebruikt. De kracht van mythes is dat ze tot het collectieve geheugen behoren en dus zowel voor de journalist als voor de lezer een referentiepunt zijn. Dat geldt zowel voor India als voor Nederland. Het verschil ligt in de collectieve beleidsopvatting. Tien jaar geleden hadden twee van de Indiase artikelen niet geschreven kunnen worden, omdat de inhoud niet overeen kwam met het toen in India bestaande beleid en de daarbij behorende mythes, onder meer dat het land bezig was met, en gebaat zou zijn bij zelfstandige ontwikkeling en een geplande economie.

Nu de interne en externe liberalisering zijn doorgebroken, hebben de media in India hun beleid bijgesteld. In de meeste gevallen is hun boodschap vergelijkbaar geworden met die in Nederlandse kranten. Nog niet in de stijl, maar wel in het gebruik van argumenten en beeldspraak is de Indiase journalistiek duidelijk in de richting van de Nederlandse journalistiek opgeschoven. India blijft echter wel het voordeel van een breder geschakeerde pers behouden, met als voorbeeld de The Hindu/Frontline-groep, die in plaats van de beeldspraak dat de reus of olifant wakker wordt, wijst op het gevaar van een olifant die door een porseleinkast gaat.

Analyses

by Malcolm Subhan

First the easy part. As an economic journalist I was particularly interested in the assignment given my six fellow journalists. I shall resist the temptation, however, to tell how I would have handled it myself. I read their articles and diaries with pleasure and profit. As regards the articles by my Dutch colleagues, I hope their readers enjoyed them as much as I did and want to find out more about India - its problems as well as its achievements and its promise.

Now for the more difficult part. As you know, my task is to analyze the output of my six fellow scribblers, and to come up with answers to some questions. Questions about whether a Dutch journalist has the same perspective on economic developments in India as his or her Indian colleague; whether the character of a newspaper determines how economic issues are reported and the question whether writing about economic development in the Third World requires much the same skills, background knowledge and approach as writing about economic development in the Netherlands.

Let me say straightaway that it is a bit unfair to our six colleagues to look for answers to such weighty issues solely within their articles and diaries. After all, even taken together, articles and diaries represent only a tiny part of their total output. And for all I know may amount to their total output on India. Nor am I going to analyze their articles in order to decide which of them explains India's new economic policy the best, or which article is the most weighty, or most persuasive or what have you...

I shall refer to articles and diaries but mainly to illustrate some of the points I wish to make. Their authors may want to challenge my interpretation of the things they have written, but I want to assure them that I am not basing my case only on their articles and, in the case of our three Dutch colleagues, their activities in India, as set down in their diaries.

The first point is that there is little point in comparing the articles written by the Dutch journalists, on the one hand, and their Indian colleagues on the other. It would be like comparing apples and bananas. The Dutch journalist who has been asked to write an article - a one-off piece at that - on India's latest experiment with economic liberalism faces very different problems from his Indian counterpart.

Of course journalists everywhere face the same problem the moment they put pen to paper - or fingers to keyboard: how are they going to attract and hold the attention of their potential

Analyses

door Malcolm Subhan

Eerst het gemakkelijkste. Als economisch journalist was ik zeer geïnteresseerd in de opdracht die mijn zes collega-journalisten hadden gekregen. Ik zal de verleiding weerstaan om te vertellen hoe ík het gedaan zou hebben. Ik heb hun artikelen en dagboeken met plezier en profijt gelezen. Wat betreft de artikelen van mijn Nederlandse collega's, ik hoop dat hun lezers er evenzeer van genoten hebben als ik en dat ze na lezing meer over India te weten willen komen - over de problemen daar, over wat er is bereikt en wat er nog gaat gebeuren.

Nu iets lastigers. Zoals u weet, is het mijn taak het werk van mijn zes collega-scribenten te analyseren en met antwoorden te komen op een paar vragen. Vragen over de kwestie of een Nederlandse journalist hetzelfde perspectief heeft met betrekking tot economische ontwikkelingen in India als zijn of haar Indiase collega, of het type krant bepaalt hoe er over economische onderwerpen geschreven wordt en de vraag of voor het schrijven over economische ontwikkelingen in de derde wereld dezelfde vaardigheden, achtergrondkennis en benadering vereist zijn als voor het schrijven over economische ontwikkeling in Nederland.

Laat ik meteen maar zeggen dat het een beetje oneerlijk is tegenover onze zes collega's om de antwoorden op zulke gewichtige zaken enkel en alleen te zoeken in hun artikelen en dagboeken. Deze vormen immers, ook allemaal bij elkaar genomen, maar een klein deel van hun totale produktie. Misschien vormen ze wel alles wat ze ooit over India geschreven hebben. Ik ga hun stukken dan ook niet analyseren om te bepalen wie het nieuwe economische beleid van India het beste uitlegt, of welk artikel het meest inhoudelijk is, of overtuigend, of wat dan ook.

Ik zal wel op de artikelen en de dagboeken terugkomen, maar vooral om duidelijk te maken wat ik bedoel. De schrijvers ervan zullen het misschien niet eens zijn met mijn interpretatie van wat ze hebben geschreven, maar ik verzeker hen dat ik mijn standpunt niet alleen baseer op hun artikelen en, in het geval van onze drie Nederlandse collega's, op hun activiteiten in India zoals die beschreven staan in hun dagboeken.

Het eerste wat ik erover wil zeggen is het volgende. Het heeft niet veel zin de stukken van de Nederlandse journalisten te vergelijken met die van hun Indiase collega's. Dat is appels met peren vergelijken. De Nederlandse journalist die een - eenmalig - stuk moet schrijven over India's jongste experiment met economisch liberalisme staat voor heel andere problemen dan zijn Indiase tegenpool.

reader? After all, not many of us have names which attract readers like iron filings to a magnet. In the present case the three Indian journalists obviously were in a much more favourable position. Their readers were familiar with their names and the subject could be expected to attract them because of its relevance to their lives. None of the three Indian journalists felt it necessary, therefore, to make concessions to their readers.

The problem clearly was much greater for the Dutch. They had to persuade their readers to give more than a cursory glance at a relatively long article on a distant land - India - and a very technical subject - economic liberalism. I am sure their readers are cultured, cultivated people, eager to broaden their horizons. Even so....

Faced with this hurdle Anil Ramdas shamelessly took the easy way out: he wrote a travel article, enlivened with the references to sexual escapades which seem obligatory in such articles. Having interviewed two Indian intellectuals he presumably felt obliged to devote a paragraph or two to each of them, before resuming his role of the all-knowing travel guide. I am sure his readers enjoyed his article, and for all I know he plans to expand his diary into a book-length travelogue.

I may be doing Mr Ramdas an injustice; his article may in fact represent a holistic approach to a difficult subject. A holistic approach is precisely what Ed Groot settled on, having rejected the easy - but natural - option of writing for Dutch company executives who are looking for a developing country in which they can manufacture their products more cheaply than at home. Such executives may be tempted to look at India more closely, after reading his article; but the general reader, too, will have acquired an overall picture of the nature and scale of India's economic reform programme and some idea of its probable outcome.

Rita van Veen sought to humanize an otherwise technical subject by linking it to the threat of unemployment hanging over an Indian civil servant. As she points out, if India is to become a free market economy the bureaucracy will have to be trimmed, of both its powers and its numbers. The civil servant had every reason therefore to be worried out his job.

Rita van Veen revived the reader's interest by following in Mahatma Gandhi's footsteps and visiting the ashram in Sevagram where he settled in 1936. But having found an advocate of the Gandhian model of development, who told her that Indians should come up with Indian solutions, she decided to let the matter drop. We shall have to journey to Sevagram to discover the Indian solutions to Indian problems which Pramod Kadam spoke about so confidently.

I make no apologies for spending so much time on just this one problem - how to arouse and hold the reader's interest when the subject is economic development in the Third World. The

Natuurlijk worden journalisten overal ter wereld geconfronteerd met hetzelfde probleem zodra ze een pen op papier zetten, of hun vingers op het toetsenbord: hoe vangen ze de aandacht van hun potentiële lezer en hoe houden ze die vast? Tenslotte hebben weinigen van ons een naam die lezers, zoals een magneet ijzervijlsel, aantrekt. In dit geval hadden de drie Indiase journalisten natuurlijk een veel gunstiger uitgangspunt. Hun lezers kenden hun naam al en het onderwerp zou hen hoogstwaarschijnlijk boeien omdat het relevant is voor hun eigen leven. Daarom vond geen van de Indiase journalisten het nodig om concessies te doen aan hun lezers.

De Nederlanders hadden duidelijk wel een groot probleem. Zij moesten hun lezers ertoe bewegen meer dan een vluchtige blik te werpen op een betrekkelijk lang artikel over een ver land - India - en een nogal technisch onderwerp - economische liberalisering. Natuurlijk zijn hun lezers allemaal ontwikkelde mensen die zitten te popelen om hun horizon te verruimen, maar toch...

Anil Ramdas maakte zich wel erg gemakkelijk van dit probleem af: hij schreef een reisverhaal, verlevendigd met toespelingen op seksuele avontuurtjes die een onvermijdelijk onderdeel schijnen te moeten zijn van zulke artikelen. Omdat hij twee Indiase intellectuelen had geïnterviewd, voelde hij zich waarschijnlijk verplicht een alinea of twee aan ieder van hen te wijden, voordat hij zijn rol van alwetende reisgids weer op zich nam. Zijn lezers hebben vast en zeker gesmuld van zijn stuk, en misschien denkt hij zijn dagboek wel uit te werken tot een heus reisverhaal.
Misschien doe ik de heer Ramdas hiermee tekort, misschien is zijn artikel juist wel een voorbeeld van een holistische benadering van een moeilijk onderwerp. Een holistische benadering, daarvoor heeft beslist ook Ed Groot gekozen. Hij heeft niet de gemakkelijke weg bewandeld, de voor de hand liggende manier van schrijven voor Nederlandse zakenlieden die op zoek zijn naar een ontwikkelingsland waar zij hun produkten goedkoper kunnen laten maken dan in hun eigen land. Die zakenlieden zullen na lezing van zijn artikel misschien wel extra op India gaan letten, maar ook de geïnteresseerde leek krijgt een algemeen beeld van de aard en omvang van het programma van economische hervormingen in India, en een idee over hoe die waarschijnlijk uit gaan pakken.

Rita van Veen trachtte een vrij zakelijk onderwerp een menselijk gezicht te geven door het verhaal van een Indiase ambtenaar eraan vast te knopen die de dreiging van werkloosheid boven het hoofd hangt. Zij wijst erop dat als India een vrije markteconomie moet krijgen, de bureaucratie beslist moet worden ingeperkt, zowel wat betreft aantallen ambtenaren als terreinen waarop ze macht uitoefenen. De ambtenaar had alle reden om zich zorgen te maken over zijn baan.

fact is that indifference to the situation in developing countries is growing among the professional classes and decision makers in Europe. As the space devoted in quality newspapers to these countries dwindles, so does the number of journalists who are interested in writing about them, who are ready, to spend time reading about developing countries, attending the occasional press conferences on Third World issues and simply do their homework before sitting down at their PCs.

I am not saying that articles about developing countries are no longer making it to the front pages of European newspapers. However, instead of in-depth articles of the kind written by our three Dutch colleagues, the front pages, especially of mass circulation papers, are carrying stories of Third World immigrants - most of them illegal - who apparently are flooding into Europe. Africans, Asians, Latin Americans are making it to the front pages - but as economic migrants, threatening European livelihoods, or as victims of racial attacks.

At the risk of being misunderstood I would add that the articles and diaries by our Dutch colleagues are not altogether free of comments which some of their readers have almost certainly taken as providing confirmation of their prejudices - all the more so as these comments have been made by their authors after visiting India.

The picture that Anil Ramdas paints of Bombay is so one-sided as to be ludicrous and his description of caste society (given in his diary, on page 9) is completely wrong. I would remind Ed Groot, who makes great play of the Indian tradition of self-reliance, that its staunchest advocates were the Chinese. Although not a Hindu myself, I find his description of Hindu culture as one of resignation 'and settling for mediocrity and low quality standards' a prime example of Eurocentrism. (On second thought, the remark probably was made to Ed Groot by a Westernized Indian intellectual; as a member of that group I know we tend to make such remarks - generally to Westerners.).

I thought that all three of our Dutch authors said things which were very much to the point; even so, the overall impression of present-day India which their articles conveyed was a fairly negative one - of a country mired in the past, reluctant, if not unable, to enter into the 21st century. I think the impression results from a certain imbalance in the contents of the articles, with negative factors far outweighing positive ones. Speaking for myself, I am never in India but I am astonished by the vitality and prosperity of its cities, which are in sharp contrast to the India I grew up in.

Now this negativism is due partly to the fact that we are in a profession which thrives on bad news. Sukumar Muralidharan (Frontline) was quite wrong when he commented that bad news is

Rita van Veen wist de aandacht van de lezer vast te houden door in de voetstappen van Mahatma Gandhi te treden en de ashram in Sevagram te bezoeken, waar hij zich in 1936 vestigde. Maar toen ze een voorstander van het Gandhiaanse ontwikkelingsmodel aan het woord had gelaten, die haar voorhield dat Indiërs hun problemen met Indiase oplossingen te lijf moeten gaan, liet ze het daarbij. We zullen zelf naar Sevagram moeten reizen om erachter te komen welke Indiase oplossingen voor Indiase problemen Pramod Kadam precies bedoelde.

Ik vind niet dat ik teveel tijd besteed aan dit ene probleem: het wekken en vasthouden van de belangstelling van de lezer als het over economische ontwikkeling in de derde wereld gaat. Vast staat dat de onverschilligheid ten opzichte van de situatie in ontwikkelingslanden toeneemt bij de intelligentsia en de 'decision makers' in Europa. Met de afnemende ruimte voor de derde wereld in kwaliteitskranten, zijn er steeds minder journalisten die erover willen schrijven - die dus bereid zijn tijd te besteden aan het lezen over ontwikkelingslanden, aan het bijwonen van de sporadische persconferenties over derde-wereld onderwerpen. Die dus hun huiswerk doen voordat ze achter hun tekstverwerker gaan zitten.

Ik zeg niet dat artikelen over ontwikkelingslanden niet langer de voorpagina's halen van Europese kranten. Maar in plaats van de achtergrondartikelen zoals die door onze drie Nederlandse collega's zijn geschreven, brengen de voorpagina's, vooral die van de massabladen, verhalen over immigranten uit de derde wereld - meestal illegalen - die Europa lijken binnen te stromen. Afrikanen, Aziaten, Zuidamerikanen halen de voorpagina's wel, maar als economische migranten die mensen in Europa in hun bestaan bedreigen, of als slachtoffers van racistische conflicten.

Op het gevaar af dat ik verkeerd begrepen word, voeg ik hieraan toe dat de artikelen en dagboeken van onze Nederlandse collega's niet helemaal vrij zijn van uitspraken die sommige van hun lezers vrijwel zeker hebben opgevat als bevestiging van hun eigen vooroordelen, temeer daar deze uitspraken gedaan zijn nadat de schrijvers zelf in India geweest zijn.

Het beeld dat Anil Ramdas van Bombay schetst is krankzinnig eenzijdig en zijn beschrijving van de kastensamenleving klopt helemaal niet. Dan wil ik Ed Groot, die veel ophef maakt over de Indiase traditie van self-reliance, eraan herinneren dat de felste voorstanders daarvan de Chinezen waren. Ik ben zelf geen Hindoe, maar ik vind zijn beschrijving van de Hindoe-cultuur als berustend en 'genoegen nemend met middelmatigheid en lage kwaliteitsnormen' een schoolvoorbeeld van eurocentrisme. (Bij nader inzien teken ik hierbij aan dat deze opmerking waarschijnlijk gemaakt is tegen de heer Groot door een verwesterde Indiase intellectueel, omdat ikzelf tot die categorie behoor, weet ik dat wij vaak zulk soort opmerkingen maken, vooral tegen westerlingen).

at a discount in the mass media, and my Dutch colleague, Frits van Exter (see Trouw - Articles and diaries), was absolutely right when he noted that journalists seem to be more interested in what is not working than in what is working. He even remarks that a journalist's job is to go after evil, so that it can be exposed and punished. I find this a revealing remark and in line with the Western tendency to see everything in terms of good or evil, black or white.

But the fact that such news as there is about the developing countries in European newspapers is generally bad news, suggests to me an unstated desire to reinforce the negative image of the Third World so prevalent in the West. Frits van Exter has pointed out that 85 percent of Dutch people associate the Third World with starvation and misery, according to research into the subject; in fact they don't want to know any more about developing countries. He notes that a campaign to eliminate this negative image, funded by the Ministry for Development Cooperation, failed to make the least bit of difference.

It was not the Ministry's fault. The fact is that the European press largely reflects the views and prejudices of the society in which it operates. Some two years ago Belgian non-governmental organizations working in developing countries asked Belgian journalists to write about the Third World in a more positive spirit, and to erase the negative image they were projecting. I argued that the negative image, widespread in the Belgian media, was what the public wanted, because it confirmed prejudices inherited from colonial times.

Newspapers are not neutral or objective, which is just as well, as they would be very boring otherwise. We seldom buy newspapers in order to learn what is happening around us, at home and in more distant lands, but rather to have our prejudices confirmed. However much European newspapers may differ on domestic issues, their differences are much smaller on international issues involving developing countries. Reporting on the Gulf war was a case in point: Saddam Hussain was demonized by nearly all the European press but viewed as a hero by Muslim public opinion around the world.

What is needed is a deliberate attempt by newspapers and journalists to redress the balance. I am not saying that the three Dutch colleagues should have looked at India through rose-tinted spectacles, although articles stressing India's economic advantages and its economic achievements (mastering nuclear science, developing software, running hi-tech factories) would have come as a refreshing change.

I am not asking Dutch, or indeed European, journalists to close their eyes to the misery and injustice in developing countries, only to recognize that the situation in developing countries is not compounded entirely of misery and injustice, and to highlight the positive aspects of life in

Ik vind dat de drie Nederlandse auteurs dingen zeggen die relevant zijn, maar toch is de indruk van het hedendaagse India die in hun stukken wordt gegeven tamelijk negatief - die van een land dat is blijven steken in het verleden en schoorvoetend, of zelfs verlamd, op de drempel van de 21e eeuw staat. Ik geloof dat deze indruk is ontstaan door een zekere onevenwichtigheid in de inhoud van de artikelen, waarbij de negatieve factoren de positieve te zeer overschaduwen. Ikzelf kom zelden of nooit in India, maar ik sta paf van de vitaliteit en de bloei van zijn steden, een schril contrast met het India waar ik ben opgegroeid.

Dit negativisme is natuurlijk gedeeltelijk te wijten aan het feit dat wij een beroep hebben dat gedijt op slecht nieuws. Sukumar Muralidharan (Frontline) zat er echt naast met zijn commentaar dat slecht nieuws weinig waarde heeft in de massamedia en Frits van Exter (zie Artikelen en dagboeken - Trouw) had absoluut gelijk met zijn opmerking dat journalisten meer belangstelling lijken te hebben voor wat niet werkt dan voor wat wel werkt. Hij meent zelfs dat het de taak van een journalist is om het kwaad te ontmaskeren, zodat het bestraft kan worden. Dat vind ik een onthullende gedachte die strookt met de westerse tendens om alles zwart-wit te zien, het is of goed, of slecht.

Het feit dat de berichtgeving in Europese kranten over ontwikkelingslanden meestal slecht nieuws is, geeft volgens mij een onuitgesproken wens aan om het negatieve beeld van de derde wereld, dat zo overheerst in het Westen, te versterken. Frits van Exter heeft erop gewezen dat 85 procent van de Nederlandse bevolking het begrip derde wereld associeert met honger en ellende, zoals uit onderzoeken blijkt. Men wil in feite verder ook niets over ontwikkelingslanden horen. Hij merkt op dat een campagne van het ministerie voor Ontwikkelingssamenwerking, die ten doel had dit negatieve beeld te elimineren, totaal geen effect heeft gehad.

Dat was niet de schuld van het ministerie. De Europese pers weerspiegelt grotendeels de meningen en vooroordelen van de samenleving waarbinnen zij functioneert. Twee jaar geleden vroegen enkele Belgische niet-gouvernementele organisaties die actief zijn in ontwikkelingslanden aan Belgische journalisten om iets positiever over de derde wereld te gaan schrijven en het negatieve beeld dat ze altijd schetsten los te laten. Ik was echter van mening dat dat negatieve beeld, vrijwel universeel aanvaard in de Belgische media, precies was wat het publiek wilde krijgen omdat het de vooroordelen uit de koloniale tijd, die nog steeds voortleefden, bevestigde.

Kranten zijn niet neutraal of objectief, wat trouwens helemaal niet erg is, want dan zouden ze ontzettend saai zijn om te lezen. We kopen toch nauwelijks een krant om ons op de hoogte te stellen van wat er om ons heen gebeurt, in eigen land of elders, maar veeleer om onze vooroordelen bevestigd te zien. Hoezeer Europese kranten ook verschillen in hun positie ten opzich-

developing countries, bearing in mind that at least some of the misery and injustice can be traced to past events, the colonial past. Because Europeans like to believe that this past is dead and buried does not mean that it is.

Am I asking Dutch journalists to flatter Third World dictators - and this at a time when journalists in the Third World are becoming very critical themselves? After all, Sukumar Muralidharan is not very complimentary to the Indian government. He accuses it of having converted to free market economics more out of panic than conviction, and of having been goaded into it by a severe balance of payments crisis. Siddarth Bhatia (The Observer) seems openly contemptuous of the Indian corporate sector - Indian big business, if you like - on which the success of the Government's economic reform programme depends to a considerable extent.

But even the most virulent Indian critics limit their attacks to specific targets: the government in New Delhi, the bureaucracy, Hindu fundamentalists, greedy capitalists, the list is long. But no Indian journalist is dismissive of the country as a whole or all its people. The attitude of the Indian journalist is very like that of the Dutch journalist when he is writing about the Dutch economy and commenting on the performance of the government of the day.

Indian and Dutch journalists face much the same problems when writing about their own economies. But this is already less true when they are writing about an international event, even one in which both their countries have a direct stake - such as the long-running Uruguay Round of international trade negotiations. Here national interests diverge.

A Dutch journalist may feel that what is good for Indian exporters may be damaging to Dutch manufacturing interests. Even so, GATT remains a respected international institution in Dutch, and Western, eyes, largely because it is still dominated by Western trading nations. The U.N. Conference on Trade and Development is another matter, however. It is still written about in the Indian press but generally ignored in the Western press - the Dutch press is a notable exception - because it is dominated by Third World countries.

Even so, as national economies are more closely integrated into a global economy, economic self-interest may oblige the press in the Netherlands, and other industrialized countries, to take a greater interest in developments in the Third World.

To conclude, I expect the Dutch press, like its counterparts in other European countries, to lose interest in developing countries even further. Certainly the large European press corps in Brussels is largely indifferent to the European Community's relations with the Third World.

te van nationale kwesties, over internationale zaken met betrekking tot ontwikkelingslanden zijn de verschillen veel kleiner. De verslaggeving over de Golfoorlog bewees dat: Saddam Hussein werd door bijna de gehele Europese pers als een demon afgeschilderd terwijl hij in de publieke opinie van de islamitische wereld de hemel in geprezen werd.

Er moet een bewuste poging gedaan worden door kranten en journalisten om een groter evenwicht te creëren. Ik zeg niet dat de drie Nederlandse collega's door een roze bril naar India hadden moeten kijken, al zouden artikelen waarin de nadruk werd gelegd op de gunstige kanten en de prestaties van de economie (het beheersen van de atoomwetenschap, de ontwikkeling van eigen software, het draaien van hi-tech fabrieken) een welkome verandering hebben betekend.

Ik vraag de Nederlandse, of Europese journalisten niet hun ogen te sluiten voor de ellende en het onrecht in ontwikkelingslanden. Alleen dat ze erkennen dat de situatie daar niet alléén maar bestaat uit ellende en onrecht. En dat ze de positieve aspecten van het leven ook eens moeten belichten, met in hun achterhoofd de gedachte dat toch althans iets van die ellende en dat onrecht voortkomt uit gebeurtenissen in het verleden, het koloniale verleden dus. Omdat Europeanen graag willen geloven dat dit verleden dood en begraven is, betekent dat nog niet dat dat ook werkelijk het geval is.

Vraag ik Nederlandse journalisten nu de dictators in de derde wereld met fluwelen handschoenen aan te pakken, en dat nog wel in een tijd waarin journalisten in de derde wereld zelf steeds kritischer worden? Sukumar Muralidharan laat zich tenslotte ook niet complimenteus uit over de Indiase regering. Hij beschuldigt haar ervan dat ze meer uit paniek dan uit overtuiging is overgestapt op een vrije markteconomie en dat ze die stap genomen heeft vanwege een ernstige crisis van de betalingsbalans. Sidharth Bhatia (The Observer) spreekt met openlijke minachting over het Indiase bedrijfsleven, dat grotendeels het succes van het programma van economische hervormingen van de regering moet dragen. Maar zelfs de kwaadaardigste Indiase critici beperken hun aanvallen tot specifieke doelen: de regering in New Delhi, de bureaucratie, de Hindoe-fundamentalisten, hebzuchtige kapitalisten, het is een lange lijst. Toch verwerpt geen enkele Indiase journalist het land of zijn bevolking als geheel. De houding van de Indiase journalist is te vergelijken met die van de Nederlandse als hij over de Nederlandse economie schrijft en de daden van de regering van dat moment beoordeelt.

Indiase en Nederlandse journalisten hebben veelal met dezelfde problemen te maken als ze over hun eigen economie schrijven. Maar dat gaat al minder op als ze over een internationaal gebeuren schrijven, zelfs als hun beide landen daar een rol in spelen, zoals de langlopende Uruguay Ronde van internationaal handelsoverleg. Daar lopen de nationale belangen uiteen.

The situation in the Indian press is very different, of course. It cannot ignore the country's economic development. On the contrary, as the Indian economy becomes more firmly integrated into the world economy, on the one hand, and into the regional, South Asian economy on the other, the Indian press will have to take a greater interest in both neighbouring countries and the larger world.

I think it is important that the Dutch press - the European press in general - continue to write about the Third World, highlighting its achievements no less than its failures. But I do nót see this happening, as I said earlier.

Can this growing indifference be reversed? Can projects such as this help reverse the trend? I would like to believe that they can. But I would be surprised to learn that there was a considerable fall-out from the visit to India by the three Dutch colleagues, that their papers devoted more space to India, commissioned feature articles from Dutch experts on India, featured the activities of Indians living in the Netherlands, etcetera.

As a journalist, I like to think that through our articles and comments we can help our readers to have a better idea and understanding of the situation of developing countries. But I know from experience that our role in shaping public opinion and forming attitudes is limited. This is partly because readers' attitudes are formed in their homes and schools, long before they turn to reading newspapers and magazines. If we want more Third World news in the Dutch, and European, press, we must start talking about the Third World to children in primary schools.

Een Nederlandse journalist heeft misschien het gevoel dat wat goed is voor de Indiase export, schadelijk kan zijn voor de belangen van de Nederlandse producenten. Toch blijft de GATT vooral een gerespecteerd internationaal instituut in Nederlandse en westerse ogen omdat het overheerst wordt door de westerse handelsnaties. Bij de UNCTAD (U.N. Conference on Trade and Development) ligt het echter anders. Er wordt in de Indiase pers nog steeds over geschreven maar in de westerse pers nauwelijks - de Nederlandse pers is hierop een opmerkelijke uitzondering - omdat landen van de derde wereld daar de toon aangeven.

Naarmate de nationale economieën tot een mondiale economie versmelten, wordt het uit economisch eigenbelang noodzakelijker voor de pers in Nederland, en andere geïndustrialiseerde landen, om meer belangstelling te hebben voor de ontwikkelingen in de derde wereld.

Tenslotte, ik verwacht dat de Nederlandse pers, evenals haar evenknieën elders in Europa, steeds minder belangstelling zal krijgen voor ontwikkelingslanden. Het grote Europese perscorps in Brussel staat in ieder geval onverschillig tegenover de betrekkingen tussen de Europese Gemeenschap en de derde wereld.

Voor de Indiase pers ligt de situatie natuurlijk anders. Die kan de economische ontwikkeling van het land niet doodzwijgen. Integendeel, naarmate de Indiase economie sterker geïntegreerd raakt in de wereldeconomie enerzijds, en in de regionale, Zuidaziatische economie anderzijds, moet de Indiase pers wel meer aandacht gaan besteden aan zowel de buurlanden als de wereld in ruimere zin.

Ik geloof dat het van belang is dat de Nederlandse pers, en de Europese pers in het algemeen, blijft schrijven over de derde wereld en daarbij de prestaties evenzeer belicht als de mislukkingen. Maar dat zie ik nog niet gebeuren, zoals ik al eerder heb opgemerkt. Kan het tij van die toenemende onverschilligheid nog gekeerd worden? Kunnen dit soort projecten ertoe bijdragen deze trend tegen te gaan? Dat zou ik graag geloven. Maar het zou me verbazen als zou blijken dat het bezoek van de drie Nederlandse collega's aan India verderstrekkende gevolgen zou hebben, dat hun kranten meer ruimte aan India gaan besteden, of Nederlandse India-deskundigen aan het woord lieten in achtergrondartikelen, of verhalen zouden publiceren over Indiërs die in Nederland wonen, enzovoort.

Als journalist zou ik graag geloven dat we door onze artikelen en commentaren onze lezers een beter idee en meer begrip kunnen geven van de toestand in ontwikkelingslanden. Maar ik weet uit ervaring dat onze rol in het vormen van de publieke opinie en in het bepalen van een standpunt beperkt is. Dit komt onder andere doordat het standpunt van de lezer thuis en op school al gevormd wordt, lang voordat hij of zij kranten en tijdschriften gaat lezen. Als we meer berichtgeving over de derde wereld willen in de Nederlandse en Europese pers, dan moeten we al met de kinderen op de basisschool gaan praten over de derde wereld.

Discussion

In this chapter the main issues of the discussion among the participants of the symposium are summarized.

Eurocentrism; the non-existent colonial past

It is often held against Western journalists that their articles on developing countries are full of stereotypes. In discussions on coverage of the Third World the term 'eurocentrism' is often used when this phenomenon is referred to. It means that in the selection of news items Western criteria are taken for granted and that the coverage has a mostly Western point of view. The picture that emerges often does not do justice to reality.

That journalists [1] would, or could, be objective in their reporting is an utopian assumption, anyway. In journalism choices have to be made all the time, and it is in the nature of choices that they are subjective. So journalistic practice cannot be objective when news is happening close to home and it is only natural that the personal and cultural back-grounds of the journalists themselves play a role when reports on other countries and cultures have to be filed.

Because there has been much debate recently on 'Third World journalism', many Dutch journalists have become aware of the existence of these stereotypes and efforts are made to avoid them.

According to Malcolm Subhan the Dutch articles written for 'In other words' did have some euro-centrist characteristics. He considered Ed Groot's description of the Hindu culture as 'settling for mediocrity and low quality standards' 'a classic example of eurocentrism'. Ed Groot was quick to counter this criticism: 'I have been very cautious in taking any stand on Hinduism,' he said, 'but all the Indians I interviewed made a point of mentioning this. So it is not something that I came up with.'

The European press as such was also criticized by Malcolm Subhan: 'The European press mainly reflects the opinions and prejudices of the society within which it operates.' According to Subhan there is an increasing indifference in Europe with regard to the situation in developing countries.

Johan ten Hove, Chief Foreign Editor of the Dutch national daily 'Trouw', did not subscribe to the view that the choices Western journalists make are outright eurocentrist. 'A journalist writes about movement, not about stagnation,' he said. 'Since Gorbatschev came to power in the Soviet Union in 1985, the world has changed quite a lot. Europe and the East West relationship are in a constant state of flux now and require media space. I do not say that we should forget about the Third World, but newspapers have only limited space, and where a story on the disintegration of the Berlin Wall is printed, there can be no story on India.'

Malcolm Subhan was gloomy about the low interest in the colonial past in Europe: '...part of that misery and injustice are produced by events in the colonial past. Because Europeans like to believe that this past is dead and buried, it does not mean that it is truly the case.' Anil Ramdas agreed with him there: 'I do not know why, but Western journalists tend to neglect the past,' he said. 'Perhaps they think that the readers do not find it interesting, which I think is untrue.'

Johan ten Hove explained that it is not always relevant to place events in the context of the - colonial - past. Ten Hove: 'The assumption that we may have lost sight of the old relations may be correct, but nowadays many things happen in developing countries, which have nothing to do with colonial times. The stock-market scam, for instance, stands on its own. And you need not delve into the colonial past of Somalia to be able to disapprove of the war lords ruthlessly killing their opponents and their followers.'

1 *The word 'journalists' is applied to both men and women*

Discussie

In dit hoofdstuk staan in het kort de belangrijkste punten die tijdens de discussie met de deelnemers aan het symposium aan de orde kwamen.

Eurocentrisme, geen aandacht voor het koloniale verleden

Westerse journalisten wordt vaak verweten dat hun artikelen over ontwikkelingslanden vol staan met stereotypen. In discussies over de berichtgeving over de derde wereld wordt in dit verband vaak de term 'eurocentrisme' gebruikt. Daarmee wordt bedoeld dat het nieuws vanuit een Europees standpunt, of anders gezegd, met westerse normen wordt geselecteerd en verslagen en dat de beelden die zo over ontwikkelingslanden ontstaan weinig recht doen aan de werkelijke situatie.

Dat journalisten[1] objectief zouden - kunnen - schrijven, is overigens een utopie. In de journalistiek moeten namelijk steeds - subjectief te noemen - keuzes worden gemaakt. De journalistieke praktijk is daarom níet objectief wanneer nieuwsfeiten zich dicht bij huis afspelen en uiteraard speelt de persoonlijke en culturele achtergrond van de journalist ook een rol als de berichtgeving andere landen en culturen betreft.

Doordat er in de afgelopen jaren veel discussies over 'derde-wereldjournalistiek' zijn gevoerd, zijn veel Nederlandse journalisten zich inmiddels beter bewust van het bestaan van stereotypen. Er wordt dan ook steeds meer geprobeerd ze te vermijden. In het algemeen wordt er tegenwoordig wat genuanceerder over eurocentrisme gedacht.

Volgens Malcolm Subhan hadden de Nederlandse artikelen die voor 'Met andere woorden' waren geschreven, eurocentrische kenmerken. Met name Ed Groots beschrijving van de Hindoe-cultuur als 'genoegen nemend met middelmatigheid en lage kwaliteitsnormen' vond hij een 'schoolvoorbeeld van eurocentrisme'. Ed Groot ontzenuwde deze kritiek onmiddellijk:

'Ik ben juist erg voorzichtig geweest me over het hindoeïsme uit te laten', zei hij, 'maar in alle interviews brachten Indiërs dit zelf naar voren. De kritiek is dus niet iets dat ik bedacht heb.'

Ook kreeg de Europese pers in het algemeen kritiek van Malcolm Subhan: 'De Europese pers weerspiegelt grotendeels de meningen en vooroordelen van de samenleving waarbinnen zij functioneert'. Volgens Subhan is er een toenemende onverschilligheid in Europa ten opzichte van de situatie in ontwikkelingslanden.

Johan ten Hove, chef redactie buitenland van Trouw, vond dat keuzes die westerse journalisten maken niet zonder meer eurocentrisch te noemen zijn. 'Een journalist schrijft over iets dat beweegt, niet over iets dat verstard is', zei hij. 'Sinds Gorbatsjov in 1985 in de Sovjet-Unie aan de macht kwam, is er in de wereld veel veranderd. Europa en de Oost-West-verhoudingen zijn in beweging en eisen meer aandacht op, ook van de Nederlandse journalistiek. Daarmee zeg ik niet dat we de derde wereld moeten vergeten, maar kranten hebben een beperkte ruimte. Waar een verhaal staat over het afbreken van de Berlijnse muur, staat op dat moment geen verhaal over India.'

Malcolm Subhan was somber over de geringe belangstelling in Europa voor de koloniale geschiedenis: '... iets van de ellende en onrecht komt voort uit gebeurtenissen in het koloniale verleden. Omdat Europeanen graag willen geloven dat dit verleden dood en begraven is, betekent dat nog niet dat dat ook werkelijk het geval is.' Anil Ramdas gaf hem daarin gelijk: 'Waaraan het ligt weet ik niet, maar westerse journalisten hebben de neiging het verleden te verwaarlozen', zei hij. 'Misschien denken ze dat lezers het verleden niet interessant vinden, wat volgens mij niet waar is.'

Johan ten Hove stelde daar tegenover dat het niet altijd relevant is om gebeurtenissen in de context van het - koloniale - verleden te plaatsen. Ten

1 *Met 'journalisten' wordt zowel mannen als vrouwen bedoeld.*

Journalism and economic liberalisation

Indian journalists should be less pliable where reporting on economic liberalisation is concerned, was the opinion of several journalists. Sukumar Muralidharan, for one, thought the Indian press treated the consequences of the liberalisation processes for the population rather too lightly. In his opinion the media present too rosy a picture of the changes. 'This liberalisation process is trying to impose, through the use of the media, a consensus that does not evolve from the people themselves,' he said in his commentary. He pointed out that in the past two years of liberalisation food prices in India have increased almost 40 percent, whereas the overall rate of inflation is 20 percent. 'It is going to hurt certain people much worse than we are prepared to concede. So the inarticulate sections of the population are under-represented, disenfranchised and we do ourselves a great disfavour by continuing to neglect the interests of these sections.'

Subir Roy agreed that Indian journalists, himself included, may be taking the national viewpoint on liberalisation for granted. Many aspects of the reforms remain unchallenged because of this, such as the consequences, scheduling and sequence of the reforms.

Working methods of Indian and Dutch journalists
Indian culture; influence of Hinduism

In their articles the Dutch journalists assumed a link between Indian culture and tradition - Hinduism and the caste system particularly - and the way in which economic reform is introduced in India.

In the state-owned hotel where Anil Ramdas stayed, there was a vast number of employees. He wrote: 'Each job goes to its own caste...and the highest caste supervises everyone, to make sure nobody is idling... India is a welfare state, only it is not incomes which are redistributed, but labour. For real progress, such as is aimed at through economic liberalisation, a cultural revolution is needed.' Ed Groot concluded that the insistence on **self-reliance** was rooted in a national pride in the old culture and the memories of centuries of British colonial oppression.

The Indian articles hardly refer to the role of the culture and Hinduism in the success or failure of economic reforms. The question whether, and to which degree, the Indian journalists themselves view these aspects as obstacles on the road to modernisation and economic development, did not come up at the symposium.

'Scholarly' articles and impressionistic reportage

Are the Indian articles more 'scholarly' than the Dutch ones? This was a question that came up in response to observations of the speakers Lieten and Subhan. Kristoffel Lieten thought that the work of the Dutch journalists was '...rather lacking in depth'. Malcolm Subhan had the impression that European journalists 'spend less time doing their homework, before sitting down at their PCs'.

The audience was not very susceptible to this argument. The scholarly character of the articles, or the desirability of this, was hardly given any attention. It was confusing that the term 'scholarly article' appeared to cover rather a broad range of concepts.

The conclusions of Lieten and Subhan, for instance, lead to the supposition that 'scholarly' is associated with depth and thorough preparation. But in the discussion, the word 'scholarly' implied other qualities as well: well thought-out, in a formal style, based on scientifically obtained facts, and taking time and trouble to write.

These qualifications suggest that an 'ordinary' journalistic article would be less thorough and more easily written.

Hove: 'Het klopt misschien dat we de oude verhoudingen uit het oog verloren zijn. Maar er spelen nu in veel
derde-wereldlanden dingen die niet meer op de koloniale tijd zijn terug te voeren. Ik denk dat je het Indiase
beursschandaal op zichzelf kunt bekijken. En je hoeft
niet diep in koloniale verhoudingen te duiken, om het
af te keuren dat een aantal "warlords" in Somalië elkaar de strot afsnijdt en bevolkingsgroepen afmaakt.'

Journalistiek en economische liberalisering

Indiase journalisten moeten zich minder volgzaam
ten aanzien van het liberaliseringsproces opstellen,
meenden enkele journalisten. Sukumar Muralidharan
bijvoorbeeld vond dat de Indiase pers te luchtig doet
over de consequenties die de liberaliseringsprocessen
voor de bevolking hebben. Volgens hem stellen de media de situatie te rooskleurig voor. 'Het liberaliseringsproces legt, door middel van de media, een consensus
op die niet uit de bevolking zelf komt', zei hij in zijn
toelichting. Hij wees erop dat in de twee jaar van de liberalisering in India de voedselprijzen bijna de helft
duurder werden, terwijl de inflatie twintig procent
steeg. 'Bepaalde groepen zullen er veel meer onder lijden dan wij nu willen inzien. Bevolkingsgroepen die
niet voor zichzelf kunnen opkomen, hebben geen stem.
Wij bewijzen er onszelf geen dienst mee als we hun belangen blijven verwaarlozen.'

Subir Roy beaamde dat Indiase journalisten - ook
hijzelf - te makkelijk het landelijk geaccepteerde standpunt over de liberalisering overnemen. Volgens hem
blijven daardoor veel aspecten van de hervormingen in
de pers onbesproken, zoals bijvoorbeeld de consequenties, het tijdsaspect en de gewenste volgorde in het liberaliseringsproces.

Werkwijzen van Indiase
en Nederlandse journalisten

De Indiase cultuur; de invloed van het hindoeïsme
In hun werk legden de Nederlandse journalisten een
verband tussen de Indiase cultuur en tradities - met na-

me het hindoeïsme en het kastenstelsel - en de wijze
waarop de economische hervormingen in India plaatsvinden.

In het staatshotel waar Anil Ramdas logeerde, was
een opvallend groot aantal werknemers. Hij schreef in
zijn artikel: 'Bij iedere taak hoort een andere kaste...en
de hoogste kaste ziet erop toe dat niemand luiert....
India is een verzorgingsstaat, alleen verdeelt men hier
niet het inkomen, maar de arbeid. Voor echte vooruitgang, zoals men met de economische liberalisering nastreeft, zal dus een culturele omslag nodig zijn.' Ed
Groot concludeerde dat de hardnekkigheid waarmee
aan de **self-reliance** werd vastgehouden, onder andere
veroorzaakt werd door de nationale trots op de oude
cultuur en de herinnering aan de eeuwenlange Britse
koloniale overheersing.

Uit de Indiase artikelen valt weinig op te maken
over de rol van de cultuur en het hindoeïsme op het al
dan niet slagen van de economische hervormingen. De
vraag òf, en in welke mate de Indiase journalisten zèlf
deze aspecten als een obstakel zien op de weg naar
modernisering en economische ontwikkeling, kwam tijdens het symposium niet aan bod.

*'Wetenschappelijke' artikelen en impressionistische
reportages*
Zijn de Indiase artikelen 'wetenschappelijker' dan
de Nederlandse? Deze vraag werd gesteld naar aanleiding van opmerkingen van de inleiders Lieten en
Subhan. Kristoffel Lieten vond dat in het werk van de
Nederlandse journalisten '...de diepgang het enigzins
laat afweten'. Malcolm Subhan meende dat Europese
journalisten 'steeds minder hun huiswerk doen, voordat
ze achter hun tekstverwerker gaan zitten'.

De zaal bleek niet erg vatbaar voor dit discussie-
punt. Over het wel of niet wetenschappelijke karakter
van artikelen èn over de eventuele noodzaak of wense-
lijkheid daarvan, werden slechts enkele opmerkingen
gemaakt. Daarbij was het verwarrend dat niet iedereen

164

According to Sukumar Muralidharan, the various journalistic approaches complement rather than exclude each other: 'There are the serious, sometimes rather tedious, articles with a scholarly character. This form is rather 'safe', as the danger of misinterpretation of a situation is small.

However, on the opposite side of the spectrum are articles like the one Anil Ramdas has written: impressions of cultural encounters. In this kind of article there is a much greater chance that errors of judgement are made. But this form of journalism is important too. It would be ideal if both kinds of articles would be published side by side.'

Sukumar Muralidharan confessed that he is not always happy with his own, formal style and that he would like to write impressionistic reportage. 'But I am afraid to misjudge situations and that is why I stick to my present style.'

Anil Ramdas responded to the suggestion of Mr. Lieten that academic learning comes closer to the 'truth' than journalism. Ramdas: 'I am not overly impressed with Kristoffel Lieten's view of journalism. I do not grudge scholars their truths. If they profess to be able to construct the truth from intensive analysis of statistics, they should stick to their beliefs'.

One of the participants in the discussion expressed the view that the Dutch journalists should have been better prepared: 'You cannot just write an article', he said. 'You cannot rely on impressions and haphazard encounters, you should go for facts. It is not a matter of intuition, but of gathering information.'

Anil Ramdas' response to this was rather vehement: 'It is suggested here that we just bought a ticket and left for India, trusting to a lucky fate. But any journalist can tell you it never works like that. To be able to write an impression you need as much secondary material as for a 'scholarly' essay. But you use the sources in another way. They are hardly recognizable as such, but they do underpin your story. By using secondary material, you automatically adjust your own judgement. In that way you try to get as close to what is really going on as you can.'

Sukumar Muralidharan contributed: 'I think this impressionistic working method can be quite hard on the journalist, he should be open to influences, he has to make choices that must be attuned to his previous interpretations.'

Several participants thought a comparison of reportage and articles with a scholarly character was not in order. One of them suggested that Indians always use a more formal style than Europeans. That does not imply that either style produces better articles: 'Even reportage written by Indian journalists is less personal and it takes more of an effort to read. The 'Times of India' is less easy to read than any Dutch or British newspaper.'

Anil Ramdas agreed on this point: 'The first few pages of Indian newspapers are written in a formal style and are not so easy to read. The pages on film and culture and the review sections are a relief. It becomes clear that style has nothing to do with the competence of Indian journalists, but that it is a choice to use a formal style with formal topics. Once you realize that, it is no longer annoying. I think it is an exaggeration to label the articles of our Indian colleagues 'scholarly' or 'formal'. Their style is different, but I am not sure it is 'scholarly'.

The attention of the reader

The media fight for the attention of the reader. It is interesting to see in which way a journalist tries to draw and hold the attention of his readers, especially when dealing with a 'tedious' topic like economic development in India. In other words, how do the media sell 'economic liberalisation in India'?

hetzelfde met het begrip 'wetenschappelijk artikel' bedoelde.

Uit de eerste alinea - de conclusies van Lieten en Subhan - kan bijvoorbeeld worden opgemaakt dat 'wetenschappelijk' wordt geassocieerd met diepgang en met een goede voorbereiding. In de discussie kreeg 'wetenschappelijk' onder andere ook de betekenissen: doorwrocht, formeel geschreven, gebaseerd op wetenschappelijk vastgestelde feiten en werk dat veel tijd en moeite kost.

Deze typeringen suggereren overigens dat een 'gewoon' journalistiek artikel minder grondig is en luchtiger is geschreven dan een artikel met een wetenschappelijk karakter en dat het maken ervan minder voorbereiding en tijd kost.

Volgens Sukumar Muralidharan vullen de verschillende journalistieke benaderingen elkaar eerder aan dan dat ze elkaar uitsluiten: 'Enerzijds zijn er de zwaarwichtige, soms wat saaie, artikelen met een wetenschappelijk karakter. Deze vorm is vrij "veilig" want hiermee is de kans klein dat een situatie verkeerd geïnterpreteerd en beoordeeld wordt.'

'Daar tegenover', zo vervolgde Muralidharan, 'staan artikelen zoals Anil Ramdas heeft geschreven: impressionistische verhalen over culturele ontmoetingen. Bij het maken van dit soort artikelen is de kans groter dat er beoordelingsfouten insluipen. Toch is deze journalistieke vorm zeer waardevol. Het mooiste zou zijn als beide soorten artikelen náást elkaar gepubliceerd worden.'

Sukumar Muralidharan vertelde dat hij niet altijd tevreden is over zijn eigen formele schrijfstijl en dat hij eigenlijk ook impressionistische reportages zou willen maken. 'Maar', zo bekende de Frontline-journalist, 'ik ben bang situaties verkeerd te beoordelen, daarom blijf ik op de mij vertrouwde manier werken.'

Anil Ramdas reageerde op Lietens suggestie dat de wetenschap de 'waarheid' beter benadert dan de journalistiek. Ramdas: 'Ik ben niet zo onder de indruk van Kristoffel Lietens kijk op de journalistiek. Ik gun wetenschappers hun waarheid. Als zij pretenderen dè waarheid te construeren op grond van een langdurige analyse van CBS-materiaal, moeten ze dat beslist blijven geloven.'

Een van de aanwezigen vond dat Nederlandse journalisten beter voorbereid op reis - hadden - moeten gaan: 'Je kunt niet zomaar een artikeltje schrijven', zei hij. 'Je kunt je niet verlaten op impressies en toevallige indrukken, je moet je wel degelijk op feiten baseren. Het is dus geen kwestie van intuïtie, maar een van kennis vergaren.'

Anil Ramdas reageerde hier nogal fel op: 'Er wordt een beetje gedaan alsof je een ticket koopt, naar India gaat en dan wel ziet. Elke journalist weet dat dat niet waar is. Om een impressionistisch verhaal te kunnen schrijven heb je evenveel secundair materiaal nodig als voor het schrijven van een 'wetenschappelijk' essay. Alleen ga je anders met dat bronnenmateriaal om, als je impressionistisch schrijft. Het is dan bijna niet meer expliciet in het eindresultaat aanwezig, maar komt er in een verwerkte vorm in terug. Door secundair materiaal te raadplegen, stel je al veel van je eigen oordelen bij. Zo probeer je zo dicht mogelijk te komen bij datgene wat er volgens jou werkelijk aan de hand is.'

Sukumar Muralidharan zei hierover: 'Ik denk juist dat een impressionistische werkwijze veel van een journalist eist: hij moet zichzelf voor veel invloeden openstellen, hij staat telkens voor keuzes die hij moet afstemmen op zijn eerdere interpretaties.'

Verschillende symposiumgasten vonden het onjuist dat reportages en artikelen met een wetenschappelijk karakter met elkaar werden vergeleken. Volgens een van hen schrijven Indiërs sowieso formeler dan Europeanen, maar betekent dat nog niet dat de ene stijl betere artikelen oplevert dan de andere: 'Zelfs de reportages van Indiase journalisten zijn minder persoonlijk en het kost daarom meer moeite ze te lezen. De Times of India leest minder makkelijk dan een Nederlandse of Britse krant.'

In his introduction Malcolm Subhan mentioned the fact that the three Indian journalists were in a more favourable position than the Dutch ones, as the subject could be expected to attract the readers because of its relevance to their lives. 'The problem clearly was much greater for my Dutch colleagues. They had to persuade their readers to give more than a cursory glance at a relatively long ar-ticle on a distant land - India - and a very technical subject - economic liberalisation.'

Observer journalist Sidharth Bhatia agreed that this is a problem: 'Newspapers fight for the readers and their time. They try to accommodate them in any way they can, because these days nobody has time to read a full page. The world is spread over eight columns every day and the reader makes his choice.'

A journalist in the audience stated that the Dutch readership needs more analysis to be able to follow a subject like liberalisation in India. Ed Groot thinks that the Dutch press is taking the easy way out in this respect: 'Articles should be simple to consume. I sometimes suspect colleagues of not minding this very much, because it means less work.' Another participant voiced the opinion that more than enough analyses are published in the Dutch press. He suggested that the world has become too complex for background stories: 'Newspapers will become repulsively thick, if every development is explained in an analysis.'

'Dutch newspapers write for the general reader,' another participant remarked. 'Trouw is read by a lecturer in Amsterdam as well as by a farmer's wife in the countryside. Its style, an informal tone, is meant for both categories. This is different in India. Millions of people do not come within the targeted categories.' According to the speaker this is an essential difference between the Indian and the Dutch approach to the coverage of economic liberalisation. The readership in India is a specific target group. It can be approached in a formal style.

It is not simple to 'work India into a good story'. In the final paragraph of her commentary Rita van Veen comforts herself with the thought that V.S. Naipaul has spent his whole life trying to understand the land of his ancestors. 'It is impossible to do that in one story, even in several stories,' Sidharth Bhatia observed, 'but these articles taken together surely provide the reader with a lot of information. Nobody can truly understand India, myself included, and I have lived there all my life.'

Anil Ramdas was het daarmee eens: 'In de Indiase kranten is de eerste helft van de krant formeler gesteld en daardoor moeilijker te lezen. De pagina's over film en cultuur en de recensies van films en boeken zijn een verademing. Daaruit blijkt dat de stijl niets te maken heeft met het vermogen van Indiase journalisten, maar dat het een duidelijke keuze is om formele onderwerpen formeel te behandelen. Als je dat inziet, stoort het ook niet meer. Het is overdreven om de artikelen van de drie Indiase collega's te bestempelen als wetenschappelijker of formeler, ze zijn inderdaad anders van stijl, maar wetenschappelijker?'

De aandacht van de lezers
De media leveren een strijd om de aandacht van de lezers. Het is dan ook interessant te zien op welke wijze een journalist de belangstelling van zijn lezers tracht te wekken en vasthouden, vooral als het gaat over een 'taai' onderwerp als economische ontwikkelingen. Met andere woorden, hoe brengen de media 'de economische liberalisering in India' aan de man?

Malcolm Subhan zei in zijn inleiding dat de drie Indiase journalisten een veel gunstiger uitgangspunt hadden dan de Nederlandse. Het onderwerp zou de Indiase lezers hoogstwaarschijnlijk veel meer boeien omdat het voor hun leven relevant is. Subhan: 'De Nederlanders hadden duidelijk een probleem. Zij moesten hun lezers ertoe bewegen méér dan een vluchtige blik te werpen op een betrekkelijk lang artikel over een ver land - India - en een nogal technisch onderwerp, economische liberalisering.'

Observer-journalist Sidharth Bhatia bevestigde dat dit een probleem is: 'Kranten vechten om lezers en om hun tijd. Ze proberen op allerlei manieren de lezers ter wille te zijn, want niemand heeft tegenwoordig meer tijd om een hele pagina te lezen. De wereld wordt elke dag over acht kolommen verdeeld en daaruit kiest de lezer.'

Een journalist in de zaal stelde dat Nederlandse lezers behoefte hebben aan meer analyses om een onderwerp als de Indiase liberalisering te kunnen volgen. Ed Groot vond in dit verband dat de pers in Nederland zich er wat makkelijk afmaakt: 'Artikelen moeten lekker lopen en simpel te consumeren zijn. Ik verdenk collega's er soms van dat ze dat makkelijk uitkomt, omdat ze dan minder hard hoeven te werken.' Een andere gast meende juist dat er meer dan genoeg analyses in de Nederlandse pers verschijnen. Hij stelde dat de wereld te complex is geworden voor achtergrondverhalen: 'De kranten zullen onleesbaar dik worden door al die analyses.'

'Nederlandse kranten schrijven voor iedereen', merkte een van de deelnemers op. 'Trouw wordt gelezen door een professor in Amsterdam en door een boerin in Noordoost-Nederland. De schrijfstijl, de wat populaire toon, bedient beiden. In India behoren miljoenen mensen niet tot de doelgroep.' Dit is volgens de spreker een essentieel verschil tussen de Indiase en de Nederlandse benadering van de economische liberalisering. De lezers in India behoren tot een specifieke doelgroep. Zij kunnen in een formele taal benaderd worden.

Het is en blijft niet eenvoudig 'India in een handzaam verhaal te vangen'. Aan het einde van haar toelichting troostte Rita van Veen zich met de gedachte dat V.S. Naipaul zijn leven lang geprobeerd heeft het land van zijn voorouders te doorgronden. 'Dat lukt niet in één, en niet in meer verhalen', merkte Sidharth Bhatia op: 'De artikelen bij elkaar geven de lezers veel informatie over India. Maar niemand kan India doorgronden, ik ook niet terwijl ik er mijn hele leven heb gewoond.'

India's press and economic liberalisation

by James Manor

India has a free and highly sophisticated press. It has been free since Independence in 1947, but it has become much more sophisticated over the last sixteen years, since the end of Indira Gandhi's nineteen-month Emergency in 1977. The censorship and bullying that it suffered during that period made the press more assertive, adventurous and critical than it had been before.

This has in turn attracted to journalism many bright, idealistic young people who in former times might have entered politics or the civil service. Those two options have seemed less and less inspiring in recent years as political decay has tarnished most parties and state institutions in India.

The late 1980s and early 1990s have seen many new daily newspapers and periodicals come into being - partly in response to the growth of the middle class which provides their main market. Since the emergence of the middle class is in part the result of the first hesitant steps towards economic liberalisation under Indira and Rajiv Gandhi, it is possible to see liberalisation as one - but only a minor - factor in the growing strength of the press.

The coverage of politics and economics is especially impressive, both in specialist journals and those with general appeal. Many of the best students from India's leading academic institutions have taken jobs in journalism, and now routinely inject scholarly substance into press reports. Distinguished academics and learned professionals contribute commentaries to daily newspapers on a huge scale.

This has given India the liveliest press not only in the less developed countries, but (with the exception of Britain) in the Commonwealth - stronger than its counterparts in Canada, Australia and New Zealand. That is a remarkable achievement, but does it mean that the press has helped to create a popular desire for economic liberalisation? Has it helped to persuade India's leaders to make these policy changes? Not exactly - it is more complicated than that.

The first thing to understand is that the Indian press offers its readers a diversity of views. As the Indian contributions to this collection indicate, some journals strongly favour economic reform, others oppose it, and still others invite people with differing opinions to have their say. So the press has informed both the enthusiasts for liberalisation and those who oppose it.

De economische liberalisering en de pers in India

door James Manor

India heeft een vrije en hoog ontwikkelde pers. De persvrijheid bestaat al sinds de onafhankelijkheid in 1947, maar ze is pas de afgelopen zestien jaar volop tot ontwikkeling gekomen: sinds het einde van de door Indira Gandhi afgekondigde noodtoestand in 1977, die negentien maanden duurde. De censuur en intimidatie waaraan de pers in die periode blootstond, hebben een zelfbewustheid, avontuurlijkheid en kritisch vermogen gestimuleerd die de pers daarvoor niet bezat.

Veel intelligente en idealistische jonge mensen, die vroeger misschien een loopbaan in de politiek of in het bestuurlijk apparaat zouden hebben gekozen, begaven zich daardoor in de journalistiek. Die twee terreinen zijn de laatste jaren steeds minder interessant geworden, omdat de meeste partijen en overheidsinstellingen in India in de afgelopen jaren verloederd zijn door het politieke klimaat.

Aan het einde van de jaren tachtig en het begin van de jaren negentig kwamen er veel nieuwe dagbladen en periodieken bij, gedeeltelijk als reactie op het uitdijen van de middenklasse, die daarvoor de voornaamste markt is. Omdat het ontstaan van de middenklasse deels het gevolg is van de eerste aarzelende stappen op de weg naar economische liberalisering onder Indira en Rajiv Gandhi, kan men de liberalisering beschouwen als een van de, weliswaar ondergeschikte, factoren in de opbloei van de pers.

Vooral de manier waarop politiek en economie in de media worden behandeld is imponerend en dat geldt zowel voor de specialistische tijdschriften als voor de meer algemene bladen. Veel van de beste studenten van India's meest vooraanstaande academische instituten zijn de journalistiek ingegaan en weten spelenderwijs gedegen kennis in hun artikelen te verwerken. Achtenswaardige geleerden en deskundigen uit de praktijk leveren op grote schaal bijdragen aan de dagbladen.
Hierdoor heeft India nu de levendigste pers, niet alleen van de minder ontwikkelde wereld, maar ook van het hele Gemenebest (met uitzondering van Engeland), met inbegrip van Canada, Australië en Nieuw Zeeland. Dat is opmerkelijk, maar betekent het ook dat de pers bijgedragen heeft aan het scheppen van een maatschappelijke behoefte aan economische liberalisering? Dat geloof ik bepaald niet, zo eenvoudig ligt het niet.
We moeten vooral goed begrijpen dat de Indiase pers haar lezers een veelheid aan meningen biedt. Zoals al blijkt uit de Indiase bijdragen aan deze bundel, zijn sommige bladen sterk voor-

However, neither the press nor popular opinion has had much influence over the politicians who have experimented with market-oriented reforms. This is because the three Prime Ministers who have done this - Indira Gandhi, Rajiv Gandhi and P.V. Narasimha Rao - have acted largely on their own instincts, insulated from press comment and informed by the views of a very small number of senior advisers.

Their party, the Congress, was and is highly overcentralized, so the supreme leader had a virtually free hand. Indira and Rajiv Gandhi saw this as desirable. Narasimha Rao sees overcentralization, more accurately, as a problem and he has sought to decentralize power within the Congress and to restore intra-party democracy which had flourished until Mrs. Gandhi abandoned it in 1972. But when he made the decision to liberalize the economy upon taking office in June 1991, he was still free to call whatever tune he wished. The reluctance of Congressmen to abandon their twenty-year role as 'yes-men' to the national leader has retarded the Prime Minister's campaign to democratize the party, but it has left him with considerable autonomy to introduce economic reforms.

The day when the Indian press and its readers can exercise greater influence over economic policy is not far off, however. The Congress Party is gradually becoming more democratic, and opponents of market-oriented reform are emerging within it. Opposition parties are also campaigning against it. As the next election approaches - it is due in mid-1996 but is likely sooner - the opponents of liberalisation will intensify their criticisms and voters will then pass judgement on the reforms. They will make their decisions mainly on the basis of how the reforms have affected their lives, but the press will play a crucial role in shaping that debate.

The press contributed at least a little to one important decision about economic liberalisation. I refer here neither to Indira Gandhi's hesitant, limited opening of the economy following negotiations with the IMF for Special Drawing Rights in 1981, nor to Rajiv Gandhi's more systematic reductions in red tape and taxation in 1985. The first time that the press made a difference was in 1986 when Rajiv slowed the reform process, and then in 1987 when he abandoned it altogether and began stressing his faith in state regulation.

This about-face was not a response to carefully crafted arguments against liberalisation. It was more irrational and impulsive than that. By 1987, the press had ended its earlier honeymoon with the young Prime Minister and was pointing out problems that had resulted from a whole range of his policies - not only economic reform, but his approach to religious minorities, his efforts to reform his party, to strengthen formal political institutions that had been badly battered by his mother, and many other things. More important than press criticism was a series of humiliating election defeats for Rajiv Gandhi.

stander van economische hervormingen, terwijl andere er fel tegen zijn. Weer andere nodigen mensen met uiteenlopende opinies uit om hun zegje te doen. De pers informeert dus zowel degenen die liberalisering voorstaan als de tegenstanders van het nieuwe beleid.

Toch heeft noch de pers noch de publieke opinie veel invloed gehad op de politici die gingen experimenteren met marktgerichte hervormingen. Dat komt doordat de drie premiers die dat deden, Indira en Rajiv Gandhi en Narasimha Rao, voornamelijk op hun gevoel afgingen, zich afsloten voor het commentaar van de pers en alleen kennisnamen van de mening van een select groepje adviseurs.

Hun partij, de Congrespartij, was en is zeer gecentraliseerd en dus had de hoogste leider nagenoeg de vrije hand. Indira en Rajiv Gandhi beschouwden dit als gunstig. Narasimha Rao ziet deze overcentralisering meer als het probleem dat het inderdaad is en hij heeft getracht de macht binnen de Congrespartij te decentraliseren en de democratie binnen de partij, waaraan mevrouw Gandhi in 1972 een eind maakte, te herstellen.
Toen hij bij het aanvaarden van zijn ambt in juni 1991 het besluit nam om de economie te liberaliseren, had hij nog alle vrijheid om zijn inzichten door te voeren. Zijn campagne om de partij te democratiseren wordt vertraagd doordat de leden er moeite mee hebben uit de rol van jaknikker te stappen, een rol die zij twintig jaar lang gespeeld hebben. Dat had voor hem het voordeel dat hij tamelijk autonoom de economische hervormingen kon invoeren.

Het zal niet lang meer duren voordat de Indiase pers en haar lezers grotere invloed kunnen uitoefenen op het economisch beleid. De Congrespartij wordt langzaam maar zeker democratischer en er staan ook tegenstanders van marktgerichte hervormingen binnen de partij op. De oppositiepartijen ageren er ook tegen. Naarmate de volgende verkiezingen naderen - ze zijn gepland voor medio 1996 maar zullen waarschijnlijk eerder plaatsvinden - voeren de tegenstanders van liberalisering hun kritiek op. Dan zullen de kiezers hun oordeel vellen over de hervormingen. Zij zullen dat voornamelijk baseren op de manier waarop hun leven erdoor beïnvloed is, maar ook de pers zal een cruciale rol spelen in het debat.

De pers heeft, althans een klein beetje, bijgedragen aan een belangrijke beslissing over de economische liberalisering. Ik doel hier niet op het aarzelende, beperkte openbreken van de economie door Indira Gandhi na de onderhandelingen met het IMF over 'Special Drawing Rights' in 1981, noch op de meer systematische beperking van bureaucratie en belastingen door Rajiv Gandhi in 1985. De eerste keer dat de houding van de pers van invloed was, was toen Rajiv in 1986 het hervormingsproces begon te vertragen en in 1987 toen hij het helemaal stopzette en de nadruk legde op vertrouwen in regulering door de overheid.

As his troubles mounted, he reacted with confusion and then panic. He reversed himself on virtually every major policy initiative, including economic liberalisation. Such inconsistency won him little new support and paved the way for his defeat at the next election in 1989.

The reforms which were introduced by Prime Minister Narasimha Rao in July 1991 have been far more extensive and carefully planned than those of Rajiv Gandhi. They have also been pursued with much greater determination and political skill. Changes have occurred on many fronts - the devaluation and deregulation of the rupee, reductions in the number of official permits and licenses which private firms once required, cuts in many state subsidies, the sale of shares in public enterprises, new openings to foreign and domestic investors, lower corporate and individual taxes, the liberalisation of trade, banking, insurance and much more.

Most of these reforms were introduced a little at a time, so that all of the potential opponents of liberalisation would not be alarmed all at once. On a few occasions when strong resistance to a change seemed to be emerging, the government retreated a little to avoid confrontation. But fresh reforms have been introduced, gradually but relentlessly, so that the cumulative effect is very substantial indeed. The adroit management of the process has so far prevented widespread resistance to the changes.

The authorities have also avoided introducing certain painful and politically risky reforms. Dramatic cuts in government subsidies on several key items have not occurred. The unionized labour aristocracy employed in unprofitable state-owned industries - a potentially potent adversary - has not yet faced dismissals. The government is likely to attempt such changes over the longer term. But with characteristic political skill, it is waiting for some of the benefits from earlier reforms to begin to materialize before doing so. This does not mean that liberalisation is certain to succeed. It is too early to say that. But if they fail, it will not be because of political mismanagement.

It follows that we should be sceptical when we hear that these reforms are 'irreversible'. Such claims are often made - usually by ill-informed foreign observers rather than India's journalists - but they may be proved wrong. If economic growth and the drive for exports falter while large numbers of Indians suffer from the changes, it is entirely possible that a future election could bring opponents of liberalisation to power. They would be quite capable of restoring the state's leading role. And they, like the liberalizers of today, would have powerful support from a section of the press which would recall India's success at state-led industrialisation under Nehru, etc.

Deze ommezwaai was geen reactie op zorgvuldig opgebouwde argumenten tegen de liberalisering. In 1987 was de eerste euforie in de pers over de jonge premier weggeëbd en werden er allerlei problemen aan de orde gesteld die voortgekomen waren uit zijn beleid. Het ging niet alleen over de economische hervorming, maar ook over zijn beleid ten aanzien van de religieuze minderheden, zijn pogingen de partij te hervormen, en de politieke instellingen te versterken die zijn moeder zo had aangetast. Nog zwaarder dan de kritiek in de pers woog een reeks vernederende verkiezingsnederlagen.

Op deze problemen reageerde hij eerst met verwarring en toen met paniek. Hij gooide met betrekking tot bijna alle belangrijke beleidsinitiatieven, met inbegrip van de economische liberalisering, radicaal het roer om. Met dat gebrek aan consequentie won hij niet veel nieuwe steun en het luidde zijn nederlaag bij de verkiezingen van 1989 in.

De hervormingen die premier Narasimha Rao in juni 1991 invoerde waren veel uitgebreider en veel zorgvuldiger voorbereid dan die van Rajiv Gandhi. Ze zijn ook met veel meer vastberadenheid en politieke bekwaamheid doorgevoerd. Op vele fronten kwamen er veranderingen op gang - devaluatie en deregulering van de rupee, vermindering van het aantal officiële vergunningen dat een particuliere onderneming nodig had, bezuinigingen op overheidssubsidies, verkoop van aandelen in overheidsbedrijven, betere faciliteiten voor buitenlandse en Indiase investeerders, lagere belastingen voor bedrijven en personen, liberalisering van de handel, het bank -en verzekeringswezen, en nog veel meer.

Het merendeel van deze hervormingen werd geleidelijk doorgevoerd, zodat alle potentiële tegenstanders van liberalisering niet tegelijk gealarmeerd zouden worden. Een paar keer, toen er sterk verzet tegen een verandering leek te rijzen, deed de regering een stap terug om confrontaties te vermijden. Maar nieuwe hervormingen zijn er gekomen, langzaam maar zeker, en het cumulatieve effect ervan is aanzienlijk. De bekwame beheersing van het proces heeft tot nu toe wijdverbreid verzet tegen de veranderingen voorkomen.

De overheid heeft ook vermeden om bepaalde pijnlijke en politiek riskante hervormingen door te voeren. Dramatische bezuinigingen op overheidssubsidies op belangrijke artikelen zijn er niet gekomen. Onder de goed georganiseerde werknemers in dienst van onrendabele staatsbedrijven - als groep een potentieel machtige tegenstander - zijn nog geen ontslagen gevallen. De regering zal zulke veranderingen waarschijnlijk op termijn geleidelijk doorvoeren. Maar met karakteristieke politieke bekwaamheid wacht ze hiermee tot eerdere hervormingen vruchten beginnen af te werpen. Dit betekent niet dat de liberalisering helemaal zal slagen. Het is te vroeg om daar iets over te zeggen. Maar als hij mislukt, is dat niet door politiek wanbeleid.

If the reforms can be sustained, then one other misconception that we hear from Western commentators (but not so much from the Indian press) will be swept away. This is the notion that India's liberalizers are free marketeers like Margaret Thatcher and Lee Kwan Yew. The Prime Minister is a social democrat. He is opening the economy up in order to generate enough economic growth to give the state fresh revenues that will enable it to provide social welfare pro-grammes and to promote types of development which the market ignores. Given the strong de-sire of most Indians - and most Indian journalists - to see the state enact such programmes, his approach has a better chance of survival than a laissez faire policy would.

We moeten natuurlijk wel sceptisch blijven als we horen dat deze hervormingen 'onomkeerbaar' zijn. Dergelijke beweringen worden vaak gedaan - eerder door slecht geïnformeerde buitenlandse waarnemers dan door Indiase journalisten - maar kunnen onjuist blijken. Als de economische groei en de stimulering van de export beginnen terug te lopen terwijl grote aantallen Indiërs onder de veranderingen lijden, is het heel goed mogelijk dat toekomstige verkiezingen weer tegenstanders van de liberalisering aan de macht brengen. Die zouden dan de sturende rol van de staat weer herstellen. En zij zouden, net als de voorstanders van liberalisering nu, krachtig gesteund worden door een deel van de pers, dat dan de successen van de door de staat gestuurde industrialisatie van India onder Nehru weer in herinnering zou brengen, enzovoort.

Als de hervormingen wel gehandhaafd kunnen worden zal een andere misvatting van westerse commentatoren uit de weg geruimd zijn. Dat is de opvatting dat de voorstanders van liberalisering in India ook voorstanders van een vrije-marktpolitiek zijn, zoals Margaret Thatcher en Lee Kwan Yew. De premier is een sociaal-democraat. Hij breekt de economie open om een zodanige economische groei te laten ontstaan, dat de staat nieuwe revenuen krijgt. Daarmee kan hij een programma voor sociale zekerheid realiseren en ontwikkelingen steunen die door de markt genegeerd worden. Gezien de sterke wens van de meeste Indiërs - en de meeste Indiase journalisten - om dergelijke programma's uitgevoerd te zien, heeft zijn benadering een betere overlevingskans dan een politiek van laissez-faire.

India: other words, other images, another reality

by Jan Pronk

'The Indian elephant awakes from its economic sleep' and 'The cage is open, but does the Indian tiger want to escape?' In recent months, these and similar metaphors have been heading Dutch press reports about the Indian government's new economic policy. When it comes to India, there is no lack of metaphors. However, before I go on to discuss the theme 'Dutch press coverage of Indian economic liberalisation', I first want to talk about how the Indian economy has developed over the past four decades and why it is in need of reform.

The accession of Prime Minister Rao's government marked quite a turning point in India's economic policy. However, we must guard against the mistaken impression that the Indian elephant had spent the forty-odd years since independence in 1947 in deep hibernation. The post-independence model was the planned economy, in which self-reliance and state involvement were seen as the instruments for achieving development and modernisation.

In the first fifteen years of independence, Indian economic policy had three main thrusts: public-sector investment, especially in the manufacture of capital goods; the regulation of private-sector manufacturing by means of licensing; and regulation of the volume and composition of imports - also by means of licensing - in order to offset what were regarded as limited export opportunities. Since that time, India's economic policy has been modified more than once.

Planning

Nehru's central planning model was the Soviet Union, a country which after all had within decades succeeded in making the leap from being an predominantly agrarian society to a major industrial power. A distinctive feature of India's economic policy up to 1965 was a lack of confidence in the efficiency of the price mechanism and in the effectiveness of market-based policies on prices and subsidies when it came to achieving targeted rates and patterns of growth.

Any analysis of India's economic policy either during or since Nehru's rule must take account of the fact that India is the world's second most populous country, and if only for this reason, will place more emphasis on its domestic market than on economic relations with foreign countries. Nevertheless, one of the effects of this pessimism about export opportunities was that very high priority was given to import substitution.Although this emphasis could in no way be equated with an aspiration to autarky, it did lead to a very inward-looking development strategy and excessive restrictions on private enterprise. In addition, it gave free rein to a government bureaucracy which, at the implementation level, was sluggish and inefficient despite the best intentions of central government. The enormous size of the country only served to exacerbate this sluggishness.

India, andere woorden, andere beelden, een andere werkelijkheid

door Jan Pronk

'Olifant India ontwaakt uit economische slaap' en 'De kooi staat open, maar wil tijger India eruit?' Deze en vergelijkbare beeldspraken stonden in de afgelopen maanden boven artikelen in de Nederlandse pers over de nieuwe economische politiek van de Indiase regering. Aan metaforen geen gebrek als het over India gaat. Alvorens enkele opmerkingen te maken over het thema 'de beeldvorming in de Nederlandse media over de economische liberalisering in India', wil ik ingaan op de ontwikkeling van de Indiase economie in de afgelopen vier decennia, en de noodzaak tot hervorming aldaar.

Met het aantreden van de regering van premier Rao is het economisch beleid van India aanzienlijk gewijzigd. We moeten echter waken voor een voorstelling van zaken alsof sinds de onafhankelijkheid in 1947 de olifant in een diepe, ruim veertig jaar durende, winterslaap was verzonken. Het oude model was gebaseerd op een planeconomie die ontwikkeling en modernisering trachtte te bereiken via self-reliance en een actieve staat.

In de eerste vijftien jaar na de onafhankelijkheid lag de nadruk op overheidsinvesteringen - met name in de kapitaalgoederenindustrie - op het reguleren van de particuliere industriële produktie door produktielicenties, en op het via vergunningen reguleren van de hoogte en samenstelling van de invoer, in een situatie waarin exportmogelijkheden beperkt werden geacht. Daarna is het beleid meer dan eens bijgesteld.

Planning

Voor Nehru stond de centrale planning van de Sovjet-Unie model. Dit land was er immers in geslaagd binnen enkele decennia de sprong te maken van een overwegend agrarische samenleving naar een industriële grootmacht. Kenmerkend voor het beleid tot 1965 was het wantrouwen in een efficiënte werking van het prijsmechanisme en in de effectiviteit van marktconforme beleidsinstrumenten, zoals prijs- en subsidiebeleid, bij het realiseren van een gewenst groeitempo en -patroon.

Iedere analyse van het economische beleid van India in die periode, en ook daarna, zal rekening moeten houden met het gegeven dat India qua bevolkingsomvang het op één na grootste land ter wereld is en alleen daarom al meer nadruk zal leggen op de binnenlandse markt dan op economische relaties met het buitenland. Dat neemt niet weg, dat er mede ten gevolge van het toenmalige exportpessimisme, wel een erg sterke nadruk werd gelegd op importsubstitutie. Al kon dit geenszins gelijkgesteld worden met een streven naar autarkie, het betekende wel een sterk naar binnen gekeerde ontwikkelingsstrategie, overmatige beperkingen voor particulier ondernemerschap en vrij baan voor een trage overheidsbureaucratie op het uitvoerende vlak, ook wanneer de centrale autoriteiten anders wilden. Trouwens ook dat laatste werd in de hand gewerkt door de gigantische omvang van het land.

Inefficiency was one of the deepest impressions I brought back from my very first visit to India 25 years ago, which took the form of a study tour to Bombay and Calcutta. The purpose of the tour was to discover how central planning worked in practice, and in particular, what its impact was on trade and industry and municipal government. What I learned about the limitations of planning and excesses of bureaucracy has remained with me ever since. I recognised the same perception later, peerlessly articulated by another traveller whose first encounter with the subcontinent was Bombay - the 'Gateway to India' - also in the 1960s. I am referring to V S Naipaul and his introductory chapter to 'An area of darkness'.

This was one of my deepest impressions. Two other deep impressions were of course the poverty and the might of the country. The poverty seemed as if it had been decreed by fate, appearing well-nigh immune to any policy. And the might of India is reflected in the unparalleled way it manages to exude self-sufficiency, despite all its weaknesses. In the words of one of the people Naipaul talked to on his second visit: 'What did she see at the moment of arrival? ... I see people having their being'.

These are impressions of a society that is dualistic to its very core: socially, politically, culturally, re-ligiously; in the way it copes with its past, in its relations with the outside world, and in the way it looks to the future; and economically - witness its attempts to deal with the reality of a recalcitrant economy.

India has indeed made such attempts, the policy changes made along the way being dictated by force of circumstances. Economic policy, for example, underwent far-reaching changes in the mid-1960s. The reason was the decline in agricultural production caused by drought, which led to balance of payments problems. The government introduced a new agricultural policy, aimed at the rapid dissemination of green revolution technology. Instead of intervening directly in agricultural production by means of regulation or reforms to land ownership and tenancy conditions - as had been the goal up to 1965 - the government introduced a system of guaranteed minimum prices for basic food crops.

The government also started granting subsidies for artificial fertiliser and private loans to finance small-scale irrigation facilities. The green revolution was a success in that there has been no widespread famine in India since its implementation. But this success story requires some qualification: although agricultural output grew by more than two percent per year from 1970 to 1990, growth in other Asian countries, such as Indonesia, Thailand, and the Philippines, was twice as rapid. What is more, India's annual rate of population growth - 2.1 percent - kept pace with the growth in agricultural output. Rural incomes rose only slightly, and there was very little improvement when it came to alleviating poverty.

As a result, the growth in agricultural output was insufficient to provide Indian manufacturing industry with a significant expansion in its domestic market - in contrast to some developing countries in Southeast Asia which did succeed in taking advantage of this growth. In this respect, India was let down by the

Dit gebrek aan efficiency was een van de belangrijkste indrukken die ik opdeed tijdens mijn eerste bezoek aan India, nu vijfentwintig jaar geleden. Het was een studiereis naar Bombay en Calcutta om iets te weten te komen over de wijze waarop de centrale planning in de praktijk uitpakte, met name voor het bedrijfsleven en voor stedelijke overheden. Dat inzicht in de grenzen van de planning en in de uitwassen van een bureaucratische uitvoering van het beleid is mij altijd bijgebleven. Ik zag het later op een onovertroffen wijze verwoord door een andere reiziger die in de jaren zestig via Bombay, de 'Gateway of India', voor het eerst voet op Indiase bodem zette: V.S. Naipaul, in zijn openingshoofdstuk in 'An area of darkness'.

Het was één van mijn diepste indrukken. Twee andere waren natuurlijk de armoede èn de kracht van het land. De armoede, die zich voordeed als een noodlot, bijkans immuun voor welk beleid dan ook. De kracht van India, dat als geen andere samenleving in de wereld, ondanks al haar zwakten, weet uit te stralen genoeg te hebben aan zich zelf. In de woorden van een van de gesprekspartners van Naipaul, tijdens diens tweede bezoek: 'What did she see at the moment of arrival?... I see people having their being'.

Het zijn de indrukken van een samenleving die tot in al haar vezels dualistisch is - sociaal, politiek, cultureel, religieus - in de wijze waarop zij omgaat met haar verleden, in haar relaties met de buitenwereld, in haar gerichtheid op de toekomst. Ook in economisch opzicht, ook in haar pogingen de weerbarstige economische werkelijkheid het hoofd te bieden.

Die pogingen werden inderdaad ondernomen. Het beleid werd onder de druk der omstandigheden meer dan eens bijgesteld. Zo onderging het in het midden van de jaren zestig een ingrijpende verandering. Aanleiding hiertoe was de door de droogte veroorzaakte terugval van de agrarische produktie die voor betalingsbalansproblemen zorgde. Het nieuwe landbouwbeleid was gericht op een snelle verspreiding van de 'groene revolutie'-technologie. In plaats van direct in te grijpen in de landbouwproduktie door regelgeving of hervorming van de agrarische bezits- en pachtverhoudingen - het streven tot 1965 - werd een systeem van gegarandeerde minimumprijzen voor de belangrijkste voedselgewassen geïntroduceerd.
Ook werd begonnen met het verlenen van subsidies op kunstmest en op particulier krediet ter financiering van kleinschalige irrigatiefaciliteiten. De groene revolutie werd een succes en er kwam sindsdien geen hongersnood op grote schaal meer voor. Toch moet bij deze positieve ontwikkeling een kanttekening worden geplaatst. De agrarische produktie groeide weliswaar in de periode 1970-1990 met ruim twee procent per jaar, maar de groei in andere Aziatische landen, zoals Indonesië, Thailand en de Filipijnen, was twee maal zo hoog. Bovendien hield de jaarlijkse bevolkingsaanwas van 2,1 procent gelijke tred met de groei van de agrarische produktie. De plattelandsinkomens stegen gering en de armoedesituatie verbeterde nauwelijks.

De Indiase industrie bleef ook verstoken van een groeiende binnenlandse afzetmarkt als gevolg van de stijgende landbouwproduktiviteit, waarvan andere Zuidoostaziatische ontwikkelingslanden juist wel wisten te profiteren. Hier stuitte India op de beperkingen van het binnenwaarts gerichte economische model. Wellicht zou een actieve

limitations of its inward-looking economic model. It might have been able to equal Southeast Asian achievements if it had pursued an active policy of increasing agricultural output by investing in irrigation and transport and promoting the domestic production of agricultural inputs such as artificial fertilisers and machinery. The fact is that at the time, India was already beginning to roll back state intervention in the economy.

A second break with Nehru's post-independence policy came in the late 1970s and early 1980s, with a series of steps aimed at liberalising foreign trade. The government took these steps partly as a response to the international recession that followed the second oil crisis, and partly in the framework of Rajiv Gandhi's overall reform of trade and industry policy. Although these steps were modest and most import restrictions remained, they did have a noticeable impact. Manufacturing exports grew by more than ten percent in the late 1980s. In fact, throughout the 1980s, economic growth in India was generally reasonable, averaging five percent per year - a clear improvement on the 1970s, when it was averaged 3.8%.

In 1987, Sukhamoy Chakravarty published an interesting retrospective study of the Indian development model over the previous 35 years, entitled 'Development planning: the Indian experience'[1]. After pointing out that per capita growth during this period did not compare unfavourably with that of other Asian countries, that domestic savings were high, that human capital formation was considerable, and that inflation was low, Chakravarty poses the question: 'Can we draw from these facts that India's development planning has been on the whole a great success?'

His answer is ambivalent, which brings us back to the dualistic nature of the Indian economy: 'I believe that it would be just as rash to draw such a conclusion as to dismiss Indian planning as an essay in failure. Neo-classical economists are horrified by the inefficiency of resource allocation in India, which implies a considerable loss in potential welfare as they understand it. On the other hand, radical economists of varying persuasion see in Indian planning an attempt by the ruling elite to deprive the masses of the surplus product they have themselves generated. For the first group, India has erred heavily by following a regime based on quantitative controls, apart from following mistaken choices regarding sectoral development strategies. Many of them would have preferred India to follow a 'textiles-first' strategy, supplemented by large-scale import of capital goods from abroad. For the second group, Indian planning has been an exercise in primitive accumulation, and hence no different in character from capitalist-oriented strategies followed elsewhere. I believe that there is some truth in both contentions.'

1 'Development planning: the Indian experience', Sukhamoy Chakravarty (Clarendon Press, Oxford, 1987)

Chakravarty attempts to prove this double truth by highlighting how planning and implementation can diverge. He is not referring to the inherent gap which - as development planners know - is always there. Nor does he mean the unwieldy and sluggish nature of the Indian elephant's response to central incentives. The divergence he is referring to lies in the

gerichtheid op verhoging van de landbouwproduktie middels overheidsinvesteringen in irrigatie en transport en door stimulering van de binnenlandse produktie van landbouw-inputs, zoals kunstmest en landbouwwerktuigen, dit resultaat hebben kunnen verbeteren. Feit is dat India eigenlijk toen reeds koos voor een enigszins terughoudende opstelling van de overheid.

Een tweede breuk met het aanvankelijk gekozen beleid werd gevormd door stappen ter liberalisering van de buitenlandse handel, eind jaren zeventig en begin jaren tachtig. Deze stappen werden voor een deel gezet als antwoord op de internationale recessie die volgde op de tweede oliecrisis, deels in het kader van de door Rajiv Gandhi begonnen hervorming van het handels- en industriebeleid. De liberalisering van de buitenlandse handel bleef echter bescheiden en de structuur van het restrictieve importsysteem bleef overeind. Desondanks was het effect opmerkelijk. De export van industriële produkten steeg aan het eind van de jaren tachtig gemiddeld met ruim tien procent. De economische groei in de jaren tachtig in India liet een redelijk beeld zien. Gemiddeld bedroeg zij jaarlijks vijf procent, een duidelijke verbetering ten opzichte van de jaren zeventig, toen de groei uitkwam op gemiddeld 3,5 procent.

Sukhamoy Chakravarty publiceerde in 1987 een belangwekkende terugblik op het Indiase ontwikkelingsmodel van de achterliggende 35 jaar: 'Development Planning: The Indian Experience'[1]. Na er op gewezen te hebben dat de groei per hoofd van de bevolking gedurende deze gehele periode niet ongunstig afstak bij die in andere Aziatische landen, dat de binnenlandse besparingen hoog waren, de 'human capital formation' aanzienlijk, en de inflatie laag, stelt hij zich de vraag: 'Kunnen we hieruit de conclusie trekken dat de ontwikkelingsplanning van India over het geheel genomen geslaagd te noemen is?'.

Chakravarty's antwoord is ambivalent, wat terugvoert naar het dualistische karakter van de Indiase economie: 'Ik meen dat het even ondoordacht is om deze conclusie te trekken als om de planning in India af te doen als een proeve van mislukking. Neo-klassieke economen staan versteld van het inefficiënte gebruik van hulpmiddelen, waardoor volgens hun inzichten veel potentiële welvaart verloren gaat. Aan de andere kant zien sommige radicale economen in de Indiase planning een poging van de heersende elite om de massa van het surplus produkt dat zijzelf heeft voortgebracht te beroven. Wat de eerste groep betreft, heeft India grove fouten gemaakt door een beleid van kwantitative beperkingen te voeren, nog afgezien van de verkeerde keuzes die gemaakt zijn op het gebied van sectorale ontwikkelingsstrategieën. Velen hadden liever gezien dat India een 'textiles-first' strategie had gevoerd, aangevuld met import van kapitaalgoederen uit het buitenland. Voor de tweede groep is de planning in India een oefening in primitieve accumulatie geweest, en als zodanig niet wezenlijk verschillend van kapitalistisch georiënteerde strategieën die elders gevolgd werden. Ik ben van mening dat er in beide opvattingen waarheid schuilt.'

Chakravarty probeert die dubbele waarheid aan te tonen door te wijzen op een verschil tussen planning en implementatie. Daarbij verwijst hij niet naar het inherente ecart dat, zo weten ontwik-

1 'Development planning: the Indian experience', Sukhamoy Chakravarty (Clarendon Press, Oxford, 1987)

poverty that continues to dog India despite its successes. In Chakravarty's opinion, this poverty does not come from planners basing their policies on a Kuznets relationship between growth and poverty, i.e. that poverty is bound to get worse in the early stages of growth and inequality will only be reduced later. No, says Chakravarty, poverty has increased in India despite the fact that since independence, policy planners have recognised the need for a more equitable dis-tribution of wealth.

Awareness of this fact played an important role under Indira Gandhi, until the mid-1970s, and continued to do so even during the state of emergency. However, Chakravarty writes: ' A redistributive programme is unlikely to work in isolation from the pattern of growth that India is able to generate.' That correlation was lacking. ' One cannot help concluding that India's development pattern has exacerbated the 'dualism' that was there at the start of the development process itself.'

However, it could hardly have been any different. An export-oriented industrialisation strategy might have alleviated poverty by creating industrial employment, at least if implemented efficiently. However, this option was rendered untenable in the 1970s and 1980s by lower population growth, the change in the international economic climate, and the worsening ecological conditions for energy-intensive industrialisation and exports.

In Chakravarty's opinion, the sheer size of the country and the existing high level of unemployment mean that it will take a very long time before liberalisation and the opening up of the economy has a sig-nificant impact on the differences in costs and price conditions between India and the rest of the world. If poverty alleviation is a central goal, India will have to start applying solutions that neo-classical economists regard as only second or third best. This raises the question: 'How applicable will such solutions be as long as India harbours multiple economies?'

For the past twenty years, the possibilities and limitations of poverty alleviation in a dualistic economy such as India's have been a central theme in writings on development models, in the formulation of development theories, and in the evaluation of actual development policy.

The Chinese experience is an interesting case study for development theoreticians, but too unique to be usable as a model. The newly industrialised Asian countries were assumed by many to be a successful model in many respects, though any attempt to repeat the experience would founder on the limitations of the global marketplace. And Latin America used to be too undemocratic - and is now too weighed down by foreign debt - to serve as a useful development model. What remains is Africa, incomparable with the rest of the world, and India, which has something of everything and can therefore serve to some extent as a frame of reference for the entire developing world.

This makes it all the more surprising that there is so little interest in India outside the world of development theoreticians and policymakers - unless the explanation lies in the country's air of self-sufficiency - which I have already mentioned. Perhaps India does not aspire to be a model for the rest of the world, and perhaps this has led to a situation of mutual benign neglect.

kelingsplanners, zich overal en altijd voordoet, ook niet op de voor een olifant als India zo karakteristieke logheid en traagheid in de reacties op centrale prikkels, maar op de armoede die is blijven bestaan ondanks het succes. Dat was, zo schrijft Chakravarty, niet het gevolg van het feit dat planners willens en wetens uitgingen van een Kuznets-relatie tussen groei en armoede: de armoede neemt onvermijdelijk toe in de eerste fasen van de groei, pas later kan de ongelijkheid afnemen. Nee, aldus Chakravarty, in India nam de armoede toe, juist ondanks het feit dat in de planning van het begin af aan de noodzaak werd onderkend van een betere verdeling.

Dit besef heeft tot in het midden van de jaren zeventig onder Indira Gandhi, zelfs ten tijde van de 'emergency' periode, een belangrijke rol gespeeld. Echter, zo schrijft Chakravarty, 'een programma van herverdeling zal waarschijnlijk niet los kunnen staan van het patroon in de groei dat India te zien zal geven. De conclusie dringt zich op dat het patroon van ontwikkeling in India het 'dualisme' dat al in het begin van het ontwikkelingsproces zelf aanwezig was, heeft versterkt.'

Het had trouwens nauwelijks anders gekund. Een op export georiënteerde industrialisatiestrategie, waarin, om de armoede te bestrijden, alle aandacht ging naar het scheppen van industriële werkgelegenheid, zou, mits efficiënt uitgevoerd, in de jaren zestig misschien enig effect hebben gehad. Echter, de lagere bevolkingsgroei, de omslag in het internationale economische klimaat in de jaren zeventig en tachtig, en de verslechterende ecologische basis voor een energie-intensieve industrialisatie en export maakten dit alternatief niet houdbaar. Alleen al de onmetelijke omvang van het land, en de grote werkloosheid in de uitgangssituatie maakt, aldus Chakravarty, dat het veel tijd zal kosten voordat door liberalisatie en het open stellen van de economie de verschillen in kosten- en prijsverhoudingen tussen India en het buitenland aanzienlijk zijn teruggebracht. Wanneer armoedebestrijding een hoofddoel is, zal India oplossingen moeten zoeken die, vanuit het gezichtspunt van de neo-klassieke economische theorie slechts als tweede of derde beste kunnen worden gekwalificeerd. En dan nog: wat is de toepasbaarheid van dergelijke aanbevelingen, 'as long as India harbours multiple economies'?

De mogelijk- en onmogelijkheden van armoedebestrijding in een dualistische economie als die van India hebben twintig jaar centraal gestaan in de literatuur over ontwikkelingsmodellen, in de theorievorming over ontwikkelingsprocessen en in de beoordeling van feitelijk ontwikkelingsbeleid.

China koos voor een niet kopieerbaar model, zodat het wel een uiterst interessant studie-object was voor ontwikkelingstheortici, maar geen voorbeeld. Velen gingen ervan uit dat het alternatief van de Aziatische NIC's (Newly Industrialized Countries) in veel opzichten geslaagd was, doch dat dit stuitte op de grenzen van de internationale markt en dus evenmin herhaalbaar was. Latijns-Amerika was aanvankelijk te ondemocratisch en ging nadien te zeer gebukt onder een zware buitenlandse schuld, zodat dit continent niet als voorbeeld kon gelden. Bleven over Afrika, ter vergelijking met zich zelf, en India, dat alles in zich had, en dus tot op zekere hoogte voor ieder land als referentiekader kon gelden.

Juist daarom is de beperkte aandacht voor India buiten de wereld van de ontwikkelingstheoretici en -beleidmakers verbazingwekkend. Maar ook dat kan wellicht verklaard worden uit de eerder gememoreerde indruk dat India genoeg had aan zich zelf en dus ook niet de pretentie had een model te zijn. Het leidde tot een wederzijds 'benign neglect'.

Liberalisation

The discussions among development theoreticians on this model, or rather on the various Indian models, is none the less interesting for all that. We were given a small taste of this at the first seminar on poverty and development organised in 1990 by the Directorate General for International Cooperation at the Ministry of Foreign Affairs. Even then, however, attention seemed perforce to be shifting from poverty alleviation itself to the setting in which it was to be pursued: macroeconomic policy. I say ' perforce' because the very same India which did so well in the 1980s, when so many other developing countries were facing balance of payments deficits, foreign debt, and the high cost of adjustment policies, found itself facing major economic problems in 1990.

The reason was partly structural, and manifested itself inter alia in a sharp rise in the country's budget deficit. Steadily rising development spending - including sharp increases in synthetic fertiliser subsidies and a gradual rise in the interest burden - coincided with a structural stagnation in revenue from taxation.

Structural factors also lay behind India's balance of payments problems. As I have already mentioned, the liberalisation of trade had had some impact, but in essence, little had changed. It was still the state and not the entrepreneur that decided what might and might not be imported. Although the import licence obstacle had been removed, excessive import taxes were still in place to protect the domestic market. In fact, there was an effective ban on the import of consumer goods aside from essentials such as medicine.

184

Macroeconomic planners seem to have taken too little account of the fact that import restrictions are also an obstacle to exports because high export duties weaken the competitive position of potential exporters. For the local producer, it is more profitable to focus on domestic markets than on the global marketplace, since a restrictive import policy keeps domestic prices higher than foreign levels. In a nutshell, the effective mo-nopoly enjoyed by Indian producers gave them very little incentive to produce more competitively.

As a result of the Gulf crisis, which led to soaring oil prices and an end to remittances from migrant workers, the pressure on the balance of payments increased so sharply that international doubts arose con-cerning India's creditworthiness. This was unprecedented, and resulted in a policy U-turn on the part of the new prime minister, Narasimha Rao, and his finance minister, Manmohan Singh.

To begin with, the rupee was devalued by more than 20%; public spending cuts were implemented, which reduced the budget deficit; and a tight monetary policy was introduced in order to cut inflation. To tip the trade balance in the country's favour, exporters were granted large tax exemptions, and Indians living abroad were encouraged to invest in India. Import duties were lowered, except for those on consumers goods, and import quotas disappeared.

Industrial policy also underwent drastic reforms. Businesses now no longer require permission to expand or merge, and there is no more regulation of foreign majority shareholdings in local firms. The licensing

Liberalisering

De discussie tussen de ontwikkelingstheoretici over dit model of - beter gezegd - over de verschillende Indiase modellen, was er niet minder belangwekkend om. We maakten er een klein staartje van mee tijdens het eerste seminar 'Armoede en ontwikkeling' dat in 1990 door het ministerie van Buitenlandse Zaken / Ontwikkelingssamenwerking werd georganiseerd. Reeds toen leek de aandacht te verschuiven van het armoedebestrijdingsbeleid zelf, naar de setting waarbinnen dat beleid gevoerd moest worden: het macro-economisch beleid. Noodzakelijkerwijs, want India, het land dat het zo goed had gedaan in de moeilijke jaren tachtig, toen tal van andere ontwikkelingslanden geteisterd werden door betalingsbalanstekorten, schuldenlasten en de kosten van een aanpassingsbeleid, datzelfde India raakte rond 1990 in grote economische problemen.

Dat had deels een structurele oorzaak, die bijvoorbeeld tot uiting kwam in een sterk oplopend begrotingstekort. Dat was het gevolg van de steeds hogere ontwikkelingsuitgaven - waaronder sterk gestegen kunstmestsubsidies en een gestaag toenemende rentelast - bij structureel achterblijvende belastinginkomsten.

Structurele factoren lagen eveneens ten grondslag aan de problemen met de betalingsbalans. Zoals gezegd, de handelsliberalisatie had wel enig effect gehad, maar in wezen was er weinig veranderd. Nog steeds bepaalde niet de ondernemer maar de overheid wat wel en niet ingevoerd mocht worden. Was de horde van de importvergunning eenmaal genomen dan zorgden excessieve importbelastingen voor de verdere bescherming van de binnenlandse markt. Voor consumptiegoederen gold, behalve voor essentiële goederen als medicijnen, eigenlijk een importverbod.

In de macro-economische beleidsafwegingen leek onvoldoende te zijn opgenomen dat een anti-importsysteem ook een rem op de export legt. Hoge invoerrechten verzwakken de concurrentiepositie van de potentiële exporteur. Concentratie op de binnenlandse afzetmarkt is voor de lokale producent winstgevender dan afzet op buitenlandse markten. Immers, door een restrictief importbeleid liggen de binnenlandse prijzen boven het internationale niveau. Kortom, door hun feitelijke monopoliepositie werden Indiase producenten niet gestimuleerd concurrerend te produceren.

De Golfcrisis leidde ondermeer tot een buitensporig hoge olierekening en tot het opdrogen van de geldstroom van de voormalige arbeidsmigranten in de Golfregio. Daardoor nam de druk op de betalingsbalans zo sterk toe, dat er internationaal getwijfeld werd aan de kredietwaardigheid van India. Het leidde tot een drastische ombuiging van beleid door de nieuwe premier Rao en diens minister van Financiën, Manmohan Singh.

Allereerst devalueerde de rupee met ruim twintig procent. Door middel van bezuinigingen werd het tekort op de begroting verkleind en door een krap monetair beleid werd gestreefd naar een reductie van de inflatie. Om de handelsbalans te stimuleren, kregen exporteurs vergaande vrijstelling van belastingen en werden in het buitenland verblijvende Indiërs aangemoedigd in India te investeren. De importheffingen gingen, met uitzondering van die op consumptiegoederen, omlaag en kwantitatieve importcontroles verdwenen.

system has also been abolished in most sectors. This system contributed to an oligopolistic production structure and underutilisation of production capacity because established companies used it to prevent the emergence of new market rivals. All in all, whereas most developing countries were moving cautiously towards a free market economy, India chose a radical liberalisation process and a drastic curtailment of the role of the state.

The success of these reforms depends on the answers to three questions. First, will private-sector investment from both home and abroad increase sufficiently to create a solid foundation for continuing economic growth? It is still too early to say. Second, will foreign donors, international bodies, and lending institutions have enough confidence in the reforms to support them with fresh capital, including freely expendable balance of payments aid? In my opinion, now that India is doing what the outside world has been asking for so long, that support ought to be given. And third, can these reforms be implemented in such a way that the position of the poorest population groups is strengthened rather than weakened? There is a fear that in-equality will increase as a result of liberalisation.

Reducing the gap between rich and poor actually demands a greater, rather than lesser, role for the Indian government, at least in selected areas such as poverty alleviation. Higher public-sector investment in infrastructure is essential to create long-term employment. The changes that have to be made to the context in which policy on poverty alleviation is pursued do not in themselves have the effect of making the policy itself any more or less a less desirable. However important job creation outside agriculture may be - however much labour-intensive production methods are applied in manufacturing, construction, or the service sector - it will be necessary to continue creating employment on the land for very many years.

The essential strategic question remains, in Chakravarty's words: 'Can India make small farms viable farms?'
This means a large-scale public works programme that is labour-intensive and designed not only to provide temporary employment, but also to enlarge the productive base for agriculture. It means redistribution, including the redistribution of land titles, undertaken in a creative way that rises above the mere question of ownership. And - in the opinion of the participants at the seminar I have already mentioned - it means the promotion of non-agricultural employment in rural areas, improved water management, the application of cheap renewable energy, and a new balance between top-down and bottom-up approaches to poverty alleviation.
Poor population groups, especially women, must be empowered to take charge of their own lives. But at the same time, government responsibilities must be expanded in the field of primary education and when it comes to the achievement of basic social welfare goals. All of this will demand more government revenue and a number of new institutional provisions, especially in rural areas. This is where politics - and power - enter the equation.

Ook het industriebeleid onderging een ingrijpende wijziging. Toestemming voor het uitbreiden en fuseren van bedrijven was niet langer meer vereist. Voorts was het nemen van een meerderheidsbelang door buitenlandse investeerders in lokale ondernemingen, niet meer gereglementeerd. Bovendien werd voor de meeste sectoren het licentiesysteem afgeschaft. Dit systeem droeg in het verleden bij tot een oligopolistische produktiestructuur en tot onderbezetting van de produktiecapaciteit, doordat bestaande bedrijven licenties gedeeltelijk gebruikten om er de opkomst van nieuwe bedrijven mee te verhinderen. Al met al betekende dit dat, terwijl andere ontwikkelingslanden voorzichtig opschuiven naar een vrije-markteconomie, in India gekozen werd voor een radicaal liberalisatieproces, en een snel terugtredende overheid.

Of dit beleid zal slagen is van drie factoren afhankelijk. Ten eerste of de particuliere investeringen vanuit binnen- en buitenland zodanig zullen aantrekken dat er een hechte produktieve basis wordt geschapen voor verdergaande economische groei. Het is nu nog te vroeg om dit te beoordelen.

Ten tweede, zullen buitenlandse donoren, internationale organisaties en kredietverleners voldoende vertrouwen hebben in de beleidsombuigingen om die met nieuw kapitaal, inclusief vrij besteedbare betalingsbalanshulp, te ondersteunen? Ik ben van mening dat die steun er moet komen, nu India datgene doet wat de buitenwereld zo lang van het land heeft gevraagd.

De derde factor is of deze beleidsombuigingen zo kunnen worden uitgevoerd dat de positie van de armste bevolkingsgroepen er door wordt versterkt in plaats van verzwakt. De vrees bestaat dat de ongelijkheid tengevolge van de liberalisatie toeneemt. Het tegengaan daarvan vereist eigenlijk een toenemende in plaats van een afnemende rol van de Indiase overheid, althans selectief. Dat geldt zeker voor het terrein van de armoedebestrijding. Bovendien zijn hogere overheidsinvesteringen in de infrastructuur noodzakelijk om duurzame werkgelegenheid te scheppen. De noodzakelijke veranderingen in de setting waarbinnen armoedebestrijding wordt gevoerd, veranderen op zich niets aan het wenselijke karakter van dat beleid zelf. Hoe belangrijk het scheppen van werkgelegenheid buiten de landbouw, door arbeidsintensieve produktiemethoden in de industrie, de bouw en de dienstensector, ook mag zijn, het zal nog zeer veel jaren noodzakelijk zijn werkgelegenheid te scheppen op het platteland.

De essentiële strategische vraag blijft, in de woorden van Chakravarty 'Can India make small farms viable farms?'.

Het betekent een 'public works' programma op grote schaal, arbeidsintensief, zodanig opgezet dat het niet alleen tijdelijk werkgelegenheid verschaft, doch de produktieve basis van de landbouw vergroot. Het betekent herverdeling, ook van grondbezit, op een creatieve manier die uitstijgt boven de eigendomsvraag alleen. Het betekent, zo concludeerden de deelnemers aan het eerder genoemde seminar, het bevorderen van niet-agrarische werkgelegenheid op het platteland, een beter waterbeheer, het toepassen van goedkope energie, en een nieuw evenwicht tussen de top-down en de bottom-up benadering van armoedebestrijding.

Arme bevolkingsgroepen, met name vrouwen, moeten in staat worden gesteld hun lot in eigen hand te nemen. Maar tegelijkertijd moeten overheidstaken worden uitgebreid op het gebied van het basisonderwijs en ter verwezenlijking van minimale sociale zekerheid. Dit vereist een verhoging van de overheidsinkomsten en een aantal institutionele voorzieningen, met name in de verhoudingen op het platteland. Daarmee raken we aan de politiek, en dus aan de macht.

The need to expand the tax base will put pressure on the near-feudal social relationships that persist in much of India. There is still much resistance to taxing agricultural incomes, and the government cannot avoid conflict with the large landowners on this point. Conflicts in other areas are likewise inevitable. The caste system has marked social and political relationships in India for centuries, and though formally abolished, it pervades the whole of Indian society. Proposals aimed at affirmative action and restitution have led to serious social tension.

The end of colonialism did not mean an end to prejudice, discrimination, and violence. However, India's history, from Buddha to Mahatma Gandhi, has been marked by a parallel quest for alternatives to such manifestations of the pursuit of power: a synthesis within which great value is attached to diversity, and tolerance, compassion, redistribution, and non-violence set the tone. India is more than a developing country. Apart from being a model for Asia and the Third World, its sheer diversity makes it in some respects an exemplar for the entire world.

India in the Dutch press

The Dick Scherpenzeel Foundation has analysed [2] the main Dutch newspapers and weeklies over the past three years for the frequency and depth of their coverage of today's theme. It has harvested little, which is not surprising, since there is currently only one permanent Dutch correspondent in India. Interviews with journalists and editors reveal that the Dutch press has little interest in India. This is surprising. My impression is that there has been a great improvement in both the quantity and quality of news stories and background features on Africa, Asia, and Latin America in the Dutch press in recent years. However, India is a neglected area. One out of every six to seven inhabitants of the Earth is an Indian; yet they are relatively unknown in this country.

The picture that researchers Ilse Bos and Fieke Vreeburg paint is actually a sad one. In comparison with coverage of the region as a whole, news stories about India are scarce. They are usually limited to disasters and conflicts. The one or two regular correspondents are excellent, but reporters visiting India for short periods seldom deviate from stereotypical descriptions of Indian society. Background stories written in the Netherlands show little depth. Dutch journalists write more often and more knowledgeably about most other developing countries than they do about India. This is astonishing given India's accessibility. It does not have a totalitarian regime, language is no bar to communication with the elite, the press is free, and there are many good English-language newspapers and magazines. For a developing country, India is a model of openness.

Most of the stories analysed reflect a clear opinion of India's economic policies. Virtually all the papers disapprove of the old policies. There is little sympathy for the old economic policies of self-reliance and protectionism. Bureaucracy, corruption, inferior products, and a

2 'Olifanten en tijgers - de Nederlandse pers over de economische beeldvorming in India' , Ilse Bos and Fieke Vreeburg (Amsterdam, 1992)

De noodzaak tot verbreding van de belastingbasis zal de veelal nog feodale verhoudingen in India onder druk zetten. De weerstand tegen het belasten van agrarische inkomens is nog bijzonder groot. Toch kan de overheid er niet omheen dit conflict met de grootgrondbezitters aan te gaan. Dat geldt ook voor andere conflicten. Het kastenstelsel heeft eeuwenlang een stempel gedrukt op de sociale en politieke verhoudingen in India. Hoewel formeel het kastenstelsel is afgeschaft werkt het traditionele systeem sociaal en economisch nog steeds sterk door. Voorstellen voor positieve actie en compenserend beleid roepen ernstige spanningen op.

Ook na de koloniale periode is de geschiedenis van India er een van vooroordelen, discriminatie en geweld. Maar van Boeddha tot Mahatma Gandhi loopt er door de historie en cultuur van India ook een rode draad van het zoeken naar alternatieven voor al deze vormen van het streven naar macht. Een synthese, waarbinnen diversiteit hoog op prijs wordt gesteld en waarbinnen tolerantie, compassie, herverdeling en geweldloosheid de boventoon voeren. De kracht van India is immers geworteld in zijn diversiteit. India is méér dan een ontwikkelingsland. India staat model voor Azië, voor de derde wereld, en in al zijn schakeringen zelfs enigszins voor de wereld als geheel.

India in de Nederlandse pers

De Dick Scherpenzeelstichting heeft door middel van een inhoudsanalyse [2] van de artikelen die in de afgelopen drie jaar in de belangrijkste Nederlandse dag-en weekbladen zijn verschenen, laten onderzoeken met welke frequentie en diepgang over het onderwerp van vandaag in de pers wordt bericht. De oogst is mager. Dat is niet verwonderlijk, aangezien er momenteel maar één vaste Nederlandse correspondent in India verblijft. Uit interviews met journalisten en hoofdredacteuren blijkt: er bestaat geen grote belangstelling voor India in de Nederlandse pers. Dit is verwonderlijk. Ik heb de indruk dat de kwantiteit en de kwaliteit van de berichtgeving over Afrika, Azië en Latijns-Amerika, en de achtergrondbeschouwingen daarover, in de Nederlandse pers de laatste jaren met sprongen zijn vooruitgegaan. India vormt echter een veronachtzaamd gebied. Een van de zes à zeven wereldbewoners is een Indiër, maar hij of zij wordt in ons land weinig gekend.

De onderzoekers, Ilse Bos en Fieke Vreeburg, schetsen eigenlijk een droevig beeld. Er staan weinig berichten over India op de buitenlandpagina's. Doorgaans beperken ze zich tot calamiteiten en conflicten. De een à twee correspondenten zijn uitstekend, maar verslaggevers die India voor korte tijd bezoeken ontkomen zelden aan een stereotiepe beschrijving van de Indiase samenleving. Vanuit Nederland geschreven analyses vertonen weinig diepgang. Over tal van andere ontwikkelingslanden wordt in de Nederlandse pers frequenter, en met meer kennis van zaken geschreven dan over India. Dat is wèl verwonderlijk, want India is heel toegankelijk. Het kent geen totalitair regime, er is met de elite geen taalbarrière, de pers is vrij en er zijn tientallen kwalitatief goede Engelstalige kranten en tijdschriften. Voor een ontwikkelingsland is India een model van openheid.

In de meeste geanalyseerde artikelen komt een duidelijke opinie over het economisch beleid naar voren. Vrijwel alle bladen schrijven negatief over de oude politiek. Zelden wordt begrip opgebracht voor de oude economische politiek van 'self-reliance' en protectionisme. Bureaucratie, cor-

2 ' Olifanten en tijgers - de Nederlandse pers over de economische beeldvorming in India' , Ilse Bos en Fieke Vree-burg (Amsterdam, 1992)

lack of competition are the arguments cited in this respect. Economic liberalisation has generally met with approval in the Dutch press. The most frequently used arguments in its favour are the expected growth of industrial production, the need for foreign investment, and the fact that there is no other way of escaping the economic crisis. Many journalists criticise the speed, breadth, and late arrival of the reforms.

'De Telegraaf' and 'het Parool' have very little interest in the new economic policy. 'Trouw' and the 'Financieele Dagblad' are the most outspoken advocates of economic reform. And 'de Volkskrant' and 'Elsevier' give equal coverage to the arguments for and against liberalisation. Finally, 'NRC-Handelsblad' and 'Intermediair', while recognising the necessity and importance of reform, are the most critical as regards the new economic policy's chance of success.

Although there is almost no overlap between the personal sources used, only one journalist managed to obtain an interview with a member of the Indian government. The other sources are one-sided; the researchers suspect that many analyses in the Dutch press are based on reading 'The Economist'. Most of the stories not written in the Netherlands were written in New Delhi. Only one reporter visited a rural area. Most of the stories make no distinction between the impact of economic liberalisation on urban centres and rural areas.

It is also noticeable that 30 of the 50 stories on liberalisation, published in seven newspapers and five weeklies over the past three years, lay the blame for the economic crisis fairly and squarely on the Indians themselves. Not a single story explores the possibility that some of the responsibility for India's economic problems may lie outside the country.

India watchers in the editorial offices and current or former local correspondents are unanimous in their view that the image of India presented in the Dutch press does not correspond with reality. Certain aspects of Indian society, such as poverty and ethnic disputes, are overexposed. Our links with India, its geopolitical role and economic development - in fact, the whole dynamic of India, its economic, social, and cultural power and vitality - receive too little attention in the Dutch press.

This is also true for the quality of Indian democracy. In India, democracy is not a luxury; it is essential for the country's survival as a society. Precisely because there are so many conflicting interests in the country, it needs a political system in which decision-making is based on consensus about the need for acceptance of majority decisions which respect minorities. In this respect, too, India could serve as a model for international society as a whole.

ruptie, inferieure produkten en gebrek aan concurrentie zijn de argumenten die in dit verband worden aangehaald. De economische liberalisering heeft in de Nederlandse pers over het algemeen een goed onthaal gevonden. De te verwachten groei van de industriële produktie, de noodzaak van buitenlandse investeringen en het feit dat er geen alternatief voorhanden is om uit de economische crisis te komen, zijn de meest gebruikte argumenten in de berichtgeving. Veel journalisten zetten overigens wel vraagtekens bij het tempo, de reikwijdte en het late tijdstip van de hervormingen.

De Telegraaf en het Parool zijn niet of nauwelijks geïnteresseerd in het nieuwe economische beleid. Trouw en het Financieele Dagblad blijken de meest uitgesproken voorstanders van de economische hervormingen, terwijl bij de Volkskrant en Elsevier de argumenten pro en contra de liberalisering ongeveer in evenwicht zijn. NRC-Handelsblad en Intermediair tenslotte, die weliswaar de noodzaak en het belang van de hervormingen onderkennen, plaatsen de meest kritische kanttekeningen bij de kans van slagen van het economisch beleid van de Indiase regering.

Hoewel de gebruikte persoonlijke bronnen bijna geen overlap vertonen, is slechts een enkele journalist er in geslaagd een interview met een lid van de Indiase regering af te nemen. De andere bronnen zijn eenzijdig: de onderzoekers hebben het vermoeden dat veel analyses in de Nederlandse pers gebaseerd zijn op de inhoud van 'The Economist'. Voor zover de artikelen niet in Nederland werden geschreven, wordt de verslaggeving hoofdzakelijk gedaan vanuit New Delhi. Slechts een enkele verslaggever brengt een bezoek aan het platteland. In de meeste artikelen wordt dan ook geen onderscheid gemaakt tussen de gevolgen die de economische liberalisering voor de stedelijke centra of het platteland zullen hebben.

Opmerkelijk is ook dat in dertig van de vijftig artikelen die in de afgelopen drie jaar verschenen over de liberalisatie, in zeven dagbladen en vijf weekbladen, de schuld van de economische crisis geheel en al bij de Indiërs zelf wordt gelegd. Niet één keer wordt kritisch nagegaan of mogelijk een deel van de verantwoordelijkheid voor de economische problemen buiten India ligt.

De India-kenners op de redacties, en de huidige of voormalige lokale correspondenten zijn eensgezind in hun mening dat het beeld, dat in de Nederlandse pers over India wordt uitgedragen, niet strookt met de werkelijkheid. Bepaalde aspecten van de Indiase samenleving, zoals de armoede en de etnische twisten, worden overbelicht. Onze relatie met India, zijn geo-politieke rol en economische ontwikkelingsgang, in feite de hele dynamiek van India met zijn economische sociale en culturele potentie en zijn vitaliteit komen onvoldoende voor het voetlicht.
Dat geldt ook voor zijn democratisch gehalte. De democratie is geen luxe voor India, maar noodzaak voor het in stand blijven als samenleving. Juist omdat er in India zoveel tegenstrijdige belangen bestaan is een politiek stelsel van belang waar besluiten tot stand komen op basis van consensus over de noodzaak van instemming met meerderheidsbesluiten die minderheden respecteren. Ook wat dit betreft zou India een model kunnen zijn voor de hele internationale samenleving.

Culture and change

Whether the new policy in India will succeed depends on economic and political factors. I have already mentioned one or two of them. But cultural factors are also important, perhaps even crucial.

In his contribution to the compilation of articles written for this symposium, Anil Ramdas emphasises how much the new policy owes to the cultural U-turn that took place ten years ago, when attempts to raise the poor to the level of the middle class were abandoned, and it was decided to bring about progress by fo-cusing on the middle class itself.

This was unsuccessful. The middle class became westernised consumers, but there was no economic trickle-down effect. In Ramdas's opinion, India remained a welfare state, except that in India, it is work, not income that gets shared out. The middle class remained a consumer class with a consumer culture, without forming a new intellectual vanguard. And tradition remained, an amalgam of negative energy, blocking de-velopment and modernisation and wasting labour, talent, and human lives.

Anil Ramdas's verdict on India, delivered after his second visit, is in fact just as harsh as that of Naipaul, following his second visit in 1977 and set out in razor-sharp terms in his ' India: a wounded civilisation' . Naipaul's central message is that India needs to put the past behind it; otherwise, the past will take over and destroy it. In his most recent book about India, ' A million mutinies now' , Naipaul is somewhat more circumspect, though the central argument remains the same: India's worth exceeds the sum total of economic liberalisation, political democratisation, and commitment to social equality.

India's economic liberalisation and its political and social foundations are now universally praised. This stands in stark contrast to the criticisms levelled at the country for many years. It is an indisputable fact that India cannot escape being part of the modern world. However, as Mahatma Gandhi wrote: ' My Swaraj is to keep intact the genius of our civilisation. I want to write many new things, but they must all be written on the Indian slate.' I found this quotation in the latest book by Mark Tully [3], the British journalist who knows India better than anyone else. And Tully followed this quotation with a warning for the West, which so enthusiastically imposes its own current preoccupations on India: ' They want to write a full stop in a land where there are no full stops.' Indeed, the worth of India lies in the end solely in India itself.

[3] 'No full stops in India', Mark Tully (Viking, London, 1991)

Cultuur en Verandering

Of het nieuwe beleid in India zal slagen is van economische en politieke factoren afhankelijk. Ik noemde er een paar. Maar ook, en misschien wel bovenal, van culturele factoren.

In zijn bijdrage aan de bundel artikelen, die voor dit symposium is geschreven, beschrijft Anil Ramdas hoe het nieuwe beleid stoelt op de culturele omslag van tien jaar geleden, toen er niet langer meer voor werd gekozen de armen op te trekken naar de middenklasse, maar om vooruitgang te bewerkstelligen door zich op de middenklasse te richten.

Dat is niet gelukt. De middenklasse consumeerde, verwesterste, maar het economisch 'trickle-down effect' bleef uit. India bleef, zo schrijft Ramdas, een verzorgingsstaat: alleen wordt in India niet het inkomen, maar de arbeid verdeeld. De middenklasse bleef een economische klasse, met een consumptiecultuur, zonder een nieuwe intellectuele voorhoede te worden. En de traditie bleef een bundeling van negatieve energie die ontwikkeling en modernisering blokkeert, arbeid, talent en mensenlevens verspilt.

Het oordeel van Anil Ramdas, gegeven na zijn tweede bezoek aan India, is eigenlijk net zo hard als dat van Naipaul na diens tweede bezoek in 1977, messcherp neergezet in zijn 'India, a wounded civilization'. India moet afrekenen met zijn verleden, of anders rekent dat verleden met India af, is de kern van Naipauls boodschap. In zijn meest recente boek over India 'A million mutinies now' is Naipaul genuanceerder, maar de kern blijft dat de waardigheid van India meer is dan een optelsom van economische liberalisatie, politieke democratisering en sociale emancipatie.

De economische liberalisering in India en zijn politieke en sociale bedding wordt thans alom toegejuicht. Dat staat in schril contrast met de kritiek die India jarenlang ten deel viel. Het is ontegenzeggelijk een feit: India kan er niet onderuit deel uit te maken van de wereld van vandaag. Maar, zoals Mahatma Gandhi schreef: 'My Swaraj is to keep intact the genius of our civilization. I want to write many new things but they must all be written on the Indian slate'. Ik vond dit citaat in het laatste boek van Mark Tully [3], de Britse journalist die India kent als geen ander. En Tully liet op dit citaat een waarschuwing volgen, een waarschuwing aan het Westen dat zijn waan van de dag zo graag opdringt aan India: 'They want to write a full stop in a land where there are no full stops'. Inderdaad, de waardigheid van India ligt uiteindelijk alleen in India zelf.

[3] ' No full stops in India' , Mark Tully (Viking, London, 1991)

Elephants and tigers

A survey of the Dutch press on economic liberalisation in India, January '89 - September '92

Introduction

How often has the subject of the reforms in the Indian economy been discussed in the Dutch press and which approaches have been taken?

To be able to answer these questions the Dick Scherpenzeel Foundation commissioned Ilse Bos and Fieke Vreeburg to conduct a survey of the press in the autumn of 1992. Their results were made public during the symposium of 'In other words' in December 1992.

The survey team made a quantitative analysis of the contents of 55 articles in which the economic liberalisation in India is discussed. These articles were published in several national newspapers and magazines during the period January 1, 1989 to September 1, 1992.

Qualitative information was obtained through interviews with journalists knowledgeable about India, either because they were or had been correspondents in the country, or because they wrote about it regularly as editors.

The following publications and journalists were involved in the survey. Their initials, between brackets, will be used throughout the survey.

- NRC Handelsblad, circulation 250.500, national newspaper. Jurriaan Kamp (JK) was correspondent in India during the late 1980s.
- de Volkskrant, circulation 345.600, national newspaper. Editor is Rob Vreeken (RV).
- Trouw, circulation 120.500, national newspaper with Protestant-Christian background. Editor is Rita van Veen (RvV).
- het Parool, circulation 125.000, is an Amsterdam-based newspaper ciculated nationally. Editor is Bas Soetenhorst (BS).
- het Financieele Dagblad, circulation 40.000, is a national newspaper on business and finance. Editor is Marleen Janssen Groesbeek (MJG).
- de Telegraaf, largest national newspaper, circulation 725.900. Editor is Peter Steenbrugge (PS), correspondent in India is Hans Kuitert (HK).
- Algemeen Dagblad, circulation 430.000, national newspaper. Editor is Hans van Zon (HvZ).
- Elsevier, circulation 125.000, newsmagazine. Chief Editor is Hendrik Jan Schoo (HJS), correspondent in India is Hans Kuitert (HK).
- Intermediair is a controlled circulation weekly for university graduates. Circulation is 210.000. Chief Editor is Flip Vuijsje (FV).

Olifanten en tijgers

Een onderzoek naar de Nederlandse pers over de economische liberalisering in India, januari '89 - september '92

Inleiding

Hoe vaak komen de hervormingen van de Indiase economie in de Nederlandse pers aan de orde en welke invalshoeken worden dan gekozen? Om een antwoord te krijgen op deze vragen liet de Dick Scherpenzeelstichting najaar 1992 een onderzoek uitvoeren door Ilse Bos en Fieke Vreeburg. De resultaten werden tijdens het symposium *Met andere woorden* in december 1992 bekend gemaakt. Om de onderzoeksvragen te beantwoorden is een kwantitatieve inhoudsanalyse gemaakt van 55 artikelen waarin de economische liberalisering wordt behandeld. De artikelen verschenen in de periode van 1 januari 1989 tot 1 september 1992 in een aantal landelijke kranten en tijdschriften. Kwalitatieve informatie is verkregen uit interviews met journalisten die kennis hebben van India, hetzij doordat ze correspondent zijn of waren, hetzij doordat ze als redacteur veel over India schrijven.

De volgende bladen en journalisten zijn in het onderzoek betrokken. De initialen tussen haakjes komen later bij de citaten terug.

- NRC Handelsblad, oplage 250.500, landelijk dagblad. Jurriaan Kamp (JK) was eind jaren tachtig correspondent voor NRC Handelsblad in India.
- de Volkskrant, landelijk dagblad met een oplage van 345.600. Redacteur is Rob Vreeken (RV)
- Trouw, oplage 120.500, landelijk ochtendblad met een christelijke traditie. Redacteur is Rita van Veen (RvV).
- het Parool,oplage 125.000, is een hoofdstedelijke krant met landelijke verspreiding. Redacteur voor India is Bas Soetenhorst (BS).
- het Financieele Dagblad, oplage 40.000, financieel-economische krant met landelijke verspeiding. Redacteur is Marleen Janssen Groesbeek (MJG).
- de Telegraaf, de krant met de grootste oplage (725.900). Redacteur is Peter Steenbrugge (PS), correspondent is Hans Kuitert (HK).
- Algemeen Dagblad, landelijke krant met een oplage van 430.000. Redacteur is Hans van Zon (HvZ).
- Elsevier, oplage 125.000, opinieweekblad. Hoofdredacteur is Hendrik Jan Schoo (HJS), correspondent voor Elsevier is Hans Kuitert (HK).
- Intermediair is een controlled circulation weekblad voor academici met een oplage van 210.000. Hoofdredacteur van Intermediair is Flip Vuijsje (FV).

The survey

In the period under study, January 1989 until September 1992, 55 articles on economic liberalisation were published in the publications listed above. The spacing of the articles in this period is striking. In 1989 and 1990 fifteen articles on liberalisation were published, in 1991 sixteen appeared and in the first eight months of 1992 no less than 24 articles were published, almost half the total number.

This increase is due to historical developments. On July 24, 1991, liberalisation was an-nounced to be the spearhead of economic policy in India. Prime Minister N. Rao and Finance Minister M. Singh proclaimed many measures that were intended to end protectionism in the Indian economy. From then on, journalists apparently had easier access to information. As one of them put it: 'Economic liberalisation did not become an issue until the summer of 1991. It became easier to write about it then, as the government plans had been put down on paper'. (RV). From that time onwards journalists have written about economic liberalisation in India more frequently.

Old and new

Both from the analysis of the contents of the articles and from the interviews, it is clear that the Dutch press hails economic libralisation as an improvement.

Most of the journalists speak negatively of the old economic policy of India, which they characterize as protectionist, socialist, encumbered with state intervention and the aim of self reliance. In the centralized and planned economy, import duties were imposed and an extensive system of licences and production licences was maintained. Most articles stress the fact that the old policy necessitated the existence of too large a bureaucracy, which led to corruption. Lack of competition produced an inefficient industry and inferior products. The growth level was low and private investment was discouraged.

The few arguments in favour of the old economic policy, are the fact that there were no food shortages and that the absence of competition was conducive to the expansion of the state-owned industry.

The Dutch media are generally approving of the new policy. Liberalisation involves the coming down of trade barriers, deregulation, less state intervention and protectionism and more scope for foreign and private initiative. Dutch journalists anticipate a growth of industrial production and an increased supply of consumer goods.

In many articles the increasing purchasing power of the Indian middle class is considered a good thing. A higher standard of living will eventually benefit the poor, as a 'trickle down effect' is expected.

But negative aspects of the new policy do not go unnoticed. At first it will probably cause larger wage gaps and price increases. It is feared that it will benefit mainly the elite. 'Rao says

Het onderzoek

In de onderzoeksperiode van januari 1989 tot september 1992 zijn in de betrokken bladen 55 artikelen verschenen over de economische liberalisering. Opvallend is de spreiding van de artikelen in deze periode. Werden in 1989 en 1990 samen vijftien stukken geplaatst over de liberalisering, in 1991 waren dat er al zestien en in de eerste acht maanden van 1992 werden zelfs 24 artikelen gepubliceerd, wat neerkomt op bijna de helft van het totaal.

Deze toename in publikaties moet gezien worden in het licht van de historische ontwikkelingen. Op 24 juli 1991 werd liberalisering de speerpunt van het economische beleid in India. Premier N. Rao en minister van financiën M. Singh kondigden tal van maatregelen af die een eind moesten maken aan het protectionistische karakter van India's economie.

Blijkbaar leidde dit voor journalisten tot goed verkrijgbare en toegankelijke informatie, getuige de uitspraak: 'De economische liberalisering werd pas in de zomer van 1991 een echt onderwerp. Het was toen goed te volgen omdat de regeringsplannen op papier stonden.'(RV). Vanaf dat moment schrijven journalisten vaker over de economische liberalisering in India.

Oud en nieuw

Zowel uit de inhoudsanalyse als uit de interviews blijkt dat de Nederlandse pers de economische liberalisering van India als een vooruitgang beschouwt.

Het merendeel van de journalisten laat zich negatief uit over de oude economische politiek van India, een beleid dat volgens hen gekenmerkt wordt door protectionisme, socialisme, staatsbemoeienis en een streven naar zelfvoorziening. De centraal geleide en geplande economie hanteerde invoerheffingen, een uitgebreid vergunningenstelsel en produktielicenties. In de meeste artikelen wordt benadrukt dat het oude beleid gepaard ging met te veel bureaucratie en een te groot ambtenarenapparaat, wat corruptie in de hand werkte. Verder leidde het ontbreken van concurrentie volgens de journalisten tot een inefficiënte industrie met inferieure produkten. Het groeitempo was te laag en particuliere investeringen werden tegengewerkt.

De schaarse argumenten die voor de oude economische politiek pleiten, komen er op neer dat er voldoende voedsel voor de bevolking was en dat de afwezigheid van concurrentie gunstig was voor de staatsindustrie.

Over het algemeen zijn de Nederlandse media de nieuwe liberaliseringspolitiek gunstig gezind. Deze politiek wordt gekenmerkt door open handelsgrenzen, deregulering en versoepeling van de regelgeving, minder overheidsbemoeienis en protectionisme en meer ruimte voor buitenlands en particulier initiatief. Nederlandse journalisten voorzien hierdoor een groei van de industriële produktie en een groter aanbod van consumptiegoederen.

Volgens veel artikelen is de groeiende koopkracht van de Indiase middenklasse hoopgevend. De hogere welvaart zal uiteindelijk ook de armen bereiken volgens het 'trickle-down-effect', zo menen de meeste journalisten.

that the common man should tighten his belt, but the common man does not even have a belt to tighten.'(HK). 'The ideas are laudable, but they spell disaster for the population. These things are often conceived with total disregard of the interests of the poor.'(HvZ).

Many journalists fear that India may lose its economic autonomy and become dependent on the IMF, while the country is still burdened with high external debts and a serious budget deficit.

Most journalists focus on the macro-economic picture. By far most of the attention is directed at the measures influencing the relationship of India with the West, including Holland. They write about import duties, the licence system and the opportunities and problems of foreign investors in India. The merits of the new economic policy with regard to the infrastructure, health care and education are hardly taken into account.

There is also little attention for matters that directly influence everyday life of the Indian population. Reorganisation of money-losing companies and price increases are considered necessary to realize liberalisation. Popular resistance against price increases and job cuts is reported in only two publications, which printed photographs of demonstrators being forcefully removed by the police. The captions provide scanty information on the aim of the protest demonstration.

It may be concluded that the Dutch press is more positive about the new economic policy in India than it is about the old one. Several journalists even state that liberalisation should have been imposed sooner, faster and more rigorously. 'In my opinion economic liberalisation should have started twenty years ago. Opening up the country is a slow process. The abolition of regulations and licences for domestic and foreign capital is too slow.'(FV).

Form

Economic liberalisation in India was mostly discussed in editorials, in which facts, views and background were blended together. Besides these, news items with an emphasis on recent events, some reportage and columns were published. In most articles the case for or against the economic policy in India was argued, and a view on liberalisation was presented.

Methods

The majority of the articles was written by the editors themselves. A small number is provided by press agencies.

Most of the articles were written in Holland. Some of them were written during, or on the occasion of a trip to India. When travelling to India, New Delhi is the favourite stopping place, with Bombay and Calcutta following behind. It is rare for a journalist to venture outside the big cities to take a closer look at life in the countryside. In only twenty percent of the articles a

Toch noemen ze ook negatieve aspecten van de nieuwe economische politiek. Zo zal het beleid in eerste instantie alleen leiden tot een grotere inkomensongelijkheid en prijsverhogingen. Het zal vooral de elite ten goede komen, zo vreest men. 'Rao zegt dat de gewone man de buikriem maar moet aanhalen, maar die heeft helemaal niets om aan te halen.'(HK). 'Het zijn mooie denkbeelden, maar rampen voor de gewone bevolking. Zoiets gaat vaak over de ruggen van arme mensen.'(HvZ).

Bovendien menen de journalisten dat er een risico bestaat dat India zijn economische soevereiniteit aan het IMF kan verliezen, terwijl het land nog steeds een hoge buitenlandse schuld heeft en gebukt gaat onder een ernstig begrotingstekort.

Opvallend is dat het merendeel van de journalisten vooral oog heeft voor macro-econonomische maatregelen. Verreweg de meeste aandacht gaat naar maatregelen die invloed uitoefenen op de relatie van het Westen - waaronder Nederland - met India. Ze schrijven veel over importtarieven, over het licentiesysteem en over de mogelijkheden en problemen van buitenlandse investeerders in India. Nauwelijks komen in de artikelen de merites van de nieuwe economische politiek voor de infrastructuur, de gezondheidszorg en het onderwijs aan de orde.

De journalisten besteden ook minder aandacht aan zaken die heel direkt gevolg hebben voor het leven van de Indiase bevolking. Sanering van verliesgevende bedrijven en prijsverhogingen worden vooral als noodzakelijkheden gezien om de liberalisering te realiseren. Illustratief hierbij is dat het verzet van de bevolking tegen de prijsverhogingen en ontslagen in slechts twee kranten wordt weergegeven, door een foto waarop een demonstrant hardhandig door de politie wordt verwijderd. De fotobijschriften verschaffen echter weinig opheldering over doel en onderwerp van het protest.

De Nederlandse pers spreekt zich dus positiever uit over het nieuwe economische beleid dan over de oude economische politiek van India. Een aantal journalisten stelt zelfs dat de liberalisering eerder, sneller en stringenter had moeten worden doorgevoerd in India. 'Naar mijn mening is de economische liberalisering twintig jaar te laat gestart. Het opengooien van het land gaat traag. Vooral het afschaffen van de regels en vergunningen voor binnen- en buitenlandse investeerders gaat te langzaam.'(FV).

Vorm
De economische liberalisering in India wordt vooral weergegeven in nieuwsanalyses: in een mix van feiten, opinie en achtergrond. Daarnaast verschijnen nieuwberichten met de nadruk op recente feiten, enkele reportages en opiniestukken. In het merendeel van de artikelen voert de schrijver een betoog, waarin de argumenten voor en tegen de economische politiek in India worden afgewogen, met een duidelijke opinie over de economische liberalisering.

distinction is made between the city and the countryside, so in one-fifth of the total number of articles the cities are explicitly dealt with, and the rest covers India in general.

Sources
The journalists tend to obtain their information from academics, other journalists, businessmen and the representatives of trade unions and organisations. Non-personal sources are members of the government, the government as such or its policy documents. Hardly any journalist has been able to get through to members of the government personally. Thus the government is quoted exclusively as a non-personal source. Journalists hardly ever report the views of 'the man or woman in the street'.

Language: elephants and tigers
The researchers also checked which terminology Dutch journalists use to describe India and its inhabitants. The authors tend to turn to the animal kingdom for their metaphors and describe the country in terms of elephants and tigers. In almost one-fifth of the stories India is called a tiger, and usually a caged tiger, on the point of breaking out. Several times India is compared to an elephant: 'huge, lumbering, slow and clumsy at first sight, but once unchained capable of creating a sensation.'(FV)

It appears as if these metaphors have not spontaneously bubbled up in the minds of the journalists. They may have been borrowed from Economist journalist Clive Crook, who used exotic wildlife imagery to describe the Indian economy in May 1991: 'Indians are fond of saying that whereas Japan, South Korea and the other thriving countries of East Asia are tigers, their own country is an elephant: immense, cautious, slow-moving, but also sure-footed, strong, purposeful.' () 'If another zoological metaphor is desired, a better one is this: India is a tiger caged. This tiger, set free, can be as healthy and vigorous as any in Asia.'

Other characterizations of India seem hardly flattering. The image presented is that of a vast, overpopulated country which is burdened with one of the highest debts in the Third World. Some authors mention the unequal distribution of income and the poor masses.

Whenever civil servants, politicians or bureaucrats are mentioned, very often the word 'corrupt' is mentioned in the context. Several articles even describe all of India as corrupt. 'But civil servants see economic liberalisation as a threat to their right to laziness, to guaranteed employment and to their sources of bribes.'(FV).
The 'stifling' bureaucratic character of India is referred to more than once. 'India has invested 35 years too many and much too much money in the cumbersome bureaucracy of loss-ma-

Werkwijze

Het gros van de artikelen wordt door de redacteuren zelf geschreven. Een klein deel is afkomstig van een persbureau.

De meeste stukken zijn in Nederland gemaakt. Een deel is tijdens, of naar aanleiding van een reis naar India geschreven. Bij de India-gangers blijkt New Delhi de favoriete standplaats, soms Bombay of Calcutta. Slechts zelden begeeft een verslaggever zich buiten de grote stad voor een kijkje op het Indiase platteland. Men maakt in de meeste verhalen dan ook geen onderscheid tussen stad en platteland. Dat gebeurt wel in twintig procent van de artikelen: eenvijfde beschrijft expliciet de steden, de overige verhalen behandelen India in het algemeen.

Bronnen

De journalisten halen hun informatie vooral bij wetenschappers, journalisten, zakenlieden en bij vertegenwoordigers van vakbonden en organisaties. Als niet-persoonlijke bronnen worden leden van de regering, de regering in het algemeen en regeringsnota's gebruikt. Bijna geen enkele journalist is persoonlijk doorgedrongen tot leden van de Indiase regering. Die wordt dan ook haast uitsluitend als niet-persoonlijke bron opgevoerd. Journalisten doen amper verslag van de mening van de man of vrouw 'in de straat'.

Taal: olifanten en tijgers

De onderzoekers gingen tevens na welk woordgebruik Nederlandse journalisten hanteren om India en zijn inwoners te beschrijven. De auteurs plukken hun metaforen bij voorkeur uit het dierenrijk en beschrijven het land in termen van olifanten en tijgers. In bijna eenvijfde van de verhalen wordt India een tijger genoemd, en dan meestal een gekooide tijger, die op het punt staat uit te breken. Een aantal malen wordt India vergeleken met een olifant: 'groot, log, op het eerste gezicht traag en onbeholpen, maar eenmaal ontketend ook tot verrassingen in staat.'(FV). Het lijkt erop dat deze metaforen niet geheel spontaan in het hoofd van de verschillende journalisten zijn opgekomen. Het kan zijn dat ze afkomstig zijn van Economist-journalist Clive Crook, die in mei 1991 het exotische 'wildlife' als beeld voor de Indiase economie hanteerde: 'Indians are fond of saying that whereas Japan, South Korea and the other thriving countries of East Asia are tigers, their own country is an elephant: immense, cautious, slow-moving, but also sure-footed, strong, purposeful.' ( ) 'If another zoological metaphor is desired, a better one is this: India is a tiger caged. This tiger, set free, can be as healthy and vigorous as any in Asia.'

Andere typeringen die India ten deel vallen, klinken weinig optimistisch. Het beeld dat wordt gepresenteerd is dat van een zeer groot, overbevolkt land, een van de grootste schuldenlanden van de derde wereld. Sommige schrijvers noemen de ongelijke inkomensverdeling en de vele armen. Wanneer in een artikel het woord ambtenaar, politicus of bureaucraat valt, volgt al snel het predikaat 'corrupt', in enkele artikelen wordt zelfs het hele land India als corrupt aan-

king state industry, which has yielded a poor quality and money-swallowing infrastructure.'(JK)

'India cannot choose between the utopia of an independent village economy as proposed by Gandhi and the introduction of a free market economy. The country just keeps blundering on.'(NRC Handelsblad).

Adjectives like 'proud', 'haughty', 'almost arrogant', are used to characterize the Indian people. Some journalists point out that India is a civilized and democratic country and refer to its vast potential of well-trained, cheap and intelligent labour. Many articles focus on the affluent Indian middle class, which is rapidly growing, has high status, a Western life-style, and a vast consumer interest. This is the class that so far has profited most from the new prosperity. Its members live in luxury villas, buy Benetton and Dior clothes and drive imported cars.

The people mentioned in the articles - mostly political heavyweights such as Rajiv Gandhi, Manmohan Singh and Narasimha Rao - are described with a lot of personal detail. We learn that Gandhi was a yuppie Prime Minister with Ray-Ban sunglasses and a Mercedes car, an ex-pilot who married a Western wife. The failure of liberalisation during his term in office is blamed on his lack of decisiveness, political courage and backbone. Some journalists argue, however, that Gandhi was politically inexperienced and too idealistic. His struggle was lost before it even started, since he was sabotaged by the bureaucracy. He was a man with many good ideas, but with as many bad friends.

The information the media dispense about Manmohan Singh, the present Minister of Finance, includes his training at the Harvard Business School, his skill and his reform-mindedness. He is seen as party-less, a non-politician. His dream is that of the World Bank and the IMF: a free market. He puts up with opposition and even rioting in order to realize that dream. Until his ideas bear fruit the Indians must be content with tightening their belts, he feels.

The present Prime Minister of India, Narasimha Rao, has astonished everybody, if the Dutch journalists can be relied on. At his installation he was seen as a neutral, transitional kind of person - a colourless, sedate compromiser, an old man with a heart condition and a past as a Nehru follower. Now he has won both respect and power because of his liberalisation policy. Eager and confident he, the Gorbatschev of South Asia, has outlined a new course for his country.

Interviews
Besides the quantative analysis of the contents of the articles, a dozen or so interviews was held with Foreign News editors and (former) correspondents. The results support the findings of the analysis and provide an insight into the way reports are made.

gemerkt. 'Maar door de economische liberalisering zien de ambtenaren hun recht op luiheid, gegarandeerde werkgelegenheid en hun bronnen van steekpenningen bedreigd.'(FV).

Ook wordt het 'verstikkende' bureaucratische karakter van India diverse keren genoemd. 'India heeft 35 jaar te lang en veel te veel geïnvesteerd in het logge, bureaucratische apparaat van verliesgevende staatsbedrijven, dat een kwaliteitsarme kostenverslindende infrastructuur heeft opgeleverd.'(JK).

'India kan niet kiezen tussen de utopie van een zelfstandige dorpseconomie à la Gandhi en de invoering van een vrije markteconomie. Het land moddert maar een beetje door.'(NRC Handelsblad).

Sommige journalisten typeren de Indiërs als 'trots', 'hooghartig', 'op het arrogante af'. Enkelen wijzen erop dat India wel degelijk een beschaafd en democratisch land is. Men noemt het grote potentieel aan goed geschoolde, goedkope en intelligente arbeidskrachten in India.

Een veel getypeerde groep is de welvarende Indiase middenklasse die snel groeit, hoog in aanzien staat, er een westerse levenstijl op na houdt, kooplustig is en ingesteld is op consumptie. Deze klasse heeft tot nu toe het meest geprofiteerd van de groeiende welvaart, ze leeft in riante huizen, koopt kleding van Benneton en Dior en rijdt rond in geïmporteerde auto's.

Van de personen die in de artikelen worden genoemd - voornamelijk politieke kopstukken als Rajiv Gandhi, Manmohan Singh en Narasimha Rao - worden veel uiterlijkheden beschreven. Zo leren wij dat Gandhi een yuppie-premier was met een Ray-Ban-zonnebril en een Mercedes, een ex-piloot die getrouwd was met een westerse vrouw. Het mislukken van de liberalisering tijdens zijn bewind wordt geweten aan een gebrek aan daadkracht, politieke moed dan wel ruggegraat. Als excuus voeren sommigen aan dat Gandhi bij zijn aantreden politiek onervaren en te idealistisch was. Zijn strijd was bij voorbaat verloren: hij werd gesaboteerd door de bureaucratie. Het was een man met veel goede ideeën, maar met evenveel slechte vrienden.

De media vertellen dat de 'technocraat' Manmohan Singh, de huidige minister van Financiën, gestudeerd heeft aan de Harvard Business School, dat hij hervormingsgezind en uiterst bekwaam is. Singh wordt gezien als partijloos, als een non-politicus. Zijn droom is die van de Wereldbank en het IMF: een vrije markt. Hij neemt oppositie en zelfs volksopstanden voor lief om die droom te realiseren. Totdat zijn ideeën vruchten afwerpen moeten de Indiërs maar gewoon de buikriem aanhalen, meent Singh.

De huidige premier van India, Narasimha Rao, heeft iedereen versteld doen staan, als wij de Nederlandse journalistiek mogen geloven. Bij zijn aantreden werd hij gezien als een neutraal overgangsfiguur, een kleurloze bedaarde compromiskandidaat, een oude man met een hartkwaal en een verleden als Nehru-aanhanger. Inmiddels heeft hij door zijn radicale liberaliseringspolitiek veel macht en respect verworven. Blijmoedig en vol zelfvertrouwen heeft hij, de Gorbatsjov van Zuid-Azië, een nieuwe route voor het land uitgestippeld.

It appears from the interviews that the Dutch media basically have little interest in India. If any articles appear, this is largely due to personal tastes of the editors. Some journalists have a special feeling for India, they may have visited the country several times, perhaps even during their student days, and still find it a fascinating part of the world. The number of articles in the Dutch media is also determined by the fact that at the time of the survey only one Dutch correspondent (Hans Kuitert) was actually living in India. Journalists occasionally take trips to India, but most newspapers rely on secondary sources for their India-news, such as press agencies, foreign papers and magazines. Great Britain has good coverage because of the ties with its former colony. The Economist, The Financial Times, Dow Jones, The Independent and Reuter are cited as sources. Some editors are briefed by the Indian Embassy, which provides a regular supply of its own newsletters and newsmagazines.

Sometimes journalists have to fight to claim some space for news on India. Eastern Europe and Western problems usually get priority. Another determining factor in the allotment of space may be the number of Foreign News pages a newspaper carries. 'Attention paid to India is minimal. If you have only one page of foreign news, it is not a country that will score highest.' (BS).
News on India is usually padded with background information and some historical and regional context. 'Because it is so far away, you try to give some background and some historical context as well.'(RvV). Even journalists working on the spot prefer to write analyses, background stories and reportage. 'Working as a correspondent, you do not report the daily news, that would be useless, as India is too far off to expect the Dutch readership to be interested in it daily.'(JK). 'If you go there, you go for the background. During a short trip it is nonsense to try and be a press agency.'(RV).

Most foreign desks consider economic liberalisation a relatively interesting subject. 'This liberalisation is fundamentally important. Economic policy is undergoing radical changes and this may have tremendous effects. It permeates everything.'(FV).
'India is forced to follow the dynamics of its neighbouring countries, if it wants to avoid being eclipsed by them. Reform is inevitable. Liberalisation will eventually lead to a better distribution of affluence. It is an interesting country for Dutch investors.'(MJG).
Not all journalists consider the subject suitable for their paper. 'For us this is too much finance and economics.'(PS).

The image of India as presented in the Dutch media, several journalists agree, does not correspond with the reality of the country. All too often India is portrayed as 'miserable', 'poor' and 'overpopulated', as a victim of natural disasters, religious strife and as a country full of

Interviews

Naast de kwantitatieve inhoudsanalyse, is een tiental interviews afgenomen onder buitenlandredacteuren en (voormalige) correspondenten. De resultaten daarvan ondersteunen de gegevens uit de inhoudsanalyse en geven een helder inzicht in de manier waarop de berichtgeving tot stand komt.

Uit de interviews blijkt dat er structureel weinig belangstelling voor India in de Nederlandse pers bestaat. Verhalen over India blijken voor een groot deel afhankelijk van de persoonlijke voorkeur van redacteuren. Sommige journalisten 'hebben wat' met het land. Ze zijn er een aantal keren geweest, soms al in hun studententijd, en vinden India nog steeds boeiend.

Het aantal artikelen in de Nederlandse media wordt mede bepaald door het feit dat er op het moment van het onderzoek slechts één Nederlandse correspondent - Hans Kuitert - in India woont. Incidenteel maken journalisten een reportagereis van enkele weken naar India. De meeste kranten zijn voor hun India-nieuws daarom aangewezen op secundaire bronnen: persbureaus, buitenlandse kranten en tijdschriften. Groot-Brittannië levert veel nieuws, door de banden die ze nog steeds heeft met haar oude kolonie. In dit verband worden bronnen als The Economist, The Financial Times, Dow Jones, The Independent en Reuter genoemd. Enkele redacteuren krijgen hun nieuws via de Indiase ambassade, die hen regelmatig voorziet van een nieuwsbrief en een tijdschrift.

Soms vechten journalisten op hun redactie om ruimte te claimen voor de berichtgeving over India. Meestal 'winnen' het Oostblok en het Westen. Ook de hoeveelheid buitenlandpagina's is soms bepalend. 'De aandacht voor India is belabberd. Als je maar één pagina buitenland hebt, komt dat land niet zo sterk aan bod.'(BS).

Men brengt nieuws over India bij voorkeur in een achtergrondverhaal met aandacht voor de historische en regionale context. 'Omdat het zo ver weg is, probeer je nieuws in de achtergrond te plaatsen en ook over de historie te schrijven.'(RvV). Ook journalisten die vanuit India werken zeggen liever analyses, achtergrondverhalen en reportages te schrijven. 'Als correspondent versla je niet het dagelijks nieuws, dat zou onzin zijn. India is te ver weg van Nederland om werkelijk zo interessant te zijn dat het dagelijks in de krant moet.'(JK). 'Je gaat meer voor de achtergrond, tijdens een korte reis ga je geen persbureautje spelen.'(RV).

De meeste buitenlandredacties zien de economische liberalisering als een relatief interessant onderwerp. 'De liberalisering is fundamenteel. De economische koers van het land wordt omgegooid, en dat kan enorme gevolgen hebben. Het raakt alles en iedereen.'(FV).

'India is gedwongen de dynamiek van de buurlanden te volgen, als men niet door hen overvleugeld wil worden. Ze moeten dus wel hervormen. Liberalisering leidt op termijn tot een betere welvaartsverdeling. Voor Nederlandse beleggers is het een interessant land.'(MJG).

Enkelen vinden het onderwerp niet in hun krant passen. 'Voor ons is het een te specifiek financieel-economisch verhaal.'(PS).

beggars. Another cliche characterizes India as a country where one may find spiritual enlightenment. India is a 'hippie dream' with its gurus and spiritual life.

This slanted picture is probably a result of the short periods of time that most Dutch journalists spend in India. "Going in depth takes time. For a journalist staying in India for a few weeks only, it is impossible to go beyond the superficial cliches.'(JK).

Some writers do not want to describe India as 'miserable' but want to stress its dynamism, economic potential and importance in the region. 'India is a great power and it has a strong poition on the world map. It is a country with a political will, a regional super power as well as the police force of the region. A definite industrial power with unusual potential, a country with ethnic differences, religious differences and many languages.'(HJS).

Most journalists who have ever visited India find the country extremely accessible. The press is remarkably free, varied and it has a high standard. 'The Western journalist need not do very much at all. He can just copy the English language newspapers.'(FV). It is to the advantage of the Western press that about 200 million people in India master the English language. Some journalists work together closely with Indian colleagues who keep them abreast of news and who sometimes publish in Dutch papers. Arvind Das of 'The Times of India' occasionally contributes to 'de Volkskrant' and 'Intermediair' mentions the Editor in Chief of an Indian paper as 'our contributor in India'.

It may be concluded that:
- the Dutch press applauds economic liberalisation in India. Journalists are convinced that the new policy has more advantages than the old one. Some would like to see the new measures be enforced faster and more rigorously.
- there is no structural attention to India in the Dutch press. It often depends on the personal preference of editors and/or on competition whether or not an article about India will be published.

The full text of the survey report of 'Elephants and tigers, the Dutch press on economic liberalisation in India' (Bos/Vreeburg) (written in the Dutch language) is available at cost price at Dick Scherpenzeelstichting, c/o SvJV, telephone 030-910273.

Sommigen stellen dat het beeld van India, zoals uitgedragen door de Nederlandse media, niet klopt met de realiteit van het land. Te vaak wordt India geportretteerd als 'zielig', 'arm' en 'overbevolkt', als een land vol natuurrampen, religieuze twisten en bedelaars. Een ander cliché typeert India als een land waar zoekende geesten verlichting kunnen vinden. India is een 'hippiedroom' door haar goeroes en haar spiritualiteit.

Dit scheve beeld hangt wellicht samen met de korte periode die de meeste Nederlandse journalisten in India doorbrengen. 'De diepte ingaan kost nu eenmaal tijd. Een journalist die maar een paar weken in India is, komt niet verder dan de oppervlakkige clichés.'(JK).

Sommige schrijvers hechten eraan India niet als 'zielig' te bestempelen maar de dynamiek, het economisch potentieel en het gewicht van India in de regio te belichten. 'India is een zeer machtig land met een grote positie op de wereldkaart. Het is een land met een politieke wil, een regionale grootmacht annex politieagent in de regio. Een industriële macht in absolute zin met een ongemeen potentieel. Een land vol etnische verschillen, geloofsverschillen, en met diverse talen.'(HJS).

De meeste journalisten die ooit in India zijn geweest vinden India zeer toegankelijk. De pers is opmerkelijk vrij, goed en gevarieerd. 'Je hoeft als westers journalist eigenlijk niets uit te voeren, je kunt alles overschrijven uit de Engelstalige kranten.'(FV). Het is voor de westerse pers een voordeel dat zo'n 200 miljoen mensen de Engelse taal beheersen. Enkele journalisten werken nauw samen met Indiase collega's die hen op de hoogte houden van nieuws en die soms ook stukken in Nederlandse bladen publiceren. Zo schrijft Arvind Das van The Times of India wel eens voor de Volkskrant en noemt Intermediair de hoofdredacteur van een Indiaas blad 'onze medewerker in India'.

Geconcludeerd mag worden dat
- de Nederlandse pers de economische liberalisering in India toejuicht. Journalisten zien duidelijk meer voordelen in het nieuwe dan in het oude beleid. Sommigen menen dat de economische ontwikkelingen sneller en strikter doorgevoerd moeten worden.
- India geen structurele aandacht in de Nederlandse pers krijgt. Vaak hangt het van de persoonlijke voorkeur van de redacteur en/of de competitie op de krant af of een artikel over India geplaatst wordt.

Het volledige onderzoeksrapport 'Olifanten en tijgers, de Nederlandse pers over de economische liberalisering in India' (Bos / Vreeburg) (geschreven in de Nederlandse taal) kan tegen kostprijs worden opgevraagd bij de Dick Scherpenzeelstichting, p/a SvJV, telefoon 030 -910 273.

Colophon

Editor
Marieke Sjerps

Translations
Suzan de Wilde
Margo Bink

Design
Tom Schreuder XXL, Amsterdam

Published by
Amsterdam University Press

Colofon

Redactie
Marieke Sjerps

Vertalingen
Suzan de Wilde
Margo Bink

Vormgeving
Tom Schreuder XXL, Amsterdam

Uitgave
Amsterdam University Press